一本书学会沟通

沟通就这些绝招

马 斌 ◎ 著

中国商业出版社

图书在版编目（CIP）数据

一本书学会沟通：沟通就这些绝招 / 马斌著. -- 北京：中国商业出版社，2024.6
ISBN 978-7-5208-2933-5

Ⅰ.①—… Ⅱ.①马… Ⅲ.①心理交往–通俗读物 Ⅳ.①C912.11-49

中国国家版本馆CIP数据核字(2024)第108846号

责任编辑：包晓嫱
策划编辑：佟　彤

中国商业出版社出版发行
（www.zgsycb.com 100053 北京广安门内报国寺 1 号）
总编室：010-63180647　　编辑室：010-83118925
发行部：010-83120835/8286
新华书店经销
香河县宏润印刷有限公司印刷

*

710 毫米 × 1000 毫米　16 开　15.5 印张　260 千字
2024 年 6 月第 1 版　2024 年 6 月第 1 次印刷
定价：68.00 元

* * * *

（如有印装质量问题可更换）

推荐序一

沟通是可以复制的艺术

美国未来学家、管理学家奈斯比特讲过：管理的核心就是沟通。

成功人士都是说话大师，上级会说话，下属变粉丝；下属会说话，客户变粉丝。如今，需要讲话的场合越来越多，而讲话又是一把"双刃剑"，讲得好就锦上添花，讲得不好便颜面扫地。在互联网经济时代，人与人之间的互联互通更加密切，因此沟通成为每个人的必备技能。

无论是在生活中还是在工作中，沟通都是至关重要的。

良好的沟通，能够帮助我们消除误解，增强合作关系，促进问题的解决。

良好的沟通，能够帮助我们建立信任、共享信息，并最终实现共同的目标。

良好的沟通，能够帮助我们更好地了解彼此的需求和期望，建立互信和亲密关系，从而共同走向成功。

中国建材商学院，作为全国建材行业管理提升、人才培养的专业机构，在为全国数百家建材企业长期服务的过程中，经常会与企业负责人进行交流，而沟通问题是令众多企业领导者感到困惑的难题之一。有许多企业领导者反映，在企业中普遍存在以下沟通问题：跨部门沟通存在障碍；上级不会和下级谈话及布置工作；下级不能有效地向上级汇报工作；员工对外联络协调不畅；有的市场营销人员在开发客户与维护客情时缺少交谈的方法和技巧……凡此种种，都是缺乏沟通能力与艺术的表现，如今，可以说沟通已成为企业最为普遍关注的管理问题之一。

马斌老师是中国建材商学院的高级讲师，是中国培训行业具有实战性、且很受欢迎的老师，他的畅销书《工匠精神》成为提升职业人士综合素质的优秀教材，他的《工匠精神》课程被中国建材、北京金隅、山东山水等大型建材集团作为培训材料，深受企业好评。而今，马老师结合自己多年的咨询与培训实践，聚焦沟通课题，倾注数年心血完成了新作《一本书学会沟通》，为读者提供了可以复制的沟通技能。

全书构思精巧、逻辑缜密、内容新颖、案例翔实、方法实用。特别是书中给出了大量的小测试，让读者在阅读的过程中能够全面地认知自我，从而更好地提升沟通意识与沟通技能。

我国古代著名的思想家、教育家荀子说过："道虽迩，不行不至；事虽小，不为不成。"说话是一门技术活，人不是生下来就能把话说好，而是要在漫长的生活和实践中不断地反思、练习和修正。沟通能力的提高有一个过程，因此需要长久的坚持和持续的行动力。马斌老师的这本书，给意在提高沟通能力的广大读者提供了行动指南和路径。可以说，本书是迄今为止沟通内容最具实战性和最接地气的上佳之作。

阳明心学的创始人王守仁倡导"知行合一"，故而我也由衷地希望马斌老师的这本书能够成为企业管理者和各界人士认识沟通艺术、修炼沟通艺术的良师益友。最后，祝大家把在本书中学到的知识和技巧运用到工作和生活中，以提升组织效能、锻造人格魅力，从而让自己成为职场达人和社交大咖。

沟通，是一缕春风，用力量和温暖融化职场中的霜寒；

沟通，是一阵春雨，用滋润和浇灌促动心与心的相连；

沟通，是一捧春花，用温馨和浪漫融合人与人的情感。

是为序。

中国建筑材料企业管理协会副会长

中国建材商学院院长　　李玉水

2024年2月16日于北京

推荐序二

沟通，你学得会
为马斌博士《一本书学会沟通》而序

自人类社会诞生以来，不论是刀耕火种的远古时代，还是当今21世纪的技术革命和AI智能时代，我们都离不开一种心灵与人际链接的方式，那就是"沟通"。

儒家始祖至圣先师孔子，曾留下了极富价值的关于处世之道的经典语句："侍于君子有三愆：言未及之而言谓之躁，言及之而不言谓之隐，未见颜色而言谓之瞽。"讲的就是如何把握说话的时机。著名思想家、文学家、教育家荀子在《荀子·大略》中写道："口能言之，身能行之，国宝也。"在古代，战国时期的秦相张仪应用其高超的口才纵横捭阖，为秦国统一六国奠定了坚实的基础。到了现代社会，沟通不仅是减少种族分歧与避免地缘政治纷争的有效方式，更是推动社会文明不断进步与发展的最主要手段。所以，沟通是创造人类最为绚烂的精神纽带，是促进世界和平的友谊之环，是造福人类的文明之光。

在纷纭复杂的社会里，高质而有效、良好而热情的沟通，可以让事情达到事半功倍的效果；富有情感妙语连珠的沟通，也是一串通向彼此心灵大门的金钥匙；而富有幽默以及善解人意的沟通方式，亦是当今社会快速构建人际关系的一种成本低廉、效果佳的公关交际手段。

沟通在信息快速发展的当今社会，是最为便利和快捷的人际交流工具。倘若能够巧妙地使用这种沟通工具，那么必将终身受益且一生顺风顺水。俗话说得好,"良言一句三冬暖,恶语伤人六月寒",再次佐证了沟通的重要性。一个善于沟通的人,在前进的道路上必将处处坦途,倘若是一个不会说话的人,在竞争对手如林的社会里也必定处处碰壁,并最终将自己撞得头破血流。总之,沟通在我们的生活里无处不在,与我们的生活和未来息息相关。

我深读马斌博士所著的《一本书学会沟通》书稿,十分惊讶于他的立意和用心,为他在这本书中所付出的心血和匠心表示敬意。他为读者提供了快速运用沟通这把智慧之匙去打开一扇扇心灵之门的方法,从而让大家快速掌握人生成功的秘诀。首先,在书中,他讲述了沟通的基本原则,让读者懂得沟通不仅仅是简单的信息传递,更是引导其如何对他人进行一种精神分享和有效、高效的表达,从而做到与他人快速建立情感和心灵的链接,实现深入与真诚的交流。

其次,本书还深入地讲解了沟通的障碍和解决方法。每个人都有不同的沟通风格和习惯,这可能会导致误解和冲突。通过学习掌握沟通的技巧和策略,可以让读者有效地解决这些障碍和矛盾,从而获得更加和谐和富有成效的交流。

再次,本书介绍了一些实用的沟通技巧和妙招,让读者学会在沟通中如何正确运用语言、姿态和表情,以及如何运用积极的反馈和掌握正确的倾听技巧。此外,书中还介绍了在不同场景和情境下该如何更好地分析和表达自己,让读者读后能够做到无论是在工作中还是在个人生活中都自如地与他人沟通。

最后,本书还提供了一些思维上的启发和一些真实生活与职场上的案例,让读者能够更加深入地理解沟通的力量。通过这些沟通案例和绝招,让读者看到沟通如何改变了人的未来,为读者打开了一个全新的世界,促使他们实现自己卓越的人生。

在此,我衷心祝愿此书能够成为广大读者的沟通指南,可以帮助大家在与人交流时更加自如和有效。通过学习沟通的艺术,让大家对沟通有一个全新的认识,助力大家建立起更加紧密的人际关系,更好地获得资源和解决问题，从而实现个人生活职业上的突飞猛进。最后，希望此书能够成为大家沟通中的良师益友，能够让更多的读者在与他人的交流中变得更加出色和卓越，可以充分领略沟通中的无限风光，获得不一样的精彩人生！

是为序。

牛津大学访问学者

音乐家、教育家

世界华人合唱艺术联合总会副主席

深圳市多来咪文化产业联盟创始人 江涛 博士

2024 年 2 月 8 日于深圳

| 推荐序三 |

沟通的163法则

马斌老师所著的《一本书学会沟通》一书,立足于其多年培训经验的积累和知识体系,旨在为读者提供一条通往有效沟通的道路,实为一部值得推荐之作。

全书分为七个章节,分别从多样场景和情境出发,使读者能够娴熟运用所学技巧。全书呈现了163法则特色——

一个"沟通无处不在"的认知:

★透视沟通

六大板块沟通绝招:

★人际沟通

★职场沟通

★商务沟通

★共情沟通

★幽默沟通

★安全沟通

三大阐述方式:

★案例生动

★方法有效

★工具实用

一个"沟通无处不在"的认知，即透视沟通。马斌老师从沟通的重要性上，深入解析了正确沟通的观念。无论是在个人生活还是在工作中，让读者都能够理解"无处不在"的沟通的重要性。

六大板块沟通绝招，即从人际沟通、职场沟通、商务沟通、共情沟通、幽默沟通和安全沟通等方面，详细阐述了各类沟通的特质与技巧——人际沟通，教导读者如何构建良好的人际关系；职场沟通，助力读者在职场中脱颖而出；商务沟通，涉及与客户、供应商、合作伙伴及内部员工的交流务实；共情沟通，分析了人们在沟通中的心理需求与动机；幽默沟通，使沟通更具魅力与价值；安全沟通，主要是避免沟通陷阱以及在实际沟通中化解困境。

三大阐述形式，即案例生动、方法有效和工具实用。正如马斌老师在该书"自序"中所述的："本书以案例、方法和工具为主，旨在提升沟通训练的可操作性，书中的一些小测试也非常具有实用性，对自我沟通素质的认知有一定的参考价值。"三大阐述形式相互结合、相辅相成，成就了本书的实操实用性。

在《一本书学会沟通》一书中，马斌老师凭借其丰富的实践经验和深厚的理论素养，为广大读者详细解析了沟通的艺术与技巧。此书既适用于沟通初学者作为入门指南，亦有助于已有沟通基础的读者进行深度学习。无论身处哪个领域，只要掌握书中所教授的技巧，皆能使你在沟通中游刃有余，取得更多成功。

中国培训师研究院院长、163法则创始人　吴群学
2024年2月2日于中国·合肥

自序

沃尔玛创始人山姆·沃尔顿说过，如果要把沃尔玛的体制浓缩成一个词，那可能就是"沟通"，因为它是我们成功的真正关键之一。卡耐基也曾呼吁，无论何时，管理者应将沟通视为最重要的工作，职位越高，沟通工作就越为重要。沟通的重要性由此可见一斑。

在快节奏的现代社会，人与人之间的沟通显得尤为重要。无论是家庭、职场还是商务交往，有效的沟通都是建立和谐关系、解决冲突和推动合作的关键。然而，沟通并非易事，它需要技巧、耐心和同理心。在复杂的交流环境中，我们时常会遇到各种障碍和挑战。为了实现高效沟通，我们需要理解沟通的重要性，正视所面临的困难，掌握科学的方法，并在实践中不断提升沟通能力。

我们知道，沟通是人类社会的基本需求，是传递信息、交流情感和建立联系的桥梁。在日常生活和工作中，我们通过沟通表达自己的观点、需求和情感，同时也通过沟通理解他人。良好的沟通不仅能提高个人效率，更能促进团队的协作和组织的健康发展。

或许我们在交流领域都有着丰富的经验，但不能不承认，在实际的交流中，我们还是会遭遇各种各样的阻碍。语言和文化差异、情感表达与理解、信息的准确传递等都可能成为沟通的难点。此外，紧张的工作节奏、多元化的交流渠道和复杂的利益关系也会给沟通带来挑战。

面对沟通中的障碍与挑战，我们需要掌握一定的策略与技巧。首先，倾听是关键，不仅要听对方说了什么，还要注意其非言语的表达。其次，清晰、准确和及时地表达自己的观点同样重要。此外，尊重他人、避免刻板印象、积极反馈等都是提升沟通效果的有效手段。

尤其是在职场上，在团队和组织中，有效的沟通不仅能够增进成员间的理解与合作，提高执行力，还能够帮助团队或组织解决内部冲突和建立良好的工作氛围。一个健康、开放的沟通环境能够激发团队的创造力和凝聚力，推动组织的持续发展。

在全球化的背景下，跨文化沟通日益频繁。由于文化背景的差异，人们在沟通中可能存在误解和冲突。为了实现有效的跨文化沟通，我们需要了解并尊重不同文化间的差异，学习并运用跨文化沟通技巧，以促进我们在社交、职场、商务等方面的友好合作与交流。

沟通是一门需要不断学习和实践的艺术，这也是我思索再三决定撰写本书的初衷。我们应该以一种开放的心态去接受新的知识和经验，并且不断审视自己在沟通中的表现，以此来逐渐提高沟通能力。同时，我们还需要时刻保持心胸开阔，不断汲取新的学识和经验，对自己在沟通中的表达进行反思，从而逐步提升沟通能力。此外，为了提升沟通能力，我们需要始终保持开放的心态，主动学习新的知识和经验，并深思熟虑自己在沟通中的表现。

我工作的大部分时间是飞到各地为各类企业、机构进行以"沟通"为主题的讲座和演讲等。随着我的工作越来越忙，我发现当下的企业、机构和组织等已越来越重视沟通能力的培养，从而也就越来越多地给自己的员工提供相应的培训和学习机会。

在当今社会，良好的沟通能力已成为每个人的必备技能。通过深入理解沟通的重要性，正视并克服沟通中的障碍与挑战，运用有效的策略与技巧，不仅能助力我们改善个人关系、提高工作效率，还能让我们为社会的和谐与发展做出贡献。本书以案例、方法和工具为主，旨在提升沟通训练的可操作性，书中的一些小测试也非常具有实用性，对自我沟通素质的认知有一定的参考价值。

让我们在阅读本书后，能够实现"沟通有道"，让每一次交流都成为增进理解、促进合作的契机。

最后，希望本书能帮助读者成为"口能言之，身能行之"的职场达人和社交大牛。

马斌

2024 年 2 月于西安

| 目 录 |

第一章　透视沟通：沟通无处不在
什么是沟通？/ 2
沟而不通等于没沟通 / 14
做人做事离不开沟通 / 25
沟通的力量 / 34

第二章　人际沟通：说话的艺术让你成为社交达人
通过聊天构建和谐人际关系 / 48
不同场景的聊天技巧 / 63
人格特质与沟通艺术 / 79
开启高质量沟通的第一分钟 / 95

第三章　职场沟通：有效沟通让工作更具效能
组织中 60% 以上的问题是因沟通不到位导致的 / 102
有效沟通是卓越领导力的关键要素 / 108
中层管理者面临的沟通难题 / 115
你会和下属谈话吗？/ 121

你会和上级聊天吗？/ 129

该如何与同级沟通 / 138

面试应聘者的沟通技巧 / 141

第四章　商务沟通：高超的谈判技巧让你财源滚滚

初识商务沟通与谈判 / 148

商务谈判的过程与策略 / 153

客户开发就是会说话的工作 / 158

商务沟通的多样技巧 / 169

第五章　共情沟通：沟通的最高境界

自以为是的沟通只是一个人的自嗨 / 176

好的结果是"我愿意听你说" / 179

共情沟通，七分情绪，三分内容 / 181

共情沟通，让沟通具有超级穿透力 / 183

懂得共情的人，更受人欢迎 / 188

共情式沟通，是处理人际关系的必备技巧 / 189

第六章　幽默沟通：幽默是金，让沟通熠熠生辉

沟通，别输在不懂幽默上 / 192

职场幽默，处处受欢迎 / 198

交际幽默，使你游刃于社交场 / 204

成为顶级幽默大师的必要"装备" / 208

第七章　安全沟通：沟通雷区，你知道吗

　　规避沟通陷阱，学会安全对话 / 214
　　捕捉信息，有效沟通始于获得认同感 / 219
　　停止无效沟通 / 226

　　后记 / 231

第一章
透视沟通：沟通无处不在

有人的地方，就有沟通。沟通是人类生存和发展的必需条件，它体现在日常的言辞、特定场合的交流、语气语调的变化、面部多样的表情、眼神的交流，以及肢体语言等方面。

沟通无处不在，无论是家庭、学校、工作单位、商务场合还是餐馆，有效的沟通是顺利完成各项任务、工作和表达的关键。

什么是沟通？

中文词典中，"交流"被定义为"人类之间的思维情感传输及反映过程，旨在实现思维的一致性和情感的顺畅流动"。

这里需要注意，我们所说的"沟通"是指一个人或多个人通过语言、文字、符号等方式，与他人交流、传递信息、分享想法和感受的过程。"沟通"的方式和形式丰富，但不管是以哪种方式、哪种形式进行沟通，沟通的目的都是一致的——沟通有助于建立人际关系、协调冲突、促进合作、提高效率。在日常生活和工作中，良好的沟通能力至关重要。

问题来了，你认为以下哪个场景属于"沟通"？

A. 都市小白领萱萱结束了一天的工作回到家，在吃饭的时候，与家人分享这一天在公司里的新鲜事儿。

B. 杨澄突然想以原始的信件邮递的方式给自己心爱的妻子写一封信。

C. 地铁门在关闭的瞬间，一向沉默的父亲，这时候举起右手向我挥了挥手。

D. 辖区民警提示居民，如果发现在家门口墙面上刻有"有规律、形态奇异"的符号，记得要及时联系辖区派出所。

E. 才出生三天的孩子，在新手宝妈的怀里哇哇地哭，哭得宝妈都不知所措了。

F. 坐在台下看着舞台上的舞台剧，感受着艺术带给自己的震撼。

选出你认为是"沟通"的场景，在阅读本节内容的过程中寻找到正确答案！

1. 沟通的本质与模型

首先，我们要探讨沟通的本质与模型这两个概念。

我们每时每刻都处于沟通之中，然而，对于沟通的本质和模型，大多数人并未给予太多关注。在这里，我们将简要阐述这两个概念：

沟通的本质——人类交流思想、信息、情感和意图的过程。

具体来说，沟通的本质是信息的传递和理解。它是人类相互交流、交换观念、分享信息和理解他人意图的过程。沟通可以通过语言、手势、表情、声音，以及书面文字等形式进行。它是人际关系和社会互动的基础，有助于建立联系、解决问题、共享知识和传达情感，以及促进合作和协调，以达到共同的目标。

沟通模型是一种用来解释沟通过程结构和机制的概括性框架。基本的沟通模型，如图1-1所示。

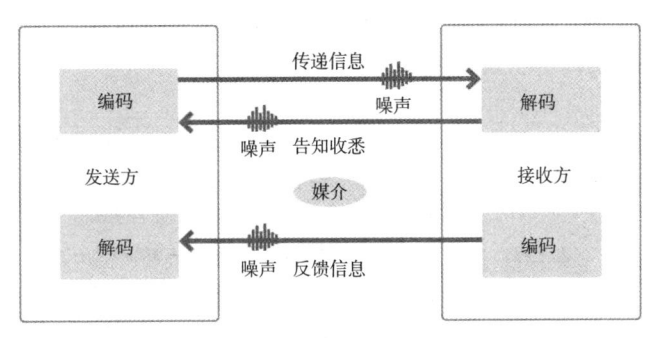

图1-1 基本的沟通模型

在沟通过程中，存在许多种沟通模型，其中较为常见的包括线性模型、交互模型和传达模型等。这些模型试图简化沟通过程，将繁杂的元素和环节整合成结构，并阐释其中的互动关系和效果。尽管这些模型几乎都有某些局限性，但它们提供了对沟通过程的深入理解和分析的基础。

接下来，我们将具体探讨沟通的本质和沟通模型。

有些读者会有疑问：我们能说话、写字、绘画、跳舞……只要掌握一项或多项沟通技能，不就可以直接进行沟通了吗？毕竟，我们从出生开始就会用不同音量的哭声，以及手脚动作来进行沟通，那么，为什么我们还要去了解沟通的本质呢？

因为随着我们慢慢长大，我们会发现，在我们生活的不同场景中，仅仅会说话并不足以完成有效沟通。

所以，了解沟通的本质，实际上是探索在沟通中可以采用的方式和方法，以期有效地达到沟通目的。这包括在沟通中更准确地表达和传递自己的信息、情感和意图。

同样地，沟通模型是用于解释和理解人际之间沟通过程的一种理论框架。它描述了信息在发送者和接收者之间传递的方式，并考虑了各种因素对沟通的影响。

我们常见的沟通模型包括忽略接受者反馈的舒尔茨的线性模型、能够使沟通更加互动和双向的舒尔茨与韦佛的交互模型、能够增强沟通双向的和有目的性的舒尔茨与韦佛的交际模型，以及因为过分强调信息诠释和转码过程重要性而导致沟通障碍的舒尔茨与韦佛的转码模型，这些模型有助于我们理解和分析沟通过程中可能出现的障碍。

通过思维导图，我们可以更直观地了解上面所提到的四个沟通模型，如图1-2、图1-3、图1-4、图1-5所示。

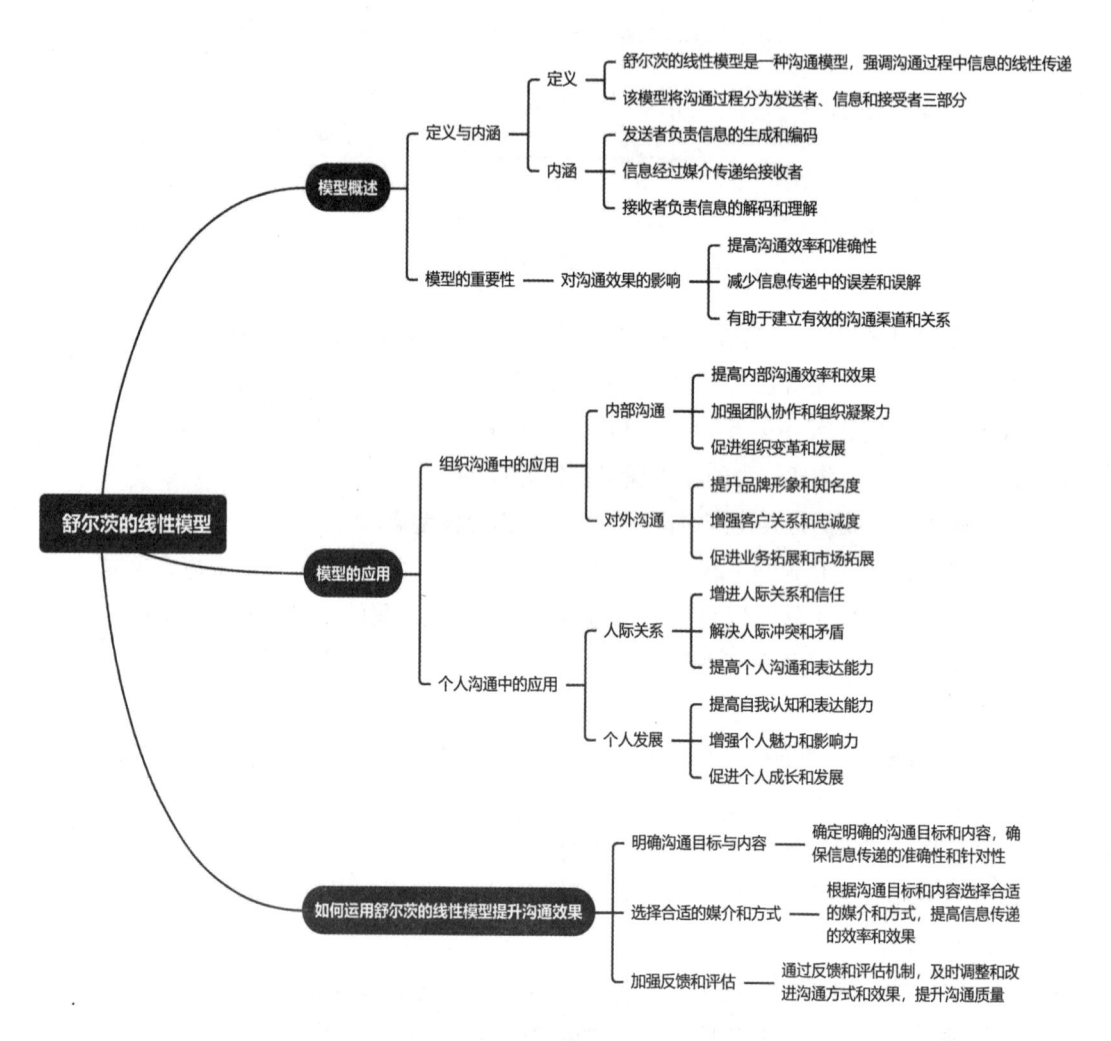

图1-2　忽略接受者反馈的舒尔茨的线性模型

第一章 透视沟通：沟通无处不在

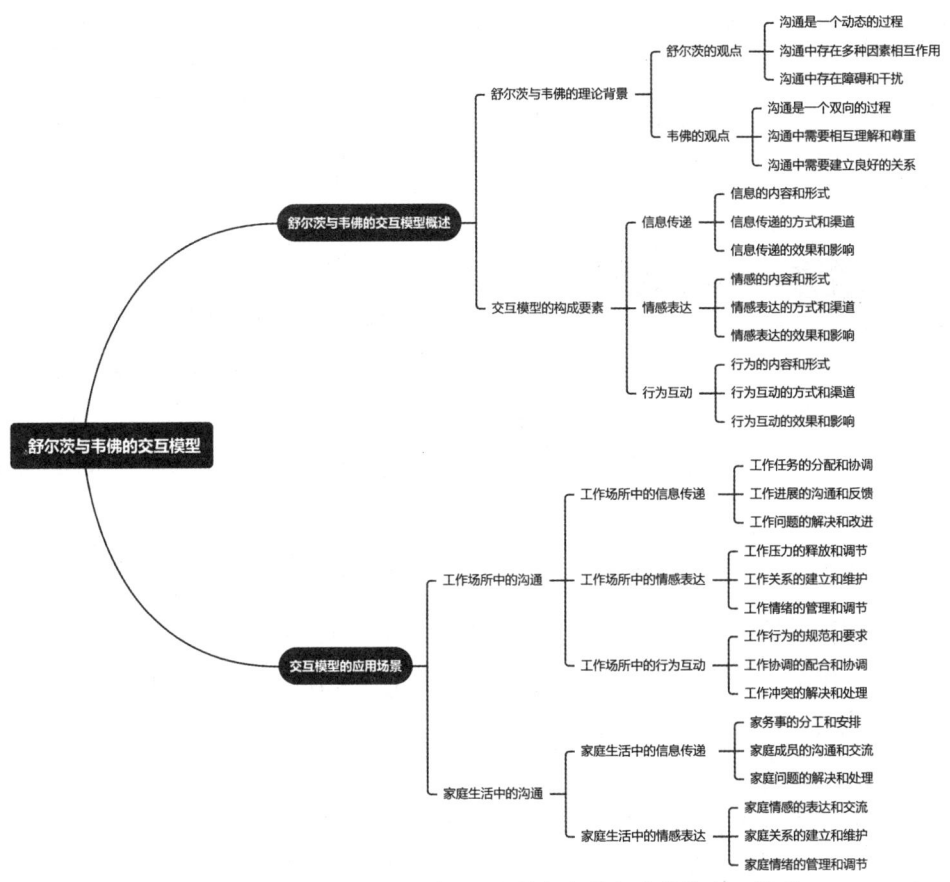

```
舒尔茨与韦佛的交互模型
├── 舒尔茨与韦佛的交互模型概述
│   ├── 舒尔茨与韦佛的理论背景
│   │   ├── 舒尔茨的观点
│   │   │   ├── 沟通是一个动态的过程
│   │   │   ├── 沟通中存在多种因素相互作用
│   │   │   └── 沟通中存在障碍和干扰
│   │   └── 韦佛的观点
│   │       ├── 沟通是一个双向的过程
│   │       ├── 沟通中需要相互理解和尊重
│   │       └── 沟通中需要建立良好的关系
│   └── 交互模型的构成要素
│       ├── 信息传递
│       │   ├── 信息的内容和形式
│       │   ├── 信息传递的方式和渠道
│       │   └── 信息传递的效果和影响
│       ├── 情感表达
│       │   ├── 情感的内容和形式
│       │   ├── 情感表达的方式和渠道
│       │   └── 情感表达的效果和影响
│       └── 行为互动
│           ├── 行为的内容和形式
│           ├── 行为互动的方式和渠道
│           └── 行为互动的效果和影响
└── 交互模型的应用场景
    ├── 工作场所中的沟通
    │   ├── 工作场所中的信息传递
    │   │   ├── 工作任务的分配和协调
    │   │   ├── 工作进展的沟通和反馈
    │   │   └── 工作问题的解决和改进
    │   ├── 工作场所中的情感表达
    │   │   ├── 工作压力的释放和调节
    │   │   ├── 工作关系的建立和维护
    │   │   └── 工作情绪的管理和调节
    │   └── 工作场所中的行为互动
    │       ├── 工作行为的规范和要求
    │       ├── 工作协调的配合和协调
    │       └── 工作冲突的解决和处理
    └── 家庭生活中的沟通
        ├── 家庭生活中的信息传递
        │   ├── 家务事的分工和安排
        │   ├── 家庭成员的沟通和交流
        │   └── 家庭问题的解决和处理
        └── 家庭生活中的情感表达
            ├── 家庭情感的表达和交流
            ├── 家庭关系的建立和维护
            └── 家庭情绪的管理和调节
```

图1-3 能够使沟通更加互动和双向的舒尔茨与韦佛的交互模型

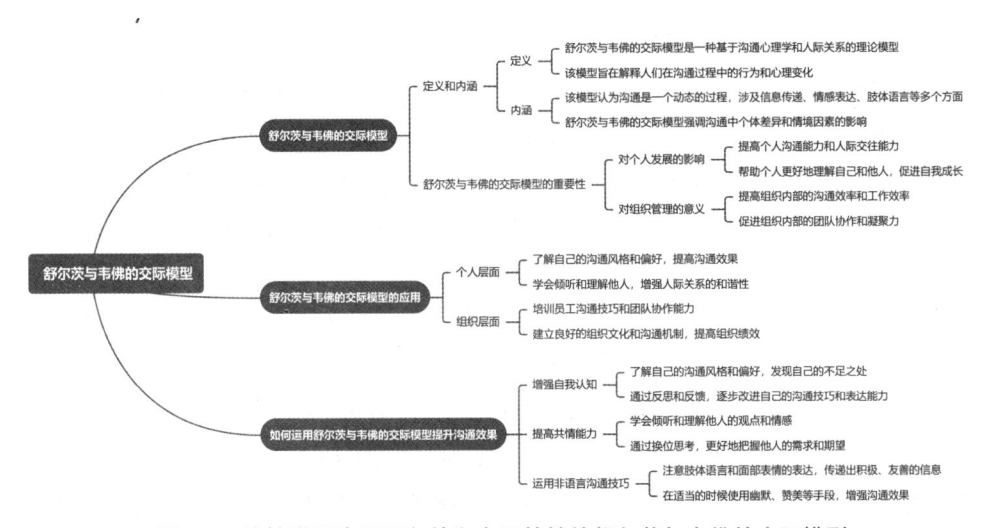

```
舒尔茨与韦佛的交际模型
├── 舒尔茨与韦佛的交际模型
│   ├── 定义和内涵
│   │   ├── 定义：舒尔茨与韦佛的交际模型是一种基于沟通心理学和人际关系的理论模型
│   │   │       该模型旨在解释人们在沟通过程中的行为和心理变化
│   │   └── 内涵
│   │       ├── 该模型认为沟通是一个动态的过程，涉及信息内容、情感表达、肢体语言等多个方面
│   │       └── 舒尔茨与韦佛的交际模型强调沟通中个体差异和情境因素的影响
│   └── 舒尔茨与韦佛的交际模型的重要性
│       ├── 对个人发展的影响
│       │   ├── 提高个人沟通能力和人际交往能力
│       │   └── 帮助个人更好地理解自己和他人，促进自我成长
│       └── 对组织管理的意义
│           ├── 提高组织内部的沟通效率和工作效率
│           └── 促进组织内部的团队协作和凝聚力
├── 舒尔茨与韦佛的交际模型的应用
│   ├── 个人层面
│   │   ├── 了解自己的沟通风格和偏好，提高沟通效果
│   │   └── 学会倾听和理解他人，增强人际关系的和谐性
│   └── 组织层面
│       ├── 培训员工沟通技巧和团队协作能力
│       └── 建立良好的组织文化和沟通机制，提高组织绩效
└── 如何运用舒尔茨与韦佛的交际模型提升沟通效果
    ├── 增强自我认知
    │   ├── 了解自己的沟通风格和偏好，发现自己的不足之处
    │   └── 通过反思和反馈，逐步改进自己的沟通技巧和表达能力
    ├── 提高共情能力
    │   ├── 学会倾听和理解他人的观点和情感
    │   └── 通过换位思考，更好地把握他人的需求和期望
    └── 运用非语言沟通技巧
        ├── 注意肢体语言和面部表情的表达，传递出积极、友善的信息
        └── 在适当的时候使用幽默、赞美等手段，增强沟通效果
```

图1-4 能够增强沟通双向的和有目的性的舒尔茨与韦佛的交际模型

5

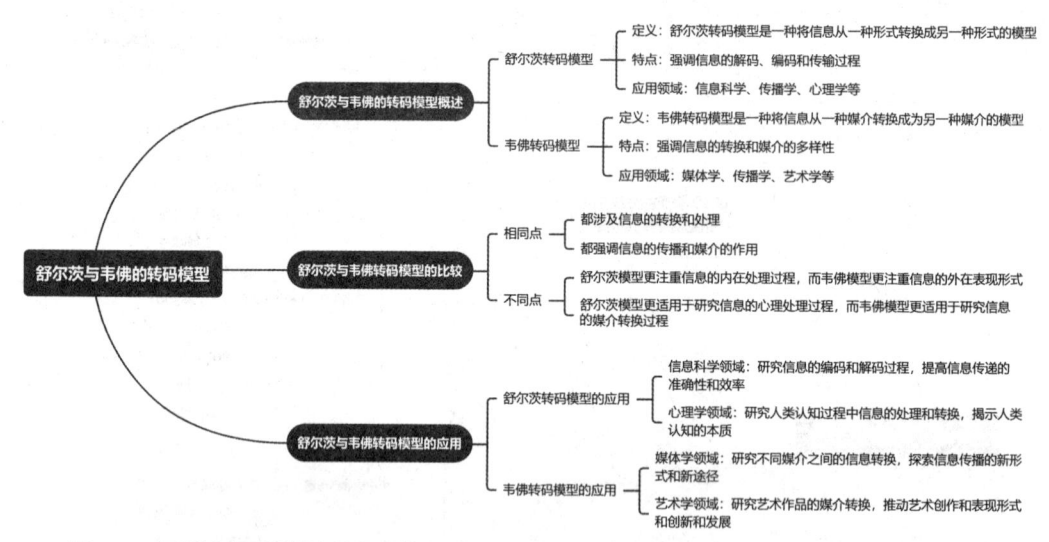

```
                              ┌─ 定义：舒尔茨转码模型是一种将信息从一种形式转换成另一种形式的模型
                    ┌─ 舒尔茨转码模型 ─┼─ 特点：强调信息的解码、编码和传输过程
                    │                 └─ 应用领域：信息科学、传播学、心理学等
  舒尔茨与韦佛的转码模型概述 ─┤
                    │                 ┌─ 定义：韦佛转码模型是一种将信息从一种媒介转换成为另一种媒介的模型
                    └─ 韦佛转码模型 ─┼─ 特点：强调信息的转换和媒介的多样性
                                     └─ 应用领域：媒体学、传播学、艺术学等

                    ┌─ 相同点 ─┬─ 都涉及信息的转换和处理
                    │          └─ 都强调信息的传播和媒介的作用
  舒尔茨与韦佛转码模型的比较 ─┤
                    └─ 不同点 ─┬─ 舒尔茨模型更注重信息的内在处理过程，而韦佛模型更注重信息的外在表现形式
                               └─ 舒尔茨模型更适用于研究信息的心理处理过程，而韦佛模型更适用于研究信息的媒介转换过程

                               ┌─ 信息科学领域：研究信息的编码和解码过程，提高信息传递的准确性和效率
                    ┌─ 舒尔茨转码模型的应用 ─┤
                    │                      └─ 心理学领域：研究人类认知过程中信息的处理和转换，揭示人类认知的本质
  舒尔茨与韦佛转码模型的应用 ─┤
                    │                      ┌─ 媒体学领域：研究不同媒介之间的信息转换，探索信息传播的新形式和新途径
                    └─ 韦佛转码模型的应用 ─┤
                                           └─ 艺术学领域：研究艺术作品的媒介转换，推动艺术创作和表现形式的创新和发展
```

图1-5　因为过分强调信息诠释和转码过程重要性而导致沟通障碍的舒尔茨与韦佛的转码模型

从这些模型中，我们可以清楚地看出，在日常生活和工作中，最实用且常用的是舒尔茨与韦佛的交际模型。然而，这并不是说，我们只能运用这一模型。比如，我们在生活中也会经常采用到使沟通更加互动和双向的舒尔茨与韦佛的交互模型。

由此可见，沟通模型是简化的理论框架，而实际的沟通过程可能更加复杂。沟通模型可以帮助我们更好地理解沟通中的各种因素和障碍，并提供指导以改善沟通效果。

下面，我们来看一个场景：

安迪目前负责一个跨部门合作项目，项目的团队成员来自不同的部门，具有不同的专业背景和工作习惯。为了确保项目的顺利进行，团队成员需要进行有效沟通。安迪会定期组织他们召开会议，分享各自的进展和问题，并共同讨论解决方案。通过开放的沟通渠道，团队成员能够理解彼此的需求和期望，协调工作计划，解决冲突，并最终达到项目目标。

在这样一个场景中，作为项目负责人的安迪，不管是与团队成员沟通还是组织召开会议进行工作部署，不应仅依赖"头脑风暴"和"临场发挥"。而是需要在每次会议之前都清楚地了解沟通的目的和预期效果。

所谓了解"沟通的本质"，就是让你掌握某次沟通的方式、目的及预期效果。掌握沟通模型之后，你能明确每次沟通的重点：是为了单向输出信息，还是期待得到反馈与互动。一旦明确了沟通目标和重点，你在沟通时的话术、方法就能有效地引导对方按照你的思路进行有效沟通。

2. 沟通的三大要素

沟通的三大要素是指发出信息的发送者、接收信息的接收者和信息本身。

当沟通的三大要素都具备时，我们就能够实现一个完整的沟通过程。现在，请从 A 到 F 的场景中选择出你认为属于"沟通"的场景。

如果你不确定哪个场景是否属于"沟通"，我们可以通过检查它是否包含沟通的三大要素来确定。

沟通的三大要素包括：

发送者：作为信息的源头，负责清晰地表达自己想要传达的信息和态度，选择适当的语言和方式进行表述。发送者需要关注接收者的反馈，以便不断调整自己的表达方式，确保信息被成功理解。

例如，说话的人、写信的人、进行某一肢体动作的人……这个"人"就是发送者。

接收者：作为信息的接收者，需要理解发送者的意图和目的，并尽可能准确地理解发送者的信息。接收者应保持专注和开放的心态，主动发问和确认，确保自己的理解和发送者的意图一致。

比如，说话的人、看信的人、观察对方肢体动作的人……这个"人"都是接收者。

信息本身：信息本身是沟通的核心，包括语言、词汇、语调、表情和肢体动作等多个方面。发送者需要选择恰当的语言和方式进行表述，确保信息准确、清晰、精练。同时，接收者需要注意细节和语气，尝试理解信息的深层含义，而不仅仅是文字表面的表述。

比如，被说出口的话语、写好的信件、举起来的胳膊做出的动作……这些语言、文字、肢体动作等，就是信息本身。

三大要素之间相互影响，每个要素都必须发挥作用，才能有效地进行沟通。通过充分发挥三大要素的作用，沟通者可以达成共识、协作解决问题，并推动事业发展。

沟通的三大要素——发送者、接收者和信息本身是构成有效沟通闭环的关键。缺少任何一个要素，沟通的过程就不完整，可能导致信息传送不准确或失败。

也许有读者会问，一个只会"咿咿呀呀"的婴儿与家长之间算不算沟通？我们来看一下思维导图。（见图1-6）

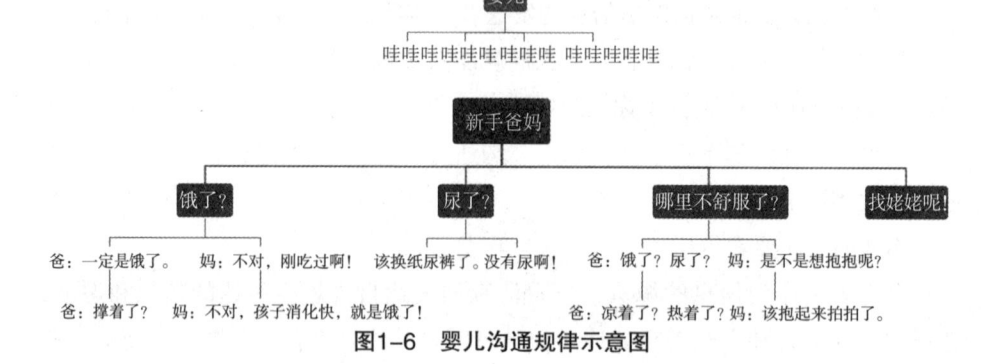

```
                    婴儿
                     |
              哇哇哇哇哇哇哇哇  哇哇哇哇哇
                     |
                  新手爸妈
        ┌────────┬────────┬────────┐
      饿了？    尿了？   哪里不舒服了？  找姥姥呢！

爸：一定是饿了。  妈：不对，刚吃过啊！  该换纸尿裤了。没有尿啊！  爸：饿了？尿了？  妈：是不是想抱抱呢？
爸：撑着了？  妈：不对，孩子消化快，就是饿了！          爸：凉着了？热着了？  妈：该抱起来拍拍了。
```

图1-6 婴儿沟通规律示意图

婴儿不会说话，只会哭。

新手爸妈在第一次带娃时，尝试从哭声中寻找规律。

那么，这样的一个闭环过程算不算"沟通"场景呢？

发送者：婴儿；

接收者：新手爸妈；

信息本身：婴儿的哭声。

所以，婴儿与父母之间的互动可以视作一种初步的沟通。当然，这个沟通只是更偏向于舒尔茨与韦佛的转码模型。这一模型的特点就是"产生沟通障碍"。简单来说，就是信息发送者按照自己的方式发送，信息接收者按照自己的理解进行信息的接收。

由此可见，我们在分辨一个场景是不是"沟通"场景时，主要就是找到沟通三大要素，而我们所有的沟通也都是建立在这三大要素之上。

最后，留一个小小的问题：

中秋节，王勉一家聚在一起欢度节日。王勉的爷爷和爸爸在下棋，王勉的妈妈正在给远在上海的姥姥打电话，王勉的奶奶在厨房里一边播放着某宝直播一边做饭，王勉则是将写下的四张贺卡装好，准备过一会儿送给自己的长辈。这时候，在一旁小车里才六个月大的弟弟突然大哭起来。王勉的妈妈挂断了电话，将弟弟抱了起来，同时埋怨了王勉爸爸一句："孩子都哭成这样了，你怎么一动不动啊！"

看完上面一段话，请把沟通三大要素一一罗列出来：
发送者：_____
接收者：_____
信息本身：_____

3. 沟通的五大要诀

我们在了解了上面两节中的概念之后，这一节就开始逐步走进实战。

沟通，有人的地方就有沟通。

沟通，无处不在。

但是，你会沟通吗？来看一个场景：

秦医生每周都有一个夜班，每到自己值夜班时，他都会给妻子和女儿打视频电话，关心一下她们。照理来说，这样的视频电话本应增进家人之间的感情，让彼此更加亲近。可秦医生非常苦恼，为什么自己每次给老婆、孩子打视频电话，对方都在敷衍他！

视频电话接通后，看到的是很刻意的一幅景象：孩子在学习桌前，两个人坐在沙发上。接下来的对话如下：

"你们吃饭了吗？"

"爸爸好。"

"你们吃饭了吗？吃的什么呀！"

"我和妈妈吃的面条，吃饱了。"

"你们做什么了？"

"孩子这就要去写作业了，你忙吗？"

"还行，你们两个把门锁好了，多喝水，早点睡觉。"

"好的。""好，爸爸再见！"

然后不到半分钟，视频电话就结束了。这样的电话竟然从孩子出生之后就坚持到现在。如果说一开始秦医生的妻子和女儿对这通电话抱着期待和欢喜，那么现在多少显得有些敷衍，甚至觉得这样一通电话真的是不必要。

当关心与爱成了你所在乎的人口中的"没必要"的负担时，你所要考虑的不是取消这一习惯，而是改变沟通方式。

案例中的沟通至多算是"无效沟通"，还算不上"失败的沟通"。但是，有多少人因为不懂得如何沟通，在婚姻家庭中、在职场上、在社交场合遭遇"人生滑铁卢"。

比如，下面这些场合：

会议：在会议上，如果参与者无法清楚地表达自己的观点，或者其他人无法理解并接受这些观点，沟通可能就会失败。此外，会议参与者如果迟到、提问不清晰或者不愿意倾听他人发言，也会妨碍有效沟通。

团队项目：在一个团队项目中，如果团队成员之间缺乏有效的沟通，可能会导致信息传递不充分或者理解上的偏差，从而导致项目进展缓慢、任务分配不明确、决策不合理等问题，影响项目的成功。

客户服务：在客户服务中，如果无法清楚理解和满足客户的需求，或者客户对产品或服务的问题没有得到及时解答，沟通可能就会失败。这可能会导致客户不满意、流失以及声誉损害等问题。

我在辅导企业的过程中，遇到这样一个典型案例：

某集团公司为了促进年终回笼资金和销量提升，推出了年终预付款促销方案，即客户在12月31日前给集团一次性支付20万元现金，集团奖励进口高清电视机一台。次年1月25日之前提走价值20万元的产品，集团再奖励24K金项链1条。集团销售副总通过视频会议对所有的大区经理进行了政策培训，确保每位大区经理都熟知政策内容，并向业务员传达，以便业务员通知所有客户。

1月的一天，该集团总经理接到了山东一个客户的电话，客户开口就说集团不讲信用，是骗子。在总经理的追问下，该客户说："你们说一次性支付20万元，给一台电视机，还给一条金项链，电视机收到了，但金项链没收到。"总经理问："您把20万元的产品提走了吗？"客户回答："没有说要提产品呀。"总经理意识到了问题，找来山东大区经理问情况。大区经理说他已经给所有业务员都培训过预付款促销政策了，他们都清楚了，没有问题。总经理问："这个客户是哪个业务员负责的？"大区经理回答："李娜。"总经理让李娜到办公室，然后问她："你把公司的年终预付款促销方案说一下。"李娜说："12月底之前一次性给集团支付20万元，奖励进口电视机一台和24K金项链1条。"问题找到了，是李娜没有透彻理解政策，她没有理解"给24K金项链"的前提是"次年1月25日之前提走价值20万元的产品"，并且没有将这个前提告知客户，导致了客户的不满。

为什么沟通会出现如此大的失误？首先，应考虑自身问题，即在沟通过程中是否存在关键环节的缺失或漏洞。

本节提出的是沟通的五大要诀，你可以依据这些要诀来盘点和分析自己的沟通过程。（见图1-7）

图1-7 沟通的五大要诀

第一要诀，目标清晰。在沟通的过程中，要明确自己的目标，清晰表达自己的想法，让对方了解自己的意图和目的。只有目标清晰，才能让双方把注意力集中在问题本身上，避免沟通偏离目标。

第二要诀，言行一致。言行一致是沟通过程中的关键，表达出的语言和态度要和自己的行为行动相符合。言行不一会引起对方的疑惑和不信任，影响沟通的结果。

第三要诀，充分倾听。在沟通过程中，要倾听对方的观点和意见，更要通过眼神交流、姿态等肢体语言来表现自己在意对方表达的内容，给予对方足够的尊重和关注，寻求共识。

第四要诀，积极反馈。在沟通过程中，要积极给予对方肯定和支持，积极地反馈对方的想法和观点，并表达出自己的感受和看法。积极的反馈有助于建立信任，激励对方积极参与沟通，促进问题的解决并达成共识。

第五要诀，灵活应变。在沟通过程中，要不断适应和调整自己的语言和思维方式，根据对方的反馈和表情或情绪，做出适当的调整。同时，要善于适时转换话题，引导副话题，调整沟通的节奏和情绪，从而取得更好的沟通效果。

五大要诀是从沟通的目标、倾听的重要性、互动的技巧、肢体语言的配合与思维等方面，面面俱到地指出一个完整的沟通需要具备的要点。

这个也非常容易理解，比如，不懂得倾听，你只顾着表达自己的想法而没有倾听他人的，久而久之，对方也不会愿意继续跟你沟通，沟通可能会突然中断，两个人也会不欢而散。

再比如，如果你不懂得给予积极反馈，别人可能会觉得自己对牛弹琴，而你听得迷惑不解，对方则可能因为沟通不畅而满腹怨气，最后导致双方不欢而散。比如，职场上一些上级管理者对下属的话不认真听，甚至时常打断，常见的现象有"你别说了，我插一句"等，这让对方感觉没有受到基本的尊重，从而失去了继续表达的意愿。还有些父母不愿意听孩子的解释，缺乏耐心，这导致与孩子的沟通往往收效甚微。

例如，不懂得灵活应变，在职场上无论是与上级领导还是下属员工沟通，不会灵活应变，真的可能悄无声息地损害自己的人际关系。

在这里，和大家分享一个关于吃饭的沟通案例。

2018年，我在西安给某公司进行培训，中午只有一个小时的吃饭时间。我们下楼后，总经理问吃什么？出门后发现大楼对面有一家兰州牛肉面店，我说就吃牛肉面，因为牛肉面制作快，节约时间。我们一行人就进了牛肉面店，总经理助理问我："马老师，您要什么面？"我正在接电话，随口回答："宽面。"（其实我心里想的是韭叶宽面）。过了一会儿，牛肉面上来了，大宽面卧在碗里，没有一根韭叶，我很惊讶，就问助理："这是宽面？"助理回答："您要宽面，这是大宽面。"哎呀，这时候我才意识到我没有表达清楚，他也没有听明白，也没有进行信息的确认，造成了尴尬的局面。从这个案例中我得到了一个启发：和任何人沟通，首先要明确沟通目标，表达清楚（比如"韭叶宽面"），并和对方进行信息确认（"我要的是韭叶宽面"），这样才能避免沟通失误。

简而言之，我们在进行沟通时，并不是只要我们能说话就可以，而是要学会"好好说话"。好好说话的基础就是先要掌握沟通的五大要诀，默默地牢记在心，提升自己的沟通技能。

4. 狭义沟通与广义沟通

沟通，作为一种基本的人类互动方式是跨越国界文化和语言障碍的重要桥梁。

沟通也分狭义和广义。

狭义沟通是指一种简单的信息传递过程，它涉及一个人向另一个人传达信息或意见，并且接收者对此做出回应。这种沟通通常采用语言、手势、表情等非语言方式进行，目的是交流特定的信息或解决特定的问题。狭义沟通通常是单向的，侧重于信息的传递和即时反馈。

具体来看以下场景：

（1）电话交流。在电话交流中，狭义沟通是常见的。例如，当两个人在电话中交谈时，他们只能依靠声音来表达自己的意思，无法通过面部表情、手势等方式传达信息。在这种情况下，他们需要更加准确和清晰地表达自己的意见和要求，以确保对方能够理解和响应。

（2）文字聊天。在文字聊天，尤其是在即时消息应用程序中，人们也经常进行狭义沟通。由于无法通过语调和面部表情来表达自己的意图和感受，他们需要更加关注自己所使用的词语和语句结构，以确保对方能够准确理解自己的意思。

（3）邮件往来。在电子邮件往来中，人们通常通过文字来传达信息。由于无法应用音调和身体语言来澄清自己的意图，人们在写邮件时需要更加仔细地选择字词和句子结构，以确保所表达的意思清晰明确。

（4）广播演讲。在广播或电视演讲中，主持人常常需要进行狭义沟通。他们需要通过声音和语言表达自己的想法和意图，以确保听众能够准确地理解他们想传达的信息。

总的来说，狭义沟通的场景包括电话交流、文字聊天、电子邮件往来和广播或电视演讲等。在这些场景下，由于无法使用面部表情、手势和语调等非语言信号来传达意思，人们需要通过语言和文字来更加准确地表达自己的意图和要求。

广义沟通是一种更综合的概念，它涉及人类沟通的方方面面，包含语言、非语言、视觉、听觉等多种方式。广义沟通不仅仅涉及信息传递和回应，还涉及个体之间的情感交流、对文化背景的理解与尊重、人际关系的建立、冲突解决和合作等方面。广义沟通是一个动态过程，它涉及思想、情感、文化和不同的社会经验等多个方面。

具体来看以下场景：

（1）商务会议。在商务会议中，广义沟通涉及与会者之间的沟通和交流，包括口头表达、演示文稿、讨论和回答问题等。通过广义沟通，与会者可以了解彼此的观点和意见，促进团队合作和决策的达成。

（2）职场交流。在职场上，广义沟通涉及与同事、领导和下属之间的交流。这种沟通可以通过多种方式进行，如面对面的会议、电话、电子邮件等，目的是传递信息、解决问题和建立良好的工作关系。

（3）家庭交流。在家庭中，广义沟通涉及家庭成员之间的交流。这种交流包括日常对话、讨论家庭事务、解决冲突等，也可以通过写信、电话、视频通话等多种形式进行。通过广义沟通，家庭成员可以更好地理解彼此的需求和感受，增强彼此之间的亲近感和支持。

（4）社交场合。在社交场合，广义沟通涉及与朋友、同学或陌生人之间的交流。这种交流可以通过谈话、笑声、肢体语言等多种形式进行，目的是建立和维护人际关系，分享感受和经验。

（5）教育环境。在教育环境中，广义沟通涉及教师和学生之间的交流。教师通过教学和互动，向学生传递知识和技能，学生则通过提问、回答问题和参与讨论来表达自己对知识和技能的理解。这种沟通促进学生的学习和教师的教学效果。

（6）媒体传播。在媒体传播中，广义沟通涉及媒体和受众之间的交流。媒体通过新闻报道、电视节目、社交媒体等途径传递信息和观点，受众则通过阅读、观看和参与讨论来理解内容并提供反馈。通过广义沟通，媒体可以了解受众的需求和反馈，提供满足他们的内容和服务。

这些是广义沟通的实例，它们在我们的日常生活中起着关键作用。广义沟通有助于构建和发展人际关系，推动信息的传递和理解，对个体和社会的进步都具有深远影响。

因此，狭义沟通可以视为广义沟通的一个分支，在广义沟通的框架内，狭义沟通专注于信息的传递和反馈。

沟而不通等于没沟通

如果一句话既没有向对方传达你的信息、意思、情绪，又没有引起对方的关注、重视、思考……那么，这些说出口的话，没有任何意义。

简而言之，就是具有"把天聊死"功能的话。还不理解吗？举例如下：

"在吗？"

"我觉得你说的和我想的差不多，但是我想的可能会比你说的更加复杂一点，为了照顾大部分同事，我觉得就还是用你说的这部分内容吧。"

"很抱歉，我还没有准备好。我从上周得到消息就一直在想我该如何准备……但是，站在这里，我仍然没有把握。"

"我知道你在忙，但我还是想跟你说我真的有话对你说。你一直这么忙，好像就没有不忙的时候……算了，等到你不忙的时候，我再跟你说吧。"

"嗯……我不知道该怎么回答。在我看来是没有这么麻烦的必要，但是你都说出来了，我觉得还是应该给你说说，不过，我觉得你还是要自己拿主意。"

所以，如果你想说的是以上的话，建议直接停止发言，不要浪费对方的时间了。

沟通，还是要讲究有效沟通。

在有效的沟通中，我们应避免无效的废话，力求以清晰、直接的方式表达自己的意图和计划。

1. 我们为什么需要沟通

为什么沟通对我们如此重要？

如果没有沟通，我们的世界将变得孤立和分裂。

沟通，作为人与人之间交流和理解的基础，对于建立合作关系、解决冲突、达成共识、分享知识和经验至关重要。如果没有沟通，人们将无法了解彼此的想法、需求和感受，从而可能导致误解、冲突和不和谐的关系。此外，缺少沟通意味着无法与他人合作解决问题或实现共同目标，无法分享知识和经验，这将阻碍个人和社会的发展。

总之，沟通是促进人与人之间联系和合作的桥梁，是推动组织和社会进步的关键因素。

沟通是人类社会运作的基本要素之一，我们需要沟通的原因可以简单地分为以下几个方面：

（1）交流信息。沟通是交流信息的重要途径，通过沟通可以传达包括感情、思想、态度、知识和技能在内的各种信息，帮助人们相互理解。

（2）增进合作。沟通是促进合作的重要手段，人们通过沟通协调行动和策略，以达到共同的目标。

（3）解决问题。人们可以通过沟通分享意见和想法，共同探讨问题的解决方案，提高解决问题的效率和质量。

（4）提高情感联系。沟通不仅可以传递信息，还可以表达情感和建立人际关系，使人们更加亲密地联系在一起。

（5）建立信任。人们通过沟通和理解，可以建立起信任和尊重，促进个人关系的发展。

综上所述，沟通是人类社会不可或缺的一部分，它能促进合作、解决问题、提高人际关系和建立信任等。因此，我们需要不断地学习沟通技巧，提高沟通能力，以更好地适应社会发展和人际交往的需要。

我们生存在这个世界上，沟通是我们不可或缺的一部分。然而，我们有时候可能不确定自己是否擅长沟通。下面，通过这个小测试，来判断你是否具有有效沟通的技巧。

（1）和别人发生争执，你说话时的声量会不自觉地提高吗？

（2）你能够叫出你现在所在公司的所有同事的名字吗？

（3）上下班路上，遇到了你不喜欢的同事，你会装作没看见吗？

（4）你在公司里因为人际问题想到过辞职吗？

（5）遇到不合理的事情，比如你在节假日加班却没有加班费，你会据理力争吗？

（6）昨天才吵过架的人，你今天看到他时，会和他说话吗？

（7）购物时遇到态度不好的店员，你会直接跟她"怼"吗？

（8）同事帮你买错盒饭，你会欣然接受并感谢他吗？

（9）和朋友出去玩，在玩的时候发生意见分歧，你会坚持自己的意见吗？

（10）你认为保持和谐的状态是非常重要的吗？

计分方法：

（1）（3）（4）（7）（9）题，选"不是"，得1分，选"是"得0分；

（2）（5）（6）（8）（10）题，选"是"得1分，选"不是"得0分。

最终统计总分数。

答案解析：

0~4分：完全自我中心。你倾向于让个人感受主导行为。这种倾向可能导致你过得比较随性，但在面对集体生活时，由于不懂得如何妥协，往往会引发许多无谓的麻烦。

5~7分：选择善良且坚定的类型。你相对来说比较擅长交流，但在你认为正确的事情上，仍然保持着强烈的执着，觉得始终面带微笑很困难。最好能找到一个了解你的人作为你的合作伙伴。

8~10分表现出了良好的沟通技巧。你是一个善于交际的人，这并不代表你很虚伪，而是说明你能够将自己的不满情绪隐藏起来，或者找到解决问题的办法，你是一个擅长与他人和睦相处的沟通高手。

做完这个小测试，如果你是善于沟通型，那么恭喜你。如果还不是善于沟通型，希望这本书的内容能够帮助你提升自己的沟通能力！

2. 人际沟通与自我沟通

在开篇，我们先来做一道选择题：

人际沟通与自我沟通的差异表现在（　　　）。

A. 主客体差异　　B. 目的差异　　C. 过程差异　　D. 媒介差异

E. 结果差异

请先记住您的选择，我们这一节讲完，答案就会揭晓。

首先，我们要了解人际沟通与自我沟通的概念。

人际沟通是指人们通过言语、非言语或其他沟通手段来进行信息传递、思维交流和情感表达的过程。它是人类社会交往的重要方式，不仅仅是信息传递的工具，还包含了情感、认知和意图的交流。

自我沟通指一个人与自己的内心对话、思考和交流的过程。它是个体与内在自我之间的交流，通过内心的思考、反思、探索，个体可以更好地了解自己，处理内心的情绪、冲突和问题。自我沟通是一个人自我成长和发展的关键过程之一。

简单来说，人际沟通是与他人进行沟通，而自我沟通是与自己沟通。

我们再来看一下人际沟通与自我沟通二者间的关系。

人际沟通与自我沟通是信息在个人间的双向流动。在人们的社交中，自我的塑造往往来源于人际交往的过程，同时人际交往中的沟通也会受到个人自我意识和自我概念的影响。分为以下三个方面来阐述：

首先，自我意识与沟通方式。自我意识强烈的个体在沟通中更倾向于主导对话，他们更直接地表达自己的观点和需求，由于他们对自己的需求和想法有清晰的认识；相反地，自我意识较弱的个体在沟通中更注重理解对方的需求和感受，可能更倾向于倾听。

其次，自我概念与信息表达。具有积极自我概念的个体在沟通中更倾向于传递正面、乐观的信息，他们的表达方式往往能激励和鼓舞他人；而具有消极自我概念的个体往往更倾向于传递负面或防御性的信息，这可能会影响到他们的人际关系。

最后，自我意识与情感表达。自我意识强的人更能觉察和表达自己的情感，在沟通中更能真实地表达自己的感受；而自我意识较弱的人可能较少表达自己的情感，或者他们的情感表达可能不那么真实或准确。

人际沟通是一个重要的自我实现和认同途径。通过交往中的互动和反馈，人们逐渐领悟到自己的性格特点、情感需求和行为倾向等，进而形成自己的自我概念。同时，个人的自我认同也会受到人际关系中的接纳和拒绝、理解和批评等反馈的影响。

人际沟通包括个人的自我表达和接纳。它是交流自我观点、感受和价值观的过程，需要持续地表达自己的想法和感受，同时也需要接纳他人的观点和反馈。通过人际沟通，个人可以自我表达，并在社交关系中得到肯定和认可，从而获得满足感和促进个人成长。

综上所述，人际沟通与自我沟通是相互影响和促进的关系。人们在交往中通过交换信息、反馈和表达来建立自我概念和认同，同时，在人际沟通中也需要通过自我表达和接纳来维护和丰富个人的自我认知和自我成长。

人际沟通与自我沟通的差异表现为四点：

（1）在自我的信息交流过程中，信息的发送者和接收者是同一个个体，这个个体同时负责信息的编写和解读工作，所以这种行为有着较高的内在隐藏度。然而，当涉及人类之间的互动时，往往存在两个不同的实体作为信息传递的一方和另一方，例如两个人之间的情况。

（2）目标的不同，自我交流的目标是说服自己，而人际交往的目标是与他人达成一致。人际交往涉及理解他人的技巧和方法。

（3）在自我交流过程中，由于发送者和接收者都是同一个人，因此信息的传递、接受以及反馈几乎是同时进行的，没有明显的时间差。人际沟通则需要经历发送、编码、渠道、译码、接收、反馈及干扰阻碍等环节。

（4）使用不同的媒介，我们可以利用语言和文字，例如自我对话、记日记，或者是用心理暗示来进行自我交流。而人际交往则可以借助语言、文字和肢体语言等多种方式来完成。

所以，看到这里，开篇的选择题对你来说就可以轻松得到答案。

如前所述，我们提出了"沟通三大要素"，那么自我沟通是否具备这三大要素呢？

例如，今天我用许多文字来告诉自己，无论此时的我有多么难过，未来的我将会感激现在所做出的决定。

上述只有主人公"我"的场景，是否构成一个完整的沟通场景？是否能够在场景中找到三大要素呢？下面，你可以试着将沟通三大要素写下来：

发送者：＿＿＿＿＿＿＿＿＿＿＿＿＿＿＿＿＿＿＿＿＿＿＿＿＿＿

接收者：＿＿＿＿＿＿＿＿＿＿＿＿＿＿＿＿＿＿＿＿＿＿＿＿＿＿

信息本身：＿＿＿＿＿＿＿＿＿＿＿＿＿＿＿＿＿＿＿＿＿＿＿＿＿

3.沟通的实质是影响和感召

沟通的实质，简而言之，就是影响和感召。

我们在与自己沟通、以及与他人沟通时，主要目的就是影响自己和对方。在沟通的过程中，我们真正追求的目标是让别人相信并接受我们的想法、观点、态度和价值观，从而使他们更改或调整自己的思想和行为。

我们通过有效的沟通技巧和交流方式来传递信息和表达意见，以及通过情感和思维的影响力来说服、鼓励和启迪别人。这样的影响和感召能够帮助我们建立更好的人际关系、提高领导能力、促进团队合作和实现更高效的沟通。因此，掌握如何有效影响和感召别人是成功的基础之一。

例如，我们可以引用三国时期曹操谋士郭嘉的十胜十败论来说明沟通的影响力和感召力。

感兴趣的读者可以直接在互联网上搜索"十胜十败论"，即可找到全文。

我们先来探讨一下十胜十败论的背景。在官渡之战前，曹操对于能否击败袁绍信心不足。为了激励他，郭嘉提出了著名的十胜十败论。

郭嘉深入分析了曹袁的优势和劣势，极大地激发了军心。"十胜论"为曹操成功击败袁绍并稳定中原提供了坚实的理论基础。曹操曾言："若非郭嘉助我成就伟业，谁能力挽狂澜？"他把郭嘉视为左右手，无论出征还是回朝都与之同行或共处一室。

由此可见，郭嘉擅长沟通，他与曹操沟通的内容极大地鼓舞了曹操，十胜十败论展现出了强大的感召力。该理论直接影响了曹操的决策，影响了官渡之战的走向，从而对整个历史产生了深远的影响。

或许有的读者还不清楚自己在沟通中是否具有影响力或感召力，我们可以准备好纸笔，一起来做一个关于沟通影响力的小测试：

（1）在哪些情况下，人们更有可能被不具有说服力的证据所影响？

A. 赶时间

B. 对该话题根本不感兴趣

C. 对该话题的兴趣一般

D. A 和 B

（2）假设你正在尝试将包含三种不同价格的相似商品（经济型、普通型和豪华型）销售给消费者。研究显示，在哪些情况下，你的销售额会更高呢？

A. 首先从最实惠的产品开始销售，然后逐步提高价格

B. 首先从价格最高的商品开始，然后逐渐降低价格

C. 从价格适中的商品开始，让消费者自主决定购买哪一种

（3）经过长期的政治竞选跟踪研究，我们发现最有可能获胜的候选人是谁？

A. 外表最有吸引力的候选人

B. 创作大量负面或具有攻击性的新闻以对抗竞争者

C. 拥有最充满活力和热情的志愿者

（4）研究显示，一般来说，自尊与被劝导者的关联性是什么？

A. 自尊心不强的人，最容易被说服

B. 自尊心一般的人，最容易被说服

C. 自尊心最强的人，最容易被说服

（5）假设一个政治人物最近刚刚失去了公众的信赖，不幸的是，你正好担任这位候选人竞争团队的领导者。如果他想通过严厉惩罚罪犯的方式来重新建立自己的声望，你认为在他进行下一步宣传活动时，哪种方式会更有利于他？

A. 我的竞争者在打击犯罪方面做得相当不够

B. 大量的公众赞同我对犯罪的打击，并且他们深信我拥有这样的能力

C. 尽管我对手在打击犯罪方面有出色的表现

（6）假设你是一位理财顾问，你的一个顾客对投资过于谨慎。为了说服他选择那些风险更大但回报也更高的项目，你应该重点强调哪些内容？

A. 与他相似的人是如何犯这些错误的

B. 如果他在那些风险更大的项目上投资，他会获得什么

C. 如果他没有在那些风险比较大的项目上投资，他将会失去什么

（7）根据研究结果，下列哪种人最可能成为陪审员的说服者？

A. 讲话简明易懂的人

B. 证人在陈述时使用了一些令人难以理解的表达方式

C. 讲述的内容有说服力的人

（8）当你获得一条新消息时，你将在何时表述它为新消息？

A. 在讲述这个消息之前

B. 在讲述这个消息之中

C. 在讲述这个消息之后

D. 你不会提到这个是一则新消息

（9）假设你正在阐述你的计划，并且马上就要提及核心部分。这个部分涵盖了那些有力支撑你观点的证据。请问，当谈论此部分时，你会用多快的语速？

A. 特别快

B. 稍微快一点

C. 适中

D. 很慢

（10）社会心理学的研究揭示了六个基本的影响他人的原则是什么？

A. 充满热情、愉快、不协调、回忆、关心和积极的联想

B. 积极参与、灵活调整、深入催眠、迅速反射、原始模型、潜而未现的说服

C. 统一、权威性、互惠关系、偏好、社会认同度、缺乏

你做得如何？对照答案看一下吧！

（评分标准）（1）D（2）B（3）A（4）B（5）C（6）C（7）B（8）A（9）D（10）C

我们再来看一下分析：

（1）如果你能正确回答8~10道问题，那么你就在交流方面有着极大的优势。

（2）正确回答6~8道题目，表明你具有强烈的说服力。这是一个给你多次机会，你的影响力就能得以展现的阶段。

（3）如果你能正确回答4~6道题，那就表明你在说服他人方面有所擅长，但是还需要进一步提升自己的技巧。

（4）如果你能正确回答第（2）~（4）题，这表明你需要采取一些补救措施。

这里要表达的是，如果我进行销售活动，我更偏爱你这样的客户。

所以，根据你的测试结果，如果你也希望找到通过沟通有效地影响和感召他人的方法，你需要掌握一些关键技巧和策略。以下是一些建议：

（1）建立良好的沟通基础。有效沟通的第一步是建立良好的人际关系。使用积极的语言和态度与对方交流，表达诚挚的兴趣和关注，以及尊重对方的观点和意见。

（2）清晰而准确地传达信息。确保你的信息简明扼要，清晰明了。使用简单的词汇和短句，避免使用复杂或模糊的语言。在传达重要信息时，可以重复关键点，并提供具体的细节和例子来支持你的观点。

（3）确保对方的理解和接受。在沟通过程中，确保对方理解你的意思，并接受你的观点，可以采取以下措施：

①主动倾听对方的意见和观点，表达对他们的尊重和认可。

②用简单的语言解释你的观点，并提供相关的事实和证据支持。

③提问并鼓励对方提出他们的疑问。

④与对方建立情感共鸣和共同目标。

（4）应用说服技巧。通过运用一些常用的说服技巧，可以更好地影响和感召他人。例如：

①利用情感并以故事的形式呈现你的观点，引发对方的情感共鸣。

②引用权威人士或专家的观点和研究结果，增强你的说服力。

③使用具体的例子和实证数据，以更直观的方式说明你的观点和论据。

④尽量展示你的自信和坚持，但同时也要表达出对他人观点的尊重和理解。

（5）考虑并尊重对方的立场和需求。在沟通中，要尽量了解对方的立场、需求和利益，并将这些因素纳入考虑。通过强调对对方的贡献和利益，更容易获得他们的支持和合作。

（6）持之以恒。有时候，影响和感召他人需要一定的时间和持续的努力。坚持不懈地传达你的观点，并寻找各种方式和机会来进行沟通和交流。

最重要的是要记住，影响和感召别人需要以对方的利益为出发点，与对方建立良好的人际关系，并通过有效的沟通技巧来传达你的观点和意图。

4.沟通中常见的问题

我们沟通的时候总是会踩雷，先来看一些场景：

场景一：32岁的皖皖越来越不愿意周末回家了，因为每到周末回家，她不得不听到妈妈无休止的唠叨"你年纪也不小了，该结婚了"，每到这时候，她就特别想反驳一句："你结婚挺早的，可是这辈子过得开心吗？你都过得不开心，为什么还要逼着我去结婚！"

但她不敢说，因为说完之后，母亲就会从年轻时结婚开始跟她哭诉自己的人生。这样的沟通，皖皖受够了。

场景二：李月最近工作比较忙，感觉身心疲惫，于是她就趁着周末的空当与自己的老公吐槽一下这一个月工作上的糟心事儿，顺口就说了一句："每天活得好累啊！"

李月的老公并没有安慰她，反而直接回了一句："成年人的世界哪有'容易'二字，大家活得都挺累的。"

结果，李月并没有从老公这里得到任何安慰，缓解自己的疲惫的心情，反而感觉更累了。

场景三：乔乔失恋了，她拉着同宿舍的女孩倾诉着，结果那个女孩却对乔乔说："失恋有什么好难过的，我的经验就是打起精神，立马找下一位。"

乔乔顿时愣住了，继续倾诉显得自己很矫情，并且自己就像一个想不开的傻瓜。但乔乔在上一段感情中付出太多，她不可能很快就投入下一段感情中。

在之后的日子里，乔乔开始疏离宿舍的女孩，正所谓"道不同，不相为谋"。

场景四：杨玥家养了8年的猫咪因为突发重疾离世了，杨玥从中学就开始养，小猫咪陪伴杨玥走过了青春期的中学，学习高压下的高中，一路陪伴。这时候，杨玥同寝室的好友却对杨玥说："别想这事了，我们想点开心的事吧。"

杨玥突然就明白了，有些悲伤不会有人共情于她。

以上所有沟通场景里，那个不会说话的人问题到底出在哪里？如果是你，你该如何对她们说？

带着这个问题，我们进入盘点环节。我们来盘点一下沟通中会遇到的问题。

（1）语言障碍。沟通双方可能使用不同的语言或方言，导致理解困难，需要投入更多的时间和精力来传达信息。

（2）信息偏差。沟通过程中，信息可能被误解或歪曲，必须做到言简意赅，让对方清楚理解自己的意思。

（3）心理阻碍。沟通双方可能因为先前的经历或态度而感到不安或疑惑，这可能阻碍真诚沟通。

（4）文化差异。沟通双方有不同的文化背景，可能在交流中会遇到互相不理解的问题，需要增进文化理解。

（5）情绪问题。沟通时常常受到情绪的影响，当双方情绪起伏波动时，可能会失去理智。

（6）信任问题。沟通的成功很大程度上依赖于信任，如果一方不信任另一方，沟通可能失败。

（7）社交习惯。沟通方式会受到不同的社交习惯影响，需要考虑并理解这些习惯，以便更好地进行交流。

问题盘点出来了，那么，我们该如何避开沟通中的这些问题？我们有没有什么办法能够让自己不要触碰到沟通中常见的"红线"或"雷区"？下面有一些建议，供大家参考：

（1）倾听对方。充分倾听对方，尊重对方的观点和意见。

（2）重视非言语信号。留意对方的姿态、表情和眼神等非言语信号，以获得更全面的沟通信息。

（3）使用积极、友好的语言。尽量使用积极、友善的语言，避免使用过于强势的语言或威胁性的措辞。

（4）平衡话语权。在沟通中平衡各方的发言机会，尊重他人的意见和需求。

（5）展现关心与理解：努力理解他人的感受和需求，并在沟通中展现关心与理解，建立互信和共情的环境。

做人做事离不开沟通

沟通是人类交流的重要方式，无论是在个人生活中还是在职业生涯中，都离不开沟通。为了取得成功，一个人必须拥有卓越的交流技巧，并以此作为连接人与人之间理解、合作、商议和达成共识的桥梁。

在个人生活中，我们要与家人、朋友、同事、邻居等进行交流和沟通，以表达自己的想法和感受。在与家人的沟通中，有效沟通能够使家庭成员更加深入地了解彼此，增加信任和理解，建立更加和睦的家庭关系。在朋友交流中，沟通可以改善彼此之间的关系，增进友谊的深度和广度。在职场中，沟通是组织运转的关键，有效沟通能够帮助员工更好地协同合作，避免误解和冲突，提高项目和团队的效率，也有利于提升个人的职业发展。

因此，沟通是一项必备的技能，能够帮助我们更好地适应社会和工作环境，增强自我反思的能力，提高表达的能力，提高人际交往的能力，促进和谐社会和团队合作。在任何时候，多一份沟通，就会少一份矛盾。

1. 沟通就是会说话好办事

沟通不仅仅是会说话好办事，在沟通过程中，如果你擅长表达，对方心里高兴，他们办理时也会带着喜悦的心情，事情就能顺利进行；反之，如果你不擅长沟通，对方听了可能会心里不痛快，简单的事情也可能被带入复杂的程序中，事情处理得不愉快。

举一个身边的例子：

我们知道有一些证明，需要到社区居委会开具，比如居住证明。开具证明需要带好相关材料，然后大概30分钟就能开好。

正常的流程如下：

居民小贾因为打官司要走法院流程，需要开居住证明，小贾来到居委会，进门后询问："请问，我想开一个居住证明，找谁开？"

工作人员回答道："是本人要开吗？"

小贾点点头："是的，我要开居住证明。"

工作人员继续询问："你是本地户口吗？"

小贾摇摇头，工作人员继续问道："你有居住证吗？"

小贾还是摇摇头，工作人员告诉小贾："你需要先去派出所，或者在线上办好居住证，才能办理居住证明。"

小贾急忙问道："居住证是直接去派出所办，就能办下来吗？"

工作人员摇摇头："不行，你今天申请，需要三到五个工作日的审核，还要入户。差不多十天可以办理完成。"

小贾着急了，忙说道："哎呀，我明天就开庭了。您帮我想想办法吧，我在咱们小区买的房子，一直住在这里。咱们也是十几年的老邻居了，帮忙想想有没有办法能先开个居住证明？"

工作人员看小贾的确着急，说话态度也很好，又如他所说大家都是十几年的小区邻居。向小贾询问了一些详细情况，也看了小贾带过来的房本等，对小贾说道："我这个也是要报上去，我得给您问问上级，能不能开。"

小贾连忙说道："好的好的，实在给您添麻烦了，我这也实在很着急，太感谢了。"

好在上面给的回复是留好相关资料，包括在小区物业缴纳物业费的记录等，证明小贾的确住在小区内，按照"便民服务"的办事原则，就先给开了证明。

小贾在半个小时后拿到了居住证。

但是，总有一些人不会说话，让简单的事情变得复杂。

小艺面临同样的情况，她来到居委会之后，看了看工作人员，喊出了一句："办居住证明，有人能办吗？"

工作人员一听这话也有点不乐意，但还是客客气气说道："您本人办吗？把上面的资料准备好给我就行。"

"居住证？居住证是什么？我要有居住证还用办居住证明呀！"小艺不满地反驳。

工作人员面无表情地说道："这个办理流程不是咱们定的，非本市户籍必须有居住证才能够办居住证明，您如果没有，先要去派出所或线上办居住证。"

小艺皱皱眉头："办居住证需要几天呀"？

工作人员说道："派出所办居住证，具体的也不太清楚，五到七个工作日吧。"

小艺当时惊呼一声:"这么久,我的事就给耽误了。再说,我是房子的业主,住了20年了,你先给我开个居住证明。"

工作人员执拗地说道:"我们按照要求、流程、规定开具居住证明,您提供这些资料,我们直接给您办,资料不全,没法办!"

就这样,小艺只能是气呼呼地走了,去派出所先办居住证,而开庭的时间就只能往后推延,耽误了自己重要的事情。

实际上,如果小艺一开始会说话,也不必说多么会说话,可能在工作人员了解情况后,也会先请示上级,适当地在规定范围内,给小艺提供服务。

由此可见,良好的沟通能够帮助人们更好地完成任务和工作,而能够有效沟通的前提是能够流畅地说话。

在现代社会中,沟通已经成为人们相互交流和合作的基础。无论是在工作中还是在生活中,人们都需要表达自己的想法、意见和需求。一个能够流畅且清晰地表达的人,往往能够更好地与同事、朋友和家人沟通,更容易让别人理解自己的意图和要求,从而更容易达成目标。

然而,仅仅会表达并不能确保沟通的顺利,还需要倾听别人的观点和建议,以及及时给予反馈和回应。一个善于沟通的人,除了需要具备良好的表达能力,还需要具备良好的倾听能力和应变能力,能够在任何情境下与别人建立良好的沟通关系。

为了在工作和生活中更好地完成任务和实现目标,我们需要注重提高自己的沟通能力,努力掌握有效的沟通技巧和方法,让自己能够更好地与别人交流和合作。

我们接下来从几个方面来看一下,善于沟通和不善于沟通的人给别人带来的不同感受。

(1)立场。会说话的人懂原则的重要性,总能让你感觉他在原则上永远支持你;不会说话的人,则是从自己的利益出发,让你觉得他自私且不可靠。

(2)需求。会说话的人总能触及你的需求;不会说话的人则总是强加自己的观点,只关注自己的需求。

(3)曲直。会说话的人不会以"我这个人说话直"为开场白,他不会直接告诉你他想要什么;不会说话的人则直接表白自己的需求。

(4)顺序。会说话的人在批评之前先给予你正面的肯定,让你感到舒适后再就事论事地批评你；不会说话的人则不顾及你的感受，直接发泄自己的情绪。

（5）时机。会说话的人总能找到最恰当的时机，传达你想听的信息；不会说话的人则常常在不合适的时候说出不适宜的话。

（6）回应。会说话的人，带着同理心与你交流，会倾听你说话，并给予回应；不会说话的人则从不倾听，只关注自己的观点，并要求你有回应。

（7）利落。会说话的人言简意赅，尊重你的时间；不会说话的人则啰里啰唆，浪费了你的时间而未能有效传达信息。

以上7条是笔者总结的，大家可以自我反思，看看自己到底是属于会说话的人，还是需要在沟通技巧上进一步提升的人。

2. 共情沟通才能达成共识

我们在开始这一小节之前，还是先来做一个关于共情力的测试。

阅读以下内容，并尽可能诚实地评估是否每一个描述对你而言都是真实准确的。如果你的回答是"是的"，请在编号上打钩或者在纸上记录编号。

（1）一个以上的人评价说我缺乏共情、换位思考的能力。

（2）一个以上的人评价说我是一个有共情能力的人。

（3）当我帮助别人的时候，我感觉很好。

（4）帮助别人的时候，我并没有特别强烈的感觉。

（5）我觉得我有义务做正确的事情。

（6）我很享受把时间奉献给其他人。

（7）当人们谈论感情问题时，我通常感到不舒服。

（8）当人们谈论感情问题时，我通常没有不适感。

（9）我并不知道向别人表达共情意味着什么。

（10）我知道向别人表达共情意味着什么。

（11）我经常觉得我错过了情感的暗示。

（12）我能很容易地发现情感的暗示。

（13）我被人告知我需要做正确的事情。

（14）我对做正确的事情并没有赋予很高的价值。

（15）我很少跟朋友深入交流。

（16）我跟朋友能进行深入交流。

（17）我不那么喜欢与儿童或青少年相处。

（18）我喜欢与儿童或青少年相处。

（19）我感觉在人际关系中我得到的回报大于我的投入。

（20）我感觉在人际关系中我投入的多于得到的回报。

（21）我觉得向动物表达关心比向人表达关心要容易得多。

（22）我觉得向动物表达关心跟向人表达关心的难度是一样的。

（23）我经常被人评价说很固执。

（24）我经常被人评价说很好相处。

（25）我更倾向于在交流中诉说。

（26）我更倾向于在交流中倾听而不是诉说。

（27）在对话中，我更多地说话而不是倾听。

（28）在对话中，我更多地倾听而不是说话。

（29）当我与别人的关系变得亲密时，我会感觉不适。

（30）当我与别人的关系变得亲密时，我不会感觉不适。

评分说明：

当你选择下面这些编号时，每个得1分：（2）（3）（6）（8）（10）（12）（14）（16）（18）（20）（22）（24）（26）（28）（30）；

当你选择下面这些编号时，每个减1分：（1）（4）（5）（7）（9）（11）（13）（15）（17）（19）（21）（23）（25）（27）（29）。

计算一下你的得分：

13~15分：共情能力高。

9~12分：共情能力中等。

0~8分：共情能力低。

本测试摘自亚瑟·乔拉米卡利的著作《共情力》。

在了解自己的共情力之后，我们来继续了解共情沟通。

共情沟通是一种能够建立人际关系、促进交流和互相理解的方式。在实现共识的过程中，共情沟通是非常重要的因素，因为它能够增强双方之间的互信和理解。

共情沟通包含真诚、尊重、倾听、理解等因素，使说话者在表达自己观点的同时，也关注听话者的感受和需求，从而建立相互信任和尊重的关系。通过这种方式，双方可以更加充分地了解对方的立场、需求和利益，并找到彼此的共同点和想法。

共情沟通的核心在于理解对方的观点和感受，并表达自己的立场和感受。只有当对方感到被理解和尊重时，才会感到自己的观点得到了重视，并在这个基础上和对方达成共识。如果没有共情沟通，双方可能会互相误解，甚至陷入不必要的争吵和冲突之中。

因此，共情沟通是实现共识的一种极其有效的方式。通过共情沟通，人们可以建立令人信任和尊重的关系，并最终找到彼此的共同点和利益，相互理解和共赢。

以杨玥家的猫咪去世为例来说一下共情沟通。在上面的案例中，杨玥家养了8年的猫咪因为突发重疾离世了，而杨玥的同寝室好友缺乏同理心。

另一个女孩苗苗也知道了这个消息，尽管苗苗家没有养过猫，但她安慰杨玥说："你的猫咪很幸福，因为不管它在哪里，都有一个这么善良漂亮的铲屎官挂念着它。猫咪的寿命本就很短，但因为有你在，我想它活着的时候特别快乐，离开的时候也不会有遗憾。你还会养猫吗？"

杨玥哭着点点头，苗苗说："那我们这周就看看猫吧，或许那个去了天堂的它，在等待着机会，重新回到你的身边呢。"

杨玥坚定地点点头，是的，她的人生本就比猫长出好几倍，纪念了陪伴自己中学时代的猫咪，要让爱猫的心延续。就这样，杨玥走出了爱猫去世的悲伤。

3. 同频沟通让沟通更有效

你去医院做体检，在等着做B超的过程中，听到一对也在等着做检查的老夫妻之间的谈话。

老太太一直在抱怨体检的人太多，为什么年轻人这么多，体检的步骤太烦琐，排队填就诊申报信息，排队领取体检表，排那么多次队，实在太累了，而且还有些乱，真希望有为老年人提供的便捷服务。

老大爷在旁边一直与老太太一问一答，但是仔细听，老大爷并不是在安慰老太太，而是在说茅台的股票涨完现在轮到泸州老窖的股票噌噌涨了，某集团已经停止派付中期股息，接下来还会继续停牌，现在基金风险也大了……

曾听说过"敬老院式交谈"，而这对老夫妇看似在聊天，实际上根本没同频。

在一场沟通过程中，同频沟通非常重要。什么叫作同频沟通？

同频沟通是指在交流中使用对方所熟悉并理解的语言、词汇及说话方式，从而使沟通更加顺畅、准确，达到更有效的效果。同频沟通基于认知心理学中的认知相似性理论，即在某些方面相似的人们之间进行交流更有可能产生有效的沟通。

当人们使用类似的词汇、语调和表达方式时，可以更好地理解对方，并且能够更快地建立联系。在跨文化和跨语言沟通时，同频沟通能够有效缩小双方之间的差距，减少信息的误解和误读。使双方能够理解对方的意图，避免交流失效和沟通障碍。

在商业和职业生涯中，同频沟通也是非常重要的。如果我们能够使用相同的专业术语、文化背景，以及职业共识，我们就能够更好地和同行业的人进行交流，建立更好的合作关系。

总之，同频沟通是沟通中的一种基本原则，能够帮助双方更好地理解对方，加强彼此之间的联系，实现更有效的沟通。

同频沟通在很多场景都具有非常重要的作用，比如以下常见场景：

（1）团队会议。在团队会议上，团队成员可以通过同频沟通分享他们的进展、问题和需求。大家可以一起讨论并提出解决方案，确保团队的目标得到顺利实施。

（2）项目合作。在共同开展项目合作时，团队成员可以同频沟通确保大家在项目的各个阶段上保持对齐。他们可以共同解决问题、协调工作，确保项目能够按计划进行并取得成功。

（3）跨部门合作。在多个部门之间进行合作时，同频沟通尤为重要。团队成员可以定期开会，分享他们的进展和需求，并确保各个部门在工作上保持协调一致，达成共同的目标。

（4）客户关系管理。在客户关系管理中，同频沟通有助于团队成员了解客户的需求、关注点和问题。这样他们可以共同制订解决方案，提供卓越的客户服务，并建立强大的客户关系。

但是，同频沟通这么重要，有没有什么方法提高我们自身与别人进行同频沟通的技巧？这里给大家整理了一些建议：

（1）努力理解对方的观点和感受。积极倾听对方说话，设身处地地思考对方的观点和感受，尊重对方的想法，避免主观臆断或过度争辩。

（2）使用双方都能理解的语言。避免使用过于复杂或专业的术语，以确保对方能够清晰地理解自己的意思。

（3）清晰且明确地表达自己的观点、需求和感受，避免含混不清或模棱两可的表达方式。

（4）关注身体语言、面部表情和语词的协调。这些非语言元素可以增强沟通的效果，使对方更好地理解自己的态度和情感。

（5）确保在一个相对安静、无干扰且舒适的环境中进行交流。防止嘈杂、分心或紧张的环境对交流产生影响。

（6）以倾听为主，说话为辅。用全神贯注的态度聆听对方的发言，鼓励对方继续表达意见，并用提问或回应来展示自己的理解和关注。

（7）认识到并尊重每个人的独特性和观点差异，尽可能理解并尊重对方的个人背景和文化差异。

（8）开展诚实的对话。如果发生误解或冲突，及时采取行动，解释自己的观点或道歉，以确保问题得到解决和改善沟通。

需要注意的是，与人同频沟通需要双方共同的努力和配合，所以除了自己的努力外，也要尊重对方，互相理解和包容，共同为有效沟通而努力。

4. 高效沟通的七大元素

了解高效沟通是什么至关重要。高效沟通是指在与他人交流时，有效地传递信息、理解对方的意思并达成共识的能力。

为了进一步阐述高效沟通的重要性，我想从一个真实发生的事件——"阿维安卡(Avianca)52航班坠机事件"讲起。

阿维安卡52航班在1990年1月25日的19时40分飞行在美国新泽西海岸的高空，海拔为37000英尺。

20：00 由于交通状况严峻，肯尼迪机场的航空管理人员已经告知52号飞行员，他的飞机必须在机场上方进行盘旋等待进一步指令。

20：45 他已经告诉肯尼迪的飞机副驾驶："我们的燃油即将耗尽！"

21：24 飞机仍然没有被批准降落。

21：32 飞机的两个引擎因为燃油耗尽而失灵。

21：33 长岛上，飞机坠毁，机上的73名乘客全部遇难。

事后分析发现，沟通问题是导致这场悲剧的关键。

首先，飞行员一直说飞机"油量不足"，并没有明确说出油量不足的具体情况。比如，没有说"我们的燃油还仅能维持20分钟"这样强调燃油不足的话。

其次，飞行员没有对自己所在情况进行阐述，而管理员也并未在沟通中将航班的情况问清楚，只是知道航班"油量不足"。

最后，飞行员在沟通时的语气平淡，导致管理员没有意识到问题的严重性。

这次事故本可以避免，但由于飞行员与管理员之间沟通不充分，导致了这场73人遇难的大型空难。

所以，我们不仅要学会沟通，更要学会高效沟通。接下来探讨高效沟通具备的七大元素。

（1）目标明确。在沟通前，明确自己的目标是什么，并明确期望对方采取的行动。只有确定了目标，才能有针对性地开展沟通。

（2）细节精准。在沟通中，要注重细节，特别是确保用语准确。不能含糊其词，否则容易引起误解或产生偏见。

（3）积极回应。无论是听或说，都要保持积极主动的态度，表现出关注和尊重。

（4）接受不同观点。在沟通中，应该能够接受不同的观点，尊重对方的想法，避免过于固执己见，从而建立更好的人际关系。

（5）维持平等关系。在沟通中，双方应该是平等的，都有机会表达自己的想法和意见，避免出现任何形式的不平等。

（6）清晰明了。表达自己的话要清晰明了，简明扼要，以便对方能够准确理解自己的意思。

（7）善用非语言信息。在沟通中，除了语言外，还有非语言信息，如肢体语言、面部表情、声音语调等。有效利用这些信息，可以更加深刻地理解对方的意思和情感。

我们这本书重在给大家提供一些技巧和方法。上面讨论了高效沟通的重要性，那么，我们如何提升自己的高效沟通呢？以下几个小技巧可以帮助你：

（1）专注倾听。积极倾听，关注他人所说的内容，通过肢体语言和回应来展示你的专注和兴趣。

（2）了解受众。了解受众的背景、立场和观点，有针对性地调整你的沟通方式，以达到更好的沟通效果。

（3）选择合适的沟通媒介。选择适当的沟通工具，如电子邮件、电话、视频会议等，并熟练掌握这些工具的使用技巧。

（4）预先准备。在重要的沟通活动之前，准备好相关材料和信息，以确保沟通顺利进行。

（5）日常练习。在日常交流中不断练习，逐步提高沟通能力，并克服潜在障碍。

（6）对收到的反馈保持开放。保持开放心态，根据反馈和建议不断改进沟通技巧。

（7）谦虚和尊重。保持谦虚与尊重，尊重他人的观点和意见，避免攻击性语言。

（8）保持积极的心态。即使在沟通中遇到挑战，也要积极寻找解决问题的方法。

总而言之，高效沟通需要注意清晰明确、倾听与理解、尊重与关注、积极反馈、情绪管理、非语言表达和及时反馈等方面的技巧和策略。

沟通的力量

沟通不仅能让小家庭和睦相处，还能推动公司的发展，让行业生生不息……甚至在面对全人类的敌人时，也能促进全球团结一致的抗争。

新型冠状病毒肺炎（COVID-19）疫情暴发时，世界卫生组织及时发布了相关疫情通报和建议，向全球传达了病毒传播的风险和防控措施，并协助各国公共卫生部门进行交流与合作。这种沟通和信息共享帮助各国更好地了解疫情、采取行动，共同应对挑战，有效地控制了疫情的蔓延，保护了全球公众的健康。

我们都知道沟通具有巨大的力量，这种力量体现在促进理解和协作、改善人际关系、提高工作效率、创造共同价值，以及提升个人魅力等多个方面。总之，沟通的力量极为强大。在各个领域，良好的沟通都是成功的关键。

1. 一段对话就能带来重大改变

——一段对话能够改变历史——

通过阅读李斯所著的《谏逐客书》，秦始皇被说服并改变了他的国家治理策略，他决定停止排斥外国人的无知做法，积极地敞开大门以吸引和吸纳各类优秀人才，这使得秦王朝的人才储备变得丰富，他们为国家的未来出谋划策，最后成功实现了统一六国的目标。

《触龙说赵太后》就是经典的说服案例。战国时期，秦国趁赵国政权交替之机，大举攻赵，并已占领赵国三座城市。赵国形势危急，向齐国求援。齐国坚持要求赵太后的小儿子长安君作为人质，才肯出兵。赵太后溺爱长安君，执意不肯，致使国家危机日深。

面对强敌压境和赵太后严厉拒谏的危急形势，触龙因势利导，以柔克刚，用"爱子则为之计深远"的道理说服赵太后，让她的爱子出质于齐，以换取救兵，解除了国家危难，展现了触龙以国家利益为重的品质和卓越说服才能。

《邹忌讽齐王纳谏》，则讲述了战国时期齐国谋士邹忌劝说君主纳谏，使之广开言路、改良政治的故事。邹忌有自知之明，善于思考，勇于进谏，通过自己的感受说服齐王广纳贤言，成为千古美谈。

通过对话和交流，刘备和诸葛亮的人生轨迹得以改写，并对整个世界的历史进程产生了影响。在名为《隆中对》的文章中，诸葛亮向刘备阐述了他对天下的见解，并建议首先夺得荆州作为根据地，随后占领益州以形成三足鼎立之势，最终计划攻取中原地区，实现其宏伟蓝图。

历史上，皇太极收服洪承畴，并非依靠其妃子大玉儿的说服，而是皇太极本人的功劳，而关键在于范文程。洪承畴被囚禁在牢狱，范文程在与他沟通时观察其言行，判断出洪承畴并不想死。范文程用简简单单一句话点出关键，向皇太极献计，皇太极亲自前往牢狱看望洪承畴，其间对他关怀备至，洪承畴深受感动，随即跪拜。

1939年，温斯顿·丘吉尔与爱德华八世的对话改变了英国在"二战"时期的态度，在第二次世界大战爆发前，作为苏格兰国王爱德华八世曾表达对纳粹党的同情。丘吉尔巧妙地通过对话，使爱德华八世认识到纳粹党的危险性，并改变了他对纳粹党的立场。

1972年，美国总统尼克松访问中国，并与中国总理周恩来进行了一系列对话。这次对话标志着中美关系的正常化。这次对话不仅结束了两国之间长达二十多年的冷战敌对关系，而且对全球格局产生了深远影响。

自古至今，一句话改变国与国之间的格局乃至整个历史的情况并不少见。

对于我们普通人来说，一段话能解决我们的燃眉之急、应对我们所遇到的问题、改变我们的困境，并为我们带来更大的利益。

讲一件发生在我身边的事：

靳董的公司，一家传统制造型企业，长期以来一直面临着激烈的市场竞争。公司生产的产品质量普遍较低，导致销售额和利润持续下降，面临激烈的市场竞争。靳董与管理层亟须寻找机会使公司摆脱困境。

在一次公司全体员工大会上，靳董向员工坦诚说出了公司所面临的困境以及市场竞争的激烈程度。他询问员工是否有好的建议或者创意，帮助公司摆脱困境。起初，员工们都沉默寡言，因为他们习惯了接受上级指示，而非主动参与决策。然而，靳董的坦诚和亲近的态度使得员工们逐渐开始发言。

一位年轻的生产线工人提出了创新的想法：通过采用先进的自动化技术来提高产品的生产效率和质量。他指出，传统制造业正面临技术革新的机遇，如果公司能够跟上技术的发展，就有望重塑自身形象，提高产品竞争力。

这个创意激发了与会员工的共鸣，其他员工也纷纷提出了自己的建议和创意。通过这次开放的对话，公司高层得到了很多有价值的建议和创意，这些建议涵盖了产品升级、渠道拓展、市场营销等多个方面。

靳董听后意识到转型的必要性，决定由提出创意建议的员工组成专门的转型小组，负责推进公司的战略转型和技术升级。在员工的积极参与下，公司开始采用先进的自动化技术，这不仅提高了生产效率，还显著提升了产品质量。

随着产品质量的提高，公司的市场竞争力逐渐恢复。销售额和利润开始逐渐增长，公司逐渐摆脱了困境，并在行业内建立了良好的声誉。这次员工大会成为公司转机的关键，并为公司带来了全新的发展机遇。

所以，我们不能忽略每一段对话所带来的力量，这种力量是可以带来变革的。这种变革可能发生在社会或个人层面。例如，在个人层面，一位朋友可能会向你倾诉他/她人生中的困难，或者你可能发现你的朋友正面临一些错误的决策。在这种情况下，一段对话可以帮助他们洞察问题的本质，并提供解决问题的途径和建议。

在社会层面，一段对话可以帮助政治领袖和公民解决争议，甚至确立新的政策和倡议。例如，在国家层面，政府官员之间的对话可以帮助缓解紧张的局势，甚至结束某场战争。类似地，在企业层面，员工和经理之间的对话可以帮助他们解决工作场所的争议。

总之，一段对话可能产生深远的影响。它可以使人们获得洞察力和思考的启示，帮助他们采取新的行动方向，并为个人和社会带来长期的变革。

2. 谈话的方式比内容更重要

我们知道谈话的方式多种多样，下面列举一些比较常见的类型：

（1）直接问答方式。发问者直接提出问题，受访者回答问题。

（2）对话式谈话。双方轮流发言，互相交流意见和观点。

（3）采访式谈话。一方充当采访者的角色，提问另一方，被采访者回答问题。

（4）面对面谈话。双方在同一空间内进行谈话交流。

（5）远程会议。通过电话、视频会议或在线平台进行交流。

（6）小组讨论。多人共同参与讨论，轮流发表各自的观点。

（7）辩论。双方针对不同观点进行争论和辩解。

（8）平行对话。双方分别陈述观点，而不直接交流或相互影响。

（9）反馈交流。一方表达意见后，另一方给出反馈和建议。

（10）推理讨论。通过逻辑推理和分析来解决问题或达成共识。

为什么我们认为谈话的方式的重要性超过了内容本身？这是因为在沟通交流中，影响双方印象和理解的不只是谈话内容，谈话方式同样起着至关重要的作用。

首先，谈话方式直接影响了沟通双方的人际关系。如果谈话方式友善、真诚、尊重并包容，双方便能感受到信任与亲近，这有利于建立良好的人际关系。

其次，谈话方式还影响了谈话内容的理解和接受。如果一个人采用过于强硬、咄咄逼人的谈话方式，即便其内容正确，也可能导致对方感到不适，产生反感，甚至拒绝接受。此外，采用温和、委婉的谈话方式有助于信息的传递和理解，有利于双方达成共识。

最后，谈话方式还影响了谈话的效果和进展。若谈话方式体现耐心、倾听和理解，双方便能在公平、和谐的氛围中交流，进而达成协议和共识。然而，若谈话方式急躁、急于求成且强势，通常会导致沟通失败和对立。

因此，谈话方式的重要性往往超过内容本身。良好的谈话方式不仅能够促进人际关系的和谐，有助于沟通的有效传递和理解，还能够达成更好的谈话效果和目标。

选择合适的谈话方式不仅可以提升谈话内容的质量，还有助于更高效地进行沟通。

接下来，请准备好纸和笔，我们将进行一个关于沟通风格和谈话方式的简短测试。

每个人的交流方式都各不相同，因此首要任务是了解你自己的交流方式。

（1）当我与他人谈话时，我喜欢

A.深思熟虑

B.坦诚表达

C.只透露我想要让他人了解的部分

D.详尽而不重复

（2）有时候，我可能会

A.疏忽大意

B.未能及时提供他人信息

C.严肃地告知他人

D.以乐观态度对待事情

（3）我的谈话内容通常倾向于

A.友善性

B.精准度

C.协作能力

D.结论性

（4）有时我被指责

A.过度地假设

B.没有听取他人的观点

C.拖延行为

D.多言

（5）当我与他人在讨论时，他们

A.知晓我渴望获得确凿证据

B.明白我偏好预期内的交流

C.理解我的立场观点

D.熟知我对事物充满热情

（6）我喜欢的沟通方式是

A.积极的

B. 逻辑的

C. 直接的

D. 冷静的

（7）我倾向于采用的谈话方式包括

A. 富有启示性

B. 积极乐观

C. 真诚无私

D. 主导性

（8）我不喜欢的谈话方式包括

A. 施加压力

B. 不愿配合的

C. 对我的观点持否定态度的

D. 我无法掌控现状的

（9）我感觉最好的最舒适的情况是当我

A. 聆听他人的对话

B. 按照规则行事

C. 引导他人

D. 流畅且平和

（10）我在与他人沟通时的主要弱点为

A. 对细节的需求很高

B. 反应过于迅速

C. 希望成为关注焦点

D. 在发言前并未做好充分的准备

（11）多数与我共事的人认为我

A. 是友好的

B. 是慎重的

C. 是接纳变化的

D. 是真诚的

（12）我最大的希望是

A. 在与他人交往中

B. 希望有充足的时间适应不断变化的环境

C. 寻求刺激

D. 明确的指导和评估

（13）我认为沟通的基本理念包括

A. 与他人协作

B. 从他人身上获得力量

C. 劝导他人

D. 在抵抗的情况下

（14）在书面沟通时，我倾向于

A. 力求简洁明了，有时甚至忽略细节

B. 过分强调其初衷

C. 按照规定进行讲解

D. 过于冗长

（15）在什么样的环境下工作

A. 自由的

B. 有合作伙伴的

C. 组织性的

D. 快乐的

（16）最能激励我的谈话内容涉及

A. 挑战

B. 安慰

C. 友谊

D. 肯定

（17）面对遭受压力的朋友，我会传达以下信息

A. 积极的信息

B. 如何应对压力

C. 根据状况进行调整

D. 保持冷静

（18）在与人交谈中我的最大特点是

A. 具备良知

B. 性格开朗

C. 行事果断

D. 乐于倾听他人对话

评分表：

评分参考表1-1，我们讲一下评分标准，每一道题的ABCD四个选项分值各不同，比如：

第（1）题，选择A得1分，选择B得2分，选择C得3分，选择D得4分。

第（3）题，选择D得1分，选择A得2分，选择C得3分，选择B得4分。

因此，在评分过程中，关注的是各选项对应的分值。例如，如果你在（1）题选了A得1分，在第（2）题选了C得4分，在第（3）题选了D得1分，在第（4）题同样选了D得2分，那么按照这种方式计算出你的总分。

表1-1 心理测试评分表

	1分	2分	3分	4分
（1）	A	B	C	D
（2）	A	D	B	C
（3）	D	A	C	B
（4）	B	D	C	A
（5）	C	D	B	A
（6）	C	A	D	B
（7）	A	B	C	D
（8）	D	C	B	A
（9）	C	D	A	B
（10）	B	D	C	A
（11）	C	A	D	B
（12）	D	A	B	C
（13）	B	C	A	D
（14）	A	B	C	D
（15）	A	B	D	C
（16）	A	D	C	B
（17）	B	A	D	C
（18）	C	B	D	A
合计	（ ）	（ ）	（ ）	（ ）

分数计算方式：如果有一列的得分相同，就会获得该分数，这是指列，而非行。

得分：

请注意：在计算每列的得分时，只要有一个数值相同，就会获得1分，这里指的是列数，而非行数。

分析结果：

如果在首列得分最高：表明属于老虎型和操控型，重视过程和结果。

这类人注重成果，善于交流。他们常常在对话中打断别人的发言，表达目标非常明确。他们通常是擅长掌握大局的人，不太在意细枝末节。

所以如果你的经理是这样的人，你和他说事就凡事给他一个结果就可以了，不用说你中途做了什么，遇到了什么，你是怎么解决的。他喜欢简短、清楚，不需要在沟通中流露太多感情。

如果在第二列的得分较高：表明属于孔雀型和表达型。重视结果，对人有所关注。

这类人擅长表达自己的想法，对他人的反馈和回应有所准备。他们关心他人的感受，喜欢团队合作和倾听。

在所有的交流中，应尽可能地融入情感元素。当确认某些事项时，主要以充满情感色彩的理由为依据。

如果在第三列得分高：表明属于考拉型和亲和型。关注人和过程。他是一个出色的聆听者，擅长听取他人意见并保持冷静和寡言的态度；他的注意力主要集中在事情的进程上，坚信"和谐至上的原则"；他对他人情感非常敏感，能够站在对方的角度思考问题，并对细节给予极高关注。

如果分数最高，表明属于猫头鹰类型，且专注于数据。

这类人在工作上更注重任务与流程，而非个人关系，他们善于解析问题。，追求有序性和理性思维，对细节有敏锐洞察力，并对混乱的信息传递模式不感兴趣。偏爱体系化的工作方法，态度严谨且一丝不苟，有时会表现出一定的完美主义特征。言辞简洁，重视时效性，并具备较强的逻辑推理能力。因此，在与这类人交流前，应预先考虑好谈话的顺序，并在阐述时以数据为依据支持观点，这有助于获得他们的认同。

3. 什么样的沟通能冲破层层阻碍

沟通有力量，沟通能够冲破层层阻碍。

我们先来看两个场景案例：

案例一：2015年，巴黎协定在气候变化领域取得重要突破。这一协议的达成归功于各国之间的沟通与合作。在协议谈判过程中，来自不同国家的代表们就减少温室气体排放、应对气候变化的具体措施展开了艰难的谈判。尽管存在利益分歧和难以调和的立场,但最终各国代表通过不懈努力,在沟通与协商中找到了共同的目标和解决方案。这一成功案例表明,通过有效的沟通和合作,国际社会可以克服阻碍,取得共识并共同应对全球挑战。

案例二:在一个组织内部,不同部门之间的沟通和协作也常常面临阻碍。然而,有时候跨部门合作是解决问题的关键。以一家外贸公司为例,销售部门负责与客户的对接,而物流部门负责货物的运输。然而,由于信息传递不畅,部门之间的沟通不够及时,导致了客户订单和货物的流失。为解决这个问题,公司决定召开一次全体会议,邀请销售部门和物流部门的成员共同参与,开展沟通与合作的培训。通过此次会议,各部门的成员深入了解彼此的工作内容和需求,并共同制定了交流和协作的方式。从而,公司的沟通效率得到提升,客户服务质量也得到了改善。

以上两个案例表明,无论是国际合作还是组织内部的跨部门合作,只要通过积极的沟通和合作,大家可以共同努力克服阻碍,实现共同的目标。

那么,大家更想知道的是,要冲破层层阻碍的沟通都具备哪些特点,我们来列举一下。

(1)坦诚和直接。有效沟通需要人们坦诚表达自己的想法和感受,直接提出问题和需求。没有隐藏和隐瞒,人们能够积极参与交流,共同寻找解决问题的方法。

(2)尊重和包容。冲破阻碍的沟通要求各方相互尊重对方的观点和意见,保持开放心态,接受不同的思维方式和观点,不断扩大和丰富自己的认知。

(3)倾听和理解。有效的沟通需要人们积极倾听和理解对方的观点和感受。只有真正理解对方的需求和意图,才能建立互信和合作。

(4)情感共鸣。冲破阻碍的沟通涉及情感共鸣。人们通过表达情感和情绪,能够更深入地沟通和交流,并更好地体会对方的立场和感受。

(5)灵活且适应性强。有效沟通需要适应不同情境和需求,及时调整自己的沟通策略。

(6)目标明确。冲破阻碍的沟通通常有明确的目标和意图,通过明确自己的期望和目标,能够更有针对性地进行沟通,提高沟通的效果和效率。

综上所述,冲破层层阻碍的沟通特点包括坦诚和直接、尊重和包容、倾听和理解、情感共鸣、灵活且适应性强以及目标明确。这些特点相互作用,共同促进有效的沟通。

4. 创造奇迹的十八项沟通练习

进行沟通练习旨在提高沟通能力和技巧。沟通是人与人之间相互理解、交流和传递信息的重要方式。通过练习沟通，我们可以学习如何有效地表达自己的想法和情感，以及如何倾听和理解对方的意见和观点。这些练习帮助我们建立良好的人际关系，解决问题和冲突，并增强团队合作和领导能力。此外，良好的沟通还能在工作和社交场合中帮助我们更好地展示自己，增强自信和促进共识。因此，进行沟通练习对于个人和职业发展都至关重要。

我们来看一个通过"沟通练习"改变自己人生的案例：

雍聪是一位生活在北方三线城市的年轻人，大专毕业后进入了大元房地产公司，在销售岗位上任职。他发现自己在沟通时经常遇到困难，常常无法清晰地表达自己的想法，也不知道如何更好地倾听他人。因此，他决定通过"沟通练习"来提升自己的沟通技巧。在销售岗位上，他从公司的销冠一路晋升，现在已经成为大元房地产公司的销售部经理。

雍聪并不是一开始就擅长沟通的人，他只是爱说话却不懂得如何有效沟通。因此，他刻意进行了说话学习和沟通练习。

第一步，学习沟通基础知识。雍聪首先通过阅读相关书籍和在线资源学习沟通的基础知识。他学会了如何倾听他人，如何表达自己的观点，以及如何处理沟通中的冲突等。他还学习了一些沟通技巧，如主动倾听、积极回应等。

第二步，寻找实践机会。雍聪知道理论知识只是第一步，真正的提升需要实践。因此，他开始积极寻找实践机会，参加了一些沟通培训课程，加入了演讲俱乐部，还主动报名参加一些会议和座谈会，以锻炼自己的沟通能力。

第三步，自我反思与改进。在实践中，雍聪始终保持着自我反思的态度。每次沟通之后，他会回顾自己的表现，思考哪些方面做得好，哪些方面还需要改进。他会问自己是否清晰地表达了自己的观点，是否有效地倾听了他人的意见，并尝试找到改进的方法和策略。

第四步，寻求反馈和指导。为了更好地提升自己的沟通能力，雍聪主动向他人寻求反馈和指导。他会请他人评估他的沟通表现，并接受他们的建议。他还向一些成功的演讲者和领导者请教，以获取他们的经验和智慧。

通过持续的努力和实践，雍聪逐渐成为一位擅长沟通的人。他学会了各种沟通技巧和策略，可以清晰地传达自己的观点，并且善于倾听别人的意见。他发现自己在工作和个人生活中更加自信和高效，与他人的关系也更加融洽。

雍聪的成长不仅提高了他自己的职业能力，也影响了他周围的人。他的同事和朋友们也通过他的榜样感受到了沟通的重要性，并且受到他的启发开始关注和改善自己的沟通能力。

和雍聪一样想要提升自己沟通能力的读者，可以根据下面创造奇迹的十八项沟通练习进行练习。（见图1-8）

创造奇迹的十八项沟通练习

听得入微	学会倾听对方的言语、语气和表情，并了解其意义
积极回应	回应对方的言谈，与其建立互信关系
建立沟通桥梁	沟通彻底、坦诚和准确，建立良好的沟通桥梁
表达真实感受	学会表达自己的情感，让对方了解你的感受
建立良好关系	利用正面语言来建立良好的关系
称赞和感激	给予称赞和感激，促进对方积极性和合作性
创造有目的性沟通	通过有目的的沟通，把握机会实现最终目标
了解他人观点	学会倾听他人观点，建立互相尊重的关系
填补信息空缺	及时补充对方未提到的信息和细节
精确有效沟通	使用简明、具体的语言和表情来传达信息
灵活应变思考	学会在情境和情感变化下灵活应变思考
利用非语言信息	除了语言之外，学会利用肢体动作和微笑等非语言信息
合理安排进程	合理安排进程，以充分利用沟通时机，达成目的
引导他人行动	使他人更愿意采取行动，达到预期效果
建立双向信任	通过相互倾听、理解和支持建立信任
敏锐应对需求变化	及时沟通方式调整以满足不同人的需求，并达到更好的目的
支持和鼓励别人	为他人提供帮助和支持，鼓励他们发展潜力
做到思考和谅解	学会理解和接纳他人的不同观点，减少误解和冲突

图1-8 创造奇迹的十八项沟通练习

这样的沟通练习不存在任何时间、空间限制，只要你想要练习，随时随地、每一个沟通场景和对话机会都可以成为你练习的重要场合。

"沟通练习"是提升沟通技巧、成为说话大师的有效途径。通过学习沟通基础知识、寻找实践机会、进行自我反思和改进，以及寻求反馈和指导，可以不断提升自己的沟通能力，并在工作和生活中取得更好的成就。

第二章
人际沟通：说话的艺术让你成为社交达人

说话是建立人际关系、加强社交联系的重要工具，能让你成为社交达人。流利、自信地表达自己的想法和观点，让与他人的交流更加顺畅。通过有效的清晰语言表达，我们能更好地与他人沟通，增进相互了解和亲近感。然而，并不是所有的话语都能有效提升社交技能；只有成为一个擅长沟通的人，才能真正成为社交达人。

通过聊天构建和谐人际关系

聊天是构建和谐人际关系的有效方式，它有助于人们亲近和了解彼此，也让人们在沟通中发现并解决矛盾和问题。通过聊天，有助于我们可以更加清晰地表达自己的想法和感受，并更好地理解他人的想法和感受。

1. 学会说话，人际沟通提升法则

说话是一门技能，需要通过不断学习和实践来掌握。它不只是口头表达的方式，更是一种艺术和沟通的技巧。一个善于表达的人可以用简洁而准确的语言来传达自己的观点，激发听众的兴趣和共鸣；而不擅长表达的人则可能在沟通中产生误解和矛盾。

你是个会说话的人吗？在开始这一章内容之前，我们先来做一个小测试：你说的话别人乐意接受吗？

（1）在公众场合，你会认真听旁边的人说话吗？

A. 不会　　　　B. 有时　　　　C. 会的

（2）当有人说一些你不感兴趣的话题时，你是不是很难聚精会神地听下去？

A. 强烈肯定　　B. 有时　　　　C. 绝对否定

（3）一个刚认识的人，在跟你讲他的奋斗史，对此你会有何反应？

A. 极不情愿，觉得不舒服　　B. 无动于衷　　　　C. 很乐意倾听

（4）当你想要整理思路的时候，是不是希望独处？

A. 是的　　　　B. 有时　　　　C. 不是

（5）你想要跟他人倾吐心事，你只会选择自己认识多年的好友？

A. 强烈肯定　　B. 有时　　　　C. 绝对否定

（6）你喜欢和哪种人相处？

A. 相处很久的人　B. 已经了解的人　　C. 各种人

（7）你会不会在不熟悉的人面前可以避免表达自己的真实感受？

A.是的　　　　　　　　B.有时　　　　C.不是

（8）你会不会觉得轻易流露自己感情的人是比较幼稚的人？

A.是的　　　　　　　　B.有时　　　　C.不是

（9）在聚会的时候，你会不会在大家都很"嗨"时感觉到失落？

A.经常如此　　　　　　B.有时　　　　C.从未有过

评分标准：

每个问题的选项A、B、C分别对应1分、2分和3分。

测试分析：

22~27分：非常会说话。

你是一个非常会说话的人，沟通对你来说是一件很简单的事情，你能够营造出一种热烈的气氛。你属于大家都很喜欢相处的人，别人同你谈得来。而且，你掌握了说话的技巧，知道如何吸引听众，也知道在不同场景如何表达。

15~21分：跟熟悉的人很能说话。

你是外冷内热的人，但是你有一个非常大的特点，在熟人、朋友面前侃侃而谈，很会说话，也很会调动气氛。可当你置身于陌生的场合时，你更擅长于倾听，表现出你的内向。如果你和现场的人相处的次数多了，时间久了，你就会展现出自己善于沟通的一面。

9~14分：不太会说话。

你不太会说话，或者说，你不太喜欢说话。能够让你与别人沟通的场景是你不得不沟通的场景，比如，一场聚会，你可能是从开始到结束都不开口的人；一场会议讨论，你可能是从开始到结束不发一言的人。但是，如果是必须发言的场合，你也会有好的表现。不过，建议你改善一下这样的情况，毕竟在这个处处需要沟通的世界里，你还是要学会更好地与人交流。

做完这个测试题之后，是不是对自己的沟通能力有了初步的了解。如果你是个善于沟通的人，那么恭喜你；如果通过测试发现你并不是一个善于沟通的人，我们也不需气馁，毕竟沟通能力是可以经过后天学习练习提升的。

提升人际沟通的法则包括以下几点：

（1）所有的沟通都应基于倾听和尊重。与他人交流时，要以倾听的态度出发，尊重对方的意见和观点。不要打断他人，要给对方足够的时间和空间来表达自己的想法。

（2）确保你所说的话别人能够理解，也就是要易懂明确。在沟通中，语言表达应清晰，避免使用模糊的词语或术语，让对方能够清楚地理解你的意思。

（3）沟通旨在表达自己的感受和需求。所以，在与他人交流时，要学会表达自己的感受和需求，同时也要积极倾听对方的感受和需求，以增进双方的理解和共识。

（4）学会接纳和尊重差异。我们要清楚每个人都是独特的个体。人际关系中常常会出现不同的观点和利益冲突，要学会接纳和尊重对方的差异，不要试图强迫别人接受自己的观点，要尊重对方的独立性和选择权。

（5）保持礼貌和友善的态度，有利于你在沟通中收获人心。与人交流时要保持礼貌和友善的态度，尽量避免冲动和争吵。友善的言辞和态度有助于建立良好的人际关系。

（6）沟通应具有明确的目的。在与他人交流之前，要明确自己的目标和目的，有针对性地进行沟通和表达，提高沟通的效果和效率。

（7）沟通不仅是一个即时完成的过程，还需要反馈和修正。在沟通过程中，要及时给予对方反馈，并根据对方的反馈修正自己的沟通方式，以不断改进人际沟通能力。

提升人际沟通能力的法则不仅限于以上七点，这些要点涵盖了沟通的各个方面，包括沟通的态度、目的和过程。每一次说话都应达成一定的目的；盲目且无目的的沟通不仅是无效的，还可能损害你的人际关系。

2. 人际沟通的密码：态度与技巧

沟通态度非常重要。通常，我们通过观察表情、语调、语气和肢体动作来感受态度。不过，通过文字，我们无法直接观察到这些非语言信息。因此，通过选择表情的小游戏来反映沟通时的态度，观察同样一句话在不同态度下会产生什么样的效果。

每一句话都对应了一个表情符号，根据你的理解，看看每一句话在不同情境下会表达出怎样的意思。

第一句话："我没时间了。"
我没时间了：我真的很忙。

我没时间了：你可别再给我添麻烦了。

我没时间了：真的无法帮你了。

第二句话："我很喜欢你。"

我很喜欢你：真的，你让我感到很开心。

我很喜欢你：但我觉得我们不适合在一起。

我很喜欢你：可你总是让我失望，还是算了吧。

第三句话："你是个坏人。"

你是个坏人：你经常欺负弱者。

你是个坏人：但我还是愿意原谅你。

你是个坏人：但你对我很好，我很纠结是不是该和你交往。

第四句话："天气真好。"

天气真好：我们出去玩吧。

天气真好：但我不喜欢太阳，去室内吧。

天气真好：遇到你我就觉得很不开心。

第五句话："我会考上大学的。"

我会考上大学的：我已经做了很多准备。

我会考上大学的：我都不着急你着什么急。

我会考上大学的：但我还是有些担心。

通过这个小游戏，你可以体验到同一句话在不同态度下会展现出不同的意思和效果。态度是人际沟通的关键。总的来说，人际沟通的基础是积极的态度，并运用一些技巧来有效地与他人进行沟通。以下是一些重要的态度和技巧：

（1）在沟通时保持积极主动，主动与他人建立联系，展示你的兴趣和愿意与他人交流的态度。

（2）尊重对方是沟通的基础。尊重别人的思想、意见和感受，避免任何形式的贬低或嘲笑。

（3）擅长沟通不仅仅是会说话，还需要掌握倾听能力。倾听是有效沟通的基本要素。专注于对方所说的话，给予充分的重视和关注，不要打断对方。

（4）在沟通中保持清晰的表达。确保自己的意思能够明确地传达给对方，避免使用复杂或模糊的语言，而是以简洁、明确和具体的方式表达自己的观点。

（5）在面对面交流时，重视身体动作传递的信息。保持积极的姿势、面部表情和眼神接触，这会传达出你的关注和兴趣。

（6）记住，沟通是适应对方，让沟通更好地进行下去。根据对方的需要和个性来调整自己的沟通方式，与对方建立共鸣和互动。

（7）在人际沟通时，冲突是难免的。要学会处理冲突，以合作和解决问题的心态来对待，避免争吵或批评，并寻找共同的解决方案。

（8）在沟通过程中，给予对方真诚的赞扬和鼓励，认可他人的成就和努力。

总之，人际沟通的关键在于保持积极的态度，并熟练运用各种沟通技巧，以建立良好的关系，促进有效的互动和理解。在沟通过程中，要清楚自己的目的，减少被不友好情绪支配，选择更为理智、客观的情感进行沟通。

3.高情商沟通，让别人喜欢你的秘密

你身边有没有这样的一群人，和他们在一起时，你感觉自己毫无价值。

有一次，我曾经多次帮过的一家人力资源公司的小张和我聊天时提到，她们公司邀请了国内的一位经济学家来西安进行宏观经济讲座。我开玩笑说："小张，能不能给我搞张讲座的票？"小张回答："你以为你是谁啊，人家是要收费的，一张票3980元。"她自己还笑呵呵的。其实，小张可以这样说："马老师，我回去给公司领导汇报一下，尽量给您争取一张免费票。不过这次是收费讲座，如果实在争取不到免费的票，也尽量给您争取最低的折扣！"这样讲话，双方都能够接受且都感到愉快。

还有一次，我参加了一个集团公司的中高层会议，主题是新产品营销策略讨论。一位中层管理干部在发言时说："你们说得乱七八糟的，一点都不聚焦，我都不知道你们在说啥？"会场的气氛马上就变了。一位参会者听完后说："我看你讲得也不咋样嘛！"这位中层管理者显然情商太低，不懂得公开发言的艺术和基本技巧。

还有以下场景，问问你扎心不扎心：

（1）"妈，我英语四级考过了。"

"才考过啊，你表姐刚大二就过了，你这都快毕业才过，有什么好高兴的。"

（2）"我想辞职了，这个工作干着心太累了。"

"你公司那么多人就你一个人觉得累，你有没有反省一下是不是自己的原因。"

（3）"圣诞节了，你送我什么礼物？"

"你一年到头的节日真多,我没钱给你买,你要的天天过节的生活我给不了。"

很多时候,我们在最亲密的人面前,都感觉自己一无是处。这些声音始终伴随着我们,无论是在童年还是在成长过程中,他们通常都是我们的亲人,如父母、老师、朋友或爱人等。他们总是与你的想法形成对立,不愿意接受。

这些喜欢挑衅、触动人心的行为,都是情商不高的体现:缺乏同理心、对他人的尊重不够、过分自我。

他们总有自认为正确的理由,会说:"我只是坦诚相见,我这个人就是直言不讳!我都是为了你好!"

我们都明白,与具有低情商的行为的人相处会感到不适,有时候即使是最亲近的人也想要避开。他们的主要特征就是对别人造成伤害,却始终未曾察觉。

所以,我们喜欢那些高情商沟通的人,哪怕我们心里清楚,这样的人可能只是泛泛之交,但是他们所说的每一句话,我都愿意聆听。同样地,我也喜欢这样的他们。

我认识一位生意非常成功的朋友。第一次见面是在一个饭局上,当别人向他介绍我时,他立刻起身,带着微笑说:"马老师,久仰大名,您是培训界的大咖级老师,还请多指教。"他端杯说:"马老师,初次见面,请多指教,我敬您。"吃饭时频频互动,说话得体,让人感到非常舒服。后来,他邀请我给他的团队做了一次《工匠精神》的培训,我们由此成了朋友。当我女儿考上大学时,他得知后,特意来家里祝贺,对我说:"嫂子好,我是小李,是马哥的朋友,听说咱家孩子考上大学了,特意来家里祝贺。"他在给孩子红包时说:"咱家孩子考上大学了,太好了,叔叔给孩子准备了个红包,祝学业有成!"他的说话方式真是让人舒服。注意这里的用词"咱家孩子",这是高情商的体现。他的高情商沟通技巧帮助他在生意上取得了成功。

情商是指个人在情绪认知、管理和社交互动方面的能力。

在高情商沟通中,个体通常展现出以下四个特点:

(1)在沟通中具备情绪认知与管理的能力。高情商的人能够准确识别和理解自己以及他人的情绪,正确认知和表达自己的情感,并具备管理和调节情绪的能力。他们能够在冲突和紧张的情况下保持冷静,并掌握自己情绪的表达方式,以避免情绪冲突和误解。

(2)在沟通中具备积极倾听与共情能力。高情商的人擅长倾听他人,能够专注地理解他人的观点和感受。他们展现出共情能力，能够感受并理解他人的情感，从而更好地与他人建立联系和共享感受。他们表现出尊重和关心他人的态度，而不仅仅是关注自己的观点。

（3）沟通中涉及各种沟通方式，包括非语言表达与言语表达能力。高情商的人善于运用非语言的方式来传递信息和表达情感，如肢体语言、面部表情和声音的变化等。同时，他们也展现出清晰、准确和有影响力的言语表达能力，能够用简单明了的语言表达自己的意图，并且能够适应不同人群和情境，选择合适的方式和措辞来进行沟通。

（4）展现出解决冲突与协调合作的能力。高情商的人能够理解不同人的需求和利益，并运用积极的沟通技巧来找到共同的解决方案。他们懂得尊重他人的观点，善于妥协和寻求共赢的解决方案，以实现有效的合作和良好的关系。

因此，我们可以认识到，高情商沟通是一种全面的、以人为本的沟通方式。它不仅关注言语表达，更注重个体的情绪认知、情感表达和人际关系处理能力。高情商的个体能够建立深入的、互相尊重和信任的人际关系，实现更加有效和有意义的沟通。

所以，在高情商沟通时可以这样回答：

（1）"妈，我英语四级考过了。"

"真的吗？我闺女真棒！赶在毕业前通过了四级，学士学位就稳稳的了。"

（2）"我想辞职了，这个工作干着心太累了。"

"那心太累了咱们就考虑辞职。不过，你还是要清楚是什么让你这么心累，毕竟换一家公司也可能会遇到相似的问题，而且一切都得从头开始。"

（3）"圣诞节了，你送我什么礼物？"

"情人节开始，每个节日都没少送你礼物，现在年底预算有限，我就把自己送给你作为最好的礼物吧。"

其实，在很多沟通场合中，对方寻求的是一种态度。端正态度，展现出高情商的沟通方式非常重要。

4. 测测你的沟通情商

交流是人际互动中的关键环节，若想在这个过程中表现出色，首先需要提升自己的交流技巧。接下来，让我们一起测试你的交流技巧水平吧！

（1）当你正忙于工作任务时，公司里的一位同事因病住院了。你会如何处理这个问题?

A. 有空就去探望,没有空就不去了

B. 如果是一起奋斗的同事,会去探望;如果是普通同事,则不考虑

C. 既然是同事就挤出时间多去探望

(2)公司里的大老板邀请你共进午餐,回到办公室,你发现上级在询问你的情况:

A. 装作什么事都没有发生

B. 将自己与大老板进餐的过程详细告知

C. 大概告诉一声,但是不会详细告知

(3)当一位部下向你说出这样的话:"有些事情我不该告诉你,但是我……"你会如何回应?

A. 如果本不该告诉我,那就不必说了

B. 如果是公司有关的事情你可以说说

C. 谢谢你告诉我怎么回事

(4)在你主持的会议中,有一个员工总是以无关的问题打断会议进行,此刻你会如何处理呢?

A. 对他的干扰充耳不闻

B. 直接告诉他不要打断会议

C. 让他把问题留着,开完会来找你

(5)生活或工作中如果有一个人对你十分依赖,你的态度是:

A. 用行动告诉对方,你在拒绝和躲避

B. 享受别人依赖的感觉

C. 告诉对方,你更喜欢独立性强一些的

(6)当你跟大老板正在讨论事情时,老板的秘书进来告知有你的电话,此时你会:

A. 正常接电话,该说啥说啥

B. 请秘书跟对方说"不在"

C. 接过电话,告诉对方你在开会,待会儿再回电话

(7)一位朋友邀请你参加她的生日聚会,然而另一位参与者你完全不熟悉。

A. 直接拒绝,因为不想去一个都是陌生人的环境

B. 早去一会儿帮助筹备聚会，但是开始的时候和朋友告别离开

C. 你非常愿意抓住这个机会去了解他们

（8）你听到一名员工在每周五连续四次向你提出了提前下班的请求，此刻你会回应：

A. 不行，因为下班之前还有一个重要会议

B. 你不能总是早退

C. 每周五是不是有什么重要的事，需要帮忙吗

（9）表弟到你家来，你们已经很久没见面了。但你特别想看的电视剧今晚大结局：

A. 你开着电视，与表弟聊天

B. 你说服表弟与你一块儿看电视

C. 询问表弟的意见，看他是希望观看电视还是想聊天

（10）你在竞选主管职位时获胜，你清楚还有许多人在关注这个职位。新的一天，你会如何表现呢？

A. 在工作中给其他竞聘者使绊子

B. 忽略这个问题，不去管

C. 做到心中有数，并在工作中逐步了解其他竞聘者的想法和特点

表2-1　交流技巧水平测试评分

	A	B	C
（1）	1	3	2
（2）	1	2	3
（3）	1	2	3
（4）	1	2	3
（5）	2	1	3
（6）	1	2	3
（7）	1	2	3
（8）	1	2	3
（9）	1	3	2
（10）	1	2	3

答案分析：

10分：你的交流技巧有待提高，有时会因为言辞不当而被误解。这可能在交流过程中给他人留下不良印象，甚至可能会伤害他人。因此，建议你多学习一些交流技巧。

11~20分：虽然你具备一些交流技巧，但是如果使用的方式不当，可能会对你的人际关系产生影响。你不喜欢孤独，更愿意与朋友们分享，但在交流过程中，你可能需要进一步提升沟通策略。

21分以上：你的交际技巧非常出色，与人相处融洽，你的同事们都很喜欢你。你总是以他人为重，而不是以自我为先，这让大家感到十分幸运能拥有你这样一位朋友和同事。

完成测试后，让我们继续了解沟通情商的相关内容。其实，沟通也是需要情商的，你的情商水平决定了你在沟通中所扮演的角色，以及是否能达成沟通目标。接下来，我们就具体来说一下。

沟通需要情商是指在人际交往中，除了语言表达能力和知识技能外，情商（情绪智商）也起着重要的作用。情商包括情绪认知、情绪管理、自我调节、社交技巧等多个方面的能力。

情商是有助于情绪认知的，而情绪认知在沟通中起着重要作用。在沟通中，我们需要敏锐地察觉并理解他人的情感表达，包括言语、面部表情、肢体语言等。情商高的人能更准确地捕捉这些细微的情感信号，进而更好地理解对方的意思和心情，避免误解和冲突。

情商可以自由调节你的情绪管理，在沟通中你的语言和表情所透出的情绪，也会影响到你的沟通效果。在沟通中，我们不仅需要关注他人的情绪，还需要正确处理和表达自己的情绪。情商高的人能够有效地管理自己的情绪，控制情绪的表达方式，避免过度激动、冲动或情绪消沉的情况发生，从而更好地与他人建立良好的互动关系。

另外，情商还涉及自我调节的能力。在沟通中，如果对方的言辞不当或透露出让你反感的情绪，情商可为调节的工具。在沟通中，我们需要根据不同的情况和对方的需求，调整自己的行为和态度。情商高的人能够适应不同的社交环境，根据情境的变化做出相应的反应，能够更好地处理复杂的人际关系。

最后，你的情商还与社交技巧密切相关。在沟通中，我们需要运用一系列社交技巧，如倾听、表达共鸣、回应他人等，以建立有效的沟通和相互理解。情商高的人懂得如何与他人有效地互动和交流，并能够在交流中传递积极的情感，增强彼此之间的信任和共鸣。

所以，沟通需要情商，意味着在日常的交流中，除了语言表达能力外，我们还需要运用情商的各个方面能力，包括情绪认知、情绪管理、自我调节和社交技巧等，来实现更有效、更和谐的人际交往。

5. 非暴力沟通，打造不可复制的个人IP

先来一个概念概述，什么叫作"非暴力沟通"？

美国的心理专家马歇尔·卢森堡（Marshall B.Rosenberg）20世纪60年代创立了名为"非暴力沟通"的交流技巧与争端处理策略。它旨在帮助人们改善彼此之间的沟通，增进理解、建立共赢关系，同时缓解冲突和暴力行为。

非暴力沟通的核心理念是以尊重和同理心为基础，通过有效的表达与倾听来建立互动。我们具体来看一下非暴力沟通的基本步骤：

步骤一，观察。简单来说，就是对沟通对象进行全面的"扫描"。准确地描述事实情况，避免含有评价、批判或个人偏见的言辞。观察应基于客观事实，避免使用抽象或模糊的词语。

步骤二，情感。在任何表达中都需要投入自己的感情，非暴力沟通尤其强调深入的体会和表达感受。有一个词叫作"感同身受"，实际上就是用自己的情感向对方表达自己的感受，避免将感受与观察混淆。情感可以是喜悦、恐惧、愤怒、哀伤等。

步骤三，需求。如上所述，每次沟通和表达背后都有需求和目的。我们是希望一段对话能够输出自己的需求，识别并表达自己的需求，这些需求是每个人生活中的关键因素，如尊重、安全、认同、合作等。需求是普遍可接受的，而非具体的解决方案。

步骤四，请求。请求与需求有所区别，需求是在对话中需要共享的内容，而请求则是我方提出的。是需要在沟通中，清楚地、具体地提出请求，邀请他人以某种方式来满足自己的需求。请求应该是合理的、可实施的，并给对方尊重和选择的空间。

总结一下，通过观察去了解对方，通过输出情感去打动对方，通过提出需求，让沟通变得更有意义，最后通过提出请求，达到自己最终的目的。

通过遵循以上步骤，非暴力沟通有助于人们更有效地表达自己，并理解对方的需求和感受。这种沟通方式的目标是建立互相尊重、倾听和支持的关系，以创造和谐的环境，解决冲突和争议。

非暴力沟通的应用范围广泛，可以在个人关系、家庭、工作场所、教育和社区中使用。它不仅有助于人们更好地与他人沟通，还能帮助提高自我意识、自我表达和倾听的能力。

总的来说，非暴力沟通强调建立互相尊重和理解的关系，通过有效的表达和倾听来解决冲突和争议。它提供了一种全面的方法来促进共赢和谐发展，为人际关系的增进和社会的和谐做出贡献。

我们通过非暴力沟通测验试题来了解一下非暴力沟通：

（1）在非暴力沟通中，以下哪个因素对于建立良好的沟通关系至关重要？

A. 互相攻击　　　　　B. 积极倾听

C. 争吵不停　　　　　D. 保持沉默

（2）非暴力沟通强调在沟通中应该避免哪种表达方式？

A. 真诚坦率　　　　　B. 直截了当

C. 攻击对方　　　　　D. 隐晦暗示

（3）非暴力沟通强调的是一种怎样的沟通方式？

A. 主动攻击　　　　　B. 沉默寡言

C. 相互批评　　　　　D. 坦诚交流

（4）在非暴力沟通中，我们应该如何表达自己的感受？

A. 指责对方　　　　　B. 冷静客观

C. 情绪激动　　　　　D. 真实表达

（5）非暴力沟通认为，在沟通中应该如何处理对方的情绪？

A. 不予理会　　　　　B. 冷静分析

C. 攻击对方　　　　　D. 情绪化回应

以上题目的答案及解析：

（1）【答案】B。

【解析】在非暴力沟通中，积极倾听是建立良好沟通关系的至关重要的因素。通过积极倾听，我们可以更好地理解对方的感受和需求，促进双方之间的理解和共鸣。因此，B选项是正确选择。

（2）【答案】C。

【解析】非暴力沟通强调在沟通中应该避免攻击对方。攻击对方可能导致冲突和误解，而非暴力沟通强调以非攻击性的方式进行坦诚交流。因此，C选项是正确选择。

（3）【答案】D。

【解析】非暴力沟通强调的是一种坦诚交流。这种沟通方式注重真实表达自己的感受和需求，同时也关注对方的感受和需求，以期达到双方之间的共识和理解。因此，D选项是正确答案。

（4）【答案】D。

【解析】在非暴力沟通中，我们应该真实表达自己的感受。通过真实表达自己的感受，我们可以让对方更好地理解我们的需求和情感，促进双方之间的沟通和共鸣。因此，D选项是正确选择。

（5）【答案】B。

【解析】非暴力沟通认为在处理对方的情绪时应该冷静分析。这意味着我们应该关注对方的情绪，尝试理解其感受和需求，而不是被情绪所左右或采取攻击性的回应。因此，B选项是正确选择。

在了解非暴力沟通之后，下面将非暴力沟通的场景进行分析，便于大家进一步了解。

案例一，团队冲突。

在一个团队中，蒋勋和傅欢两名成员经常发生冲突。蒋勋觉得傅欢不尊重自己的意见和决策，而傅欢则认为蒋勋专断且不听取他人建议。这导致他们的工作效率下降且团队氛围紧张。

非暴力沟通应用：

观察：蒋勋观察到自己和傅欢之间常常发生冲突，导致工作效率下降。

感受：蒋勋感到沮丧、感到不被尊重和理解。

需求：蒋勋需要团队中的合作与支持，希望自己的意见和决策能够被听取和尊重。

请求：蒋勋选择以非暴力沟通的方式与傅欢沟通，请求傅欢在团队讨论中给予他更多表达意见的机会，并尊重他的观点。

傅欢接受了蒋勋的请求，在团队会议上积极倾听并给予回应。通过这样的沟通，双方得到了更好的理解和支持，团队的冲突得到了解决，工作效率也有所提升。

案例二，领导下属关系问题。

在一个公司里，主管杨悦和下属李儒之间存在沟通问题。杨悦常常指导李儒的工作，但李儒总是感到杨悦的指导方式缺乏耐心和尊重，而杨悦则认为李儒不遵守自己的指示。这导致他们之间的关系紧张，工作效率受到影响。

非暴力沟通应用：

观察：杨悦观察到自己和下属李儒之间存在沟通问题，导致工作不顺利。

感受：杨悦感到沮丧，觉得自己的指导未被尊重和理解。

需求：杨悦需要与下属建立良好的合作关系，希望自己的指导能够被尊重和理解。

请求：杨悦选择以非暴力沟通的方式与李儒沟通，请求李儒在工作中给予他更多的合作和支持，并希望他能够理解和尊重自己的指导。

李儒接受了杨悦的请求，并在工作中更加努力地理解杨悦的指导，与杨悦建立起了良好的合作关系。通过这样的沟通，双方得到了更好的理解和支持，工作效率也有所提升。

6. 赞美的艺术，让沟通更有力量

生活中，你是个懂得赞美他人的人吗？想要知道答案的话，来看下面一道情景题。

公园里，一对情侣交谈甚欢，而女孩还在不停地微笑。那么你觉得这位男士对这个女孩说了些什么呢？

（1）"今天的天气真好，和你在一起真开心。"

（2）"最喜欢你这样活泼大方。"

（3）"今天你打扮得真的很漂亮。"

（4）"你说话都是温温柔柔的，真可爱。"

测试结果：

（1）你是一个热情活泼的人，你有能力表达自己的喜好，会主动去追求自己所期待的事物，且不喜欢过于陈旧的生活方式。

（2）你是一个处事谨慎的人，但也是一个浪漫主义者，你身上有着行动上认真、思想上天马行空的强烈反差。在任何场合，你都能得到大家的喜欢。

（3）你是一个特立独行的人，不喜欢大众化的人和事，你在创造上非常有才华，带有点叛逆的个性。并且，你对于自己认为对的事情，不会轻易放弃。

（4）你是一个很知性的人，你的情绪非常稳定，遇到事情的时候通常会从多角度进行分析和整理，最后再做出决定，绝对不会被情感、情绪所左右。不过有时候会因此而被人误认为冷漠。

赞美的艺术确实可以让沟通更有力量。以下是一些赞美的艺术技巧，可以帮助你在沟通中更有效地表达赞美和建立良好关系。但是，有些赞美可能达不到这个效果，我们先来看以下这个场景：

一个售卖服装的商家向顾客出售顾客试穿的裙子。但是，明眼人都看得出来，顾客虽然很喜欢身上试穿的裙子，但因为身材的原因，穿着确实不合适。

然而，商家却不顾这个事实，他只是一个劲儿地夸赞顾客，一直说着"您穿这件裙子真合适"，"直接展现出您的身材"，"颜色也特别合适，您长得本来就显小，这样一穿搭，太可爱了"等之类的话，引得过路的人纷纷侧目，他们诧异的表情仿佛在表达："一条粉色的泡泡袖裙，箍在一个看起来三四十岁且微胖的女人的身上，真的'可爱'吗？"

所以，这就是一个错误的赞美。以这个例子给大家提个醒，赞美绝对不是闭着眼说瞎话，而是应该注意做到以下几点：

（1）你在赞美对方的时候一定要真诚，真诚赞美才是赞美话术的根本。赞美应该真实和诚挚，表达出你对对方的充分肯定和欣赏之情。用真心的赞美来建立共鸣，使对方感到被尊重和被认同。

（2）在赞美的时候要注意细节，不要说"你今天真漂亮"，而是要说"你今天穿得真漂亮"。前者是泛泛的赞美，对方听了后可能只会"呵呵"而过；后者是具体的赞美，落实到了穿着上，对方听到后可能会觉得很开心，毕竟自己选的衣服被赞美了。所以，赞美需要具体而详细，而不是泛泛而谈。在表达赞美时，指出对方特别出色的地方，并详细说出你赞美的原因，将赞美与具体事例联系起来，更有说服力。

（3）你在夸奖别人时，一定要高度自信。你在夸奖别人时一定要保持自信积极的态度，对方才会感受到。用肯定和激励的语气来传达你的赞美，让对方感受到你的真诚和善意。

（4）在赞美的过程中，一定要注意频率。赞美应当适度和恰当，避免过度赞美或频繁使用赞美的话语。持续的赞美可能导致对方反感或失去赞美的独特性。

（5）尤其要注意赞美的方式。选择合适的方式来表达赞美，可以是口头称赞、书面赞扬或其他创意形式。根据具体情境和对方的喜好，灵活运用不同的赞美方式。

用第三方佐证的赞美方式，就是通过第三方的口来赞美，往往会达到事半功倍的效果。例如："王总，我一直很佩服您，生意做得这么好，做人也非常大气。前一段时间去上海开会，四川的王总还提到您了，说您是这个行业最有智慧的企业家，对待朋友也很真诚。"

试想，如果你是王总，听了这样的赞美，能不开心吗？

通过运用赞美的艺术，可以增进沟通的效果和情感链接。赞美可以建立积极的氛围，增加对方的自信和动力，同时也能够促进人际关系的和谐，增强人与人之间的亲密度。

要让赞美的话显得更真诚，可以考虑以下几点：

首先，确保你的赞美是真实的，经过仔细观察和思考后发出的。不要轻易使用赞美的词语或句子，否则会给人一种虚假和不诚实的感觉。比如，对方买了个蛋糕，你却赞美对方"心灵手巧"，这种感觉，对方没有因此而疏远你已经算是善良了。

其次，尽量使用具体的词语和描述，让受赞美的人知道你观察到了他们的具体行为、品质或成就。例如，不仅仅说"你很棒"，还可以说"你在这个项目上的努力和创新思维让我非常佩服"。对于一位特别在意自己身材的女士，你可以说："您的身材越来越匀称了。"

最后，夸奖要自然而然，而不是非常刻意。将赞美融入对话中，自然而然地表达出来。不要刻意去寻找赞美的机会，也不要堆砌赞美的词句。让赞美自然地表达出来，才能给人一种真实的感觉。

总之，真诚的赞美需要基于观察和认知，以平实和自然的方式表达出来，让受赞美的人感受到你的真实感情和诚意。

不同场景的聊天技巧

在不同场景中，人们需要采用不同的聊天技巧来适应和应对不同的情境和对象。

在商务场合，重要的是要表达清晰、简洁和专业，以保持有效沟通和展示专业素养；在社交场合，人们可以轻松随意地交谈，注重互动和共享兴趣，以建立亲近和友好的关系；在家庭亲密关系中，相互关心、倾听和理解至关重要，以建立并维持深度的情感联系。

因此，不同场景的聊天技巧包括语言表达、情感表达、倾听技巧和掌握社交礼仪等，适应和融入各种交流环境。

1. 饭桌上的说话技巧

饭桌上的说话技巧是指在餐桌上与他人进行交流时，应具备的一些技巧和注意事项。要尊重他人，不打断别人的发言，倾听对方的观点和意见。避免单方面引导话题，而应尊重每个人的兴趣和话题。同时，学会与人进行建设性的对话，避免过于冲突的言辞和争论，保持友善和尊重的态度。

此外，要注意餐桌上的语言和举止，避免使用粗俗的言辞或违反礼仪的行为。控制自己的发言时间和内容，不独占对话时间，确保每个人都有机会表达自己的意见。

所以，饭桌上的说话技巧需要尊重他人、倾听意见、避免冲突、维护礼仪。

在饭桌上的说话场景可以有很多种，以下是几个常见的场景：

第一个场景，家庭聚餐。

全家人围坐在饭桌旁，互相交流日常生活中的琐事、分享一天中的开心事，营造家庭温馨的氛围。此时，应避免说出可能打扰聚餐愉快氛围的话。

在家庭聚餐中，父母催婚是一个敏感话题，特别是对于那些还没有找到合适伴侣的人来说。以下是一些参与这种场景的不同角色的可能对话：

父母："你已经到了结婚的年龄了，还不赶紧找，以后可怎么办？"

不会说话的人："你们倒是结婚这么多年，天天吵吵打打，有意思吗？"

父母："你已经到了结婚的年龄了，还不赶紧找，以后可怎么办？"

会说话的人："我知道你们关心我，但是结婚毕竟是一件需要时间的事情。我正在积极地参与社交活动，并尝试遇见新的人。"

父母："听说你有一个好朋友，你们之间是否有可能成为恋人呢？"

不会说话的人："你那么多朋友，怎么最后选择了我爸（妈）。"

父母："听说你有一个好朋友，你们之间是否有可能成为恋人呢？"

会说话的人："我和我的朋友之间有很好的关系，但我们还没有讨论过这个事情。我会认真考虑与他/她之间是否有进一步发展的可能。"

在这些对话中，会说话的人通常可以以一种文明、尊重和坦诚的方式来回应父母的催婚。他们可以表达自己的观点、强调自己寻找爱情的主观权利，并提醒父母给予更多的时间和空间。不会说话的人可能会感到尴尬或无言以对，但他们也可以选择以沉默的方式回应，或者表达他们对此问题的不愿回答。最重要的是，每个人都应该根据自己的情况和个性选择合适的方式来回应。

第二个场景，朋友聚会。

好友们在餐厅或者家中一起用餐，对话内容可能是彼此间最近的新闻、工作、学习经历、旅行计划等，增进友谊和互相了解。

会说话的朋友可能会说：

"我知道你现在很伤心、困惑、失望，但是时间会帮助你度过这个困难的时期。"

"你并不孤单，我们都在这里陪着你。如果你需要倾诉或者愿意分享你的感受，我们都会倾听。"

"你做得非常好，不要对自己太苛刻。每个人都有过失和挫折，但这并不代表你不值得被尊重和爱护。"

"请记住，你有许多优点和才能。无论发生什么，你都值得被欣赏和珍惜。"

"我们可以一起寻找解决问题的方法。不要害怕向我们寻求帮助，我们会尽力支持你。"

不会说话的朋友可能会说：

"你应该早点意识到这个问题。"这句话可能使朋友感到责备和自责，增加他们的负面情绪。

"别太伤心了。"这种话可能使朋友觉得被无视或无法理解，因为他们的感受被简单化或贬低了。

"你应该做……"这样的建议可能给朋友增加压力，让他们觉得自己做错了。

"你应该感到庆幸……"用这样的话语来比较他们的问题可能会让朋友感到无法被理解或被认同。

"我知道你的感受。"即使你经历过类似的情况，也应该尽量避免使用这句话。每个人的感受和经历都是独特的，使用这句话可能让朋友感到无法被理解。

第三个场景，商务会餐。

同事或合作伙伴之间在餐厅或宴会厅用餐，并商讨重要的工作事项。这种场景下，对话内容更加专业，包括工作进展、项目计划、市场竞争等。

在商务会餐中，亟须注意以下几点：

初次见面。可以用友好的方式打破冷场，如问候、介绍自己并表达期待一起合作的期望。可以问对方的工作背景、公司情况或者一些轻松的话题，如旅行、兴趣爱好等。

讨论业务。商务会餐通常是为了讨论业务，所以可以聊一些与工作相关的话题。可以询问对方的公司或项目的最新动态，分享对市场趋势或行业发展的观点，或者谈论一些共同关心的商业问题。

文化和兴趣。通过聊兴趣爱好或文化话题，可以更好地了解对方的兴趣和特点，从而建立更好的人际关系。可以讨论一些体育赛事、音乐、电影、书籍或美食等话题。

当地信息。如果是在陌生的城市进行商务会餐，可以向对方咨询当地文化、景点、餐饮或风俗习惯等信息。这不仅能增加交流的话题，还能展现出对当地文化的尊重和好奇心。

工作挑战和经验分享。商务会餐也是一个经验交流的机会，可以分享自己在工作中遇到的挑战和如何解决的经验。这不仅可以展示自己的专业能力，还可以获得对方的意见和建议。

在商务会餐的聊天场景中，除了合适的话题选择外，还要注意保持礼貌、倾听对方的意见和表达自己的观点。如果对方提到一些敏感话题或话题不太适合商务场合，可以转移话题或礼貌地回应。通过友好和积极的交流，可以建立良好的合作关系，并在商务上取得更好的成果。

实际上，沟通场景非常多，因为篇幅原因，我们就不一一展开，但无论是哪个沟通场景，都需要一些沟通小技巧。

首先，吃饭前，你需要注意：

（1）一开始，以眼神、面部表情交流为主。及时跟已落座或后抵达的人保持眼神交流，当对方眼神迎过来时，应面带微笑或点头致意。当然，如果对方避开眼神，你应识趣地停止眼神交流。

（2）如果你是饭局组织者，应提前准备好几个话题用于交流。共同交流的话题，如热点事件、天气或介绍餐厅等。而不是大家你看着我我看着你，空气一直安静。

（3）如果你是被邀请人，可趁这个空隙跟旁边人聊聊天。"您是做什么行业的""怎么来的""出发过来花了多长时间"等,听听对方的感慨感受,这有助于交际破冰。如果别人正忙于看手机,无意交流,就不必打扰。

(4)夸人时,也可以用"又变帅了""更年轻漂亮了"等话题。但这些话别人听多了、免疫了,你说与不说效果不大。这时应细心观察,用更走心的方式表达,比如夸别人衣服搭配好、普通话标准、心思细腻等。

(5)即使自己没有话题,也应保持良好姿态,参与大家的讨论。

其次,在吃饭时你应注意以下几点:

(1)如见他人夹菜困难,因圆桌转动快速而难以夹到菜,应适时用手稳住桌子,减缓转动速度。

(2)如果上了一道特色菜,可帮饭局上长辈、领导或客人一一盛点,让他们享受"特权"、感受到温暖。当然,如果自己是组织者,也可将特色菜依次转到大家面前,请大家趁热吃。

(3)当看到某人特别喜欢某个菜,比如螃蟹、白灼虾等,又怕他不好意思多夹时,可以待菜转到他(她)面前时,加以提示"某某,您和某某再吃点这个,挺好吃的"。

(4)在集体举杯时,不妨说些应景的场面话,如"感谢大家的光临""祝元旦快乐"或"大家一年辛苦了",这将增添仪式感。

最后,吃完饭,还是要礼貌地跟大家一一道别,这时候比起"再见啊""下次再聚"更有意义的是:

(1)"今天的聚餐真开心,尤其是见到大家特别高兴,再见!"

(2)"这次聚会因为大家能来而变得更加热闹和有趣。祝大家回家的路上平安,再见!"

(3)"我们要对每个人今天的到来表示感谢,我们曾经共享过美好的时光,期待着我们能够重逢!"

(4)"感谢大家今天的参与,期待下次聚会时能共享更多美食!"

由此可见,即使是一顿饭,也有很多的门道。如果说家庭聚会只要不影响气氛,什么都可以说,那么商务聚餐则是需要你有更多的社交能力。甚至可以说,参加商务会餐,是需要带着自己的目的,通过聊天技巧去达成自己的目的。

2. 开会的发言技巧

开会的时候,你遇到这些尴尬情况吗?

一开口，忘词了。当发言者在关键时刻忘记了自己想要传达的内容，尴尬和沉默的局面往往会出现，导致发言无法流畅进行。

本来想用幽默来缓和气氛，但不当的幽默反而让场面更加尴尬。有时发言者试图利用幽默来烘托气氛，但如果幽默不得体或无法引起共鸣，可能会引起尴尬和冷场。

在会议过程中，如果总遇到技术问题，你应该如何应对以保持流畅过渡。如果在演示过程中遇到技术故障，如投影仪无法启动或幻灯片出现错误，这可能会打断发言流程并造成尴尬。

当你积极寻求互动，却发现现场无人提问。当发言者结束演讲后，没有人提问或反馈时，会给人一种尴尬的感觉，可能表明演讲内容并未引起兴趣或没有引发讨论的价值。

这些尴尬局面虽然常见，但通过恰当的应对和自我调节，可以有效化解尴尬并提升沟通效果。

开会发言是指在会议中表达个人观点、意见或建议的行为。当议题需要讨论或决策时，与会者可申请发言，将自己的意见和观点传达给其他参与者促进讨论和决策。在发言时，可以使用口头演讲、幻灯片、图表等方式来支持和阐述自己的观点，同时也可以回答其他与会者的提问和质疑。通过开会发言，个人可以参与会议的决策过程，提供自己的专业知识和经验，对会议的结果和决策产生积极的影响。

让我们探讨一下，在工作会议中有效沟通与无效沟通的区别。

场景：团队会议。

情景：团队成员正在讨论一个新项目的实施计划。

会议成员：

项目经理（PM）

设计师（D）

开发人员1（Dev1）

开发人员2（Dev2）

测试人员（Tester）

会议场景：

项目经理（PM）："大家好，今天我们将讨论新项目的实施计划。首先，我想听听大家对项目的看法和建议。"

设计师（D）："我认为我们应该先进行需求分析和用户研究，以确保我们了解用户的真实需求。"

开发人员1（Dev1）："同意，我觉得在开始开发之前，我们需要更多地了解用户的使用情况，以便我们能够提供更好的解决方案。"

开发人员2（Dev2）："另外，我们还需要确定开发的技术路线和平台，以确保我们有足够的资源和支持来完成项目。"

测试人员（Tester）："我也同意，我们需要在项目开始之前制订一份详细的测试计划，以确保产品质量和用户满意度。"

项目经理（PM）："好的，听起来大家都认同我们需要进行需求分析、用户研究、技术选型和测试计划。我建议我们制定一个具体的时间表和分工，以便我们能够按计划推进项目。"

设计师（D）："我可以负责需求分析和用户研究的工作。"

开发人员1（Dev1）："我可以负责技术选型和架构设计。"

开发人员2（Dev2）："我可以负责开发工作。"

测试人员（Tester）："那我就负责项目的测试和质量控制。"

项目经理（PM）："好，那我们先制定一个详细的时间表和任务分配，同时也要确保沟通渠道畅通，以便我们能够随时进行进展汇报和讨论。"

以上是一个团队会议中关于新项目实施计划的沟通案例。在这个案例中，会议成员通过发表自己的意见和建议，讨论各自的任务分工，并最终达成共识和规划，以推进项目的顺利进行。

一种错误的沟通案例是，在开会时忽视他人的意见和想法。例如，当有人提出一个建议或观点时，其他人可能会立即否定或忽视，而不尊重对方的意见。这种情况下，沟通的目标就无法实现，团队合作也会受到影响。正确的做法应该是倾听并尊重他人的观点，通过积极的讨论和合作来达成共识。

项目经理（PM）："大家好，今天我们来讨论新项目的实施计划，你们先来说说。"

设计师（D）："我没有什么好说的，你就直接下任务就行了。"

开发人员1（Dev1）："对，考虑到新项目时间紧张，我们不必要开会了。直接分配任务，大家按照任务目标干活就行了。"

开发人员2（Dev2）："我觉得还是要坐在一起聊一下，毕竟是新项目，我建议我们制定一个具体的时间表和分工，以便我们能够按计划推进项目。"

测试人员（Tester）："嗯，有道理，其实直接制定一个具体工作表就行。"

项目经理（PM）："好吧，大家都没有其他补充，我就先制定详细的时间表和任务分配。同时，我会确保沟通渠道畅通，方便我们随时汇报进展和讨论。现在散会。"

所以，这个工作会议就是一个无效沟通。

大家能看到有效沟通和无效沟通实际上差距很明显，不过，在开会时，要注意以下几点，这样能更容易获得别人的赞同和支持：

（1）除非是针对特定问题的批判性会议，否则温和而肯定的语气有助于营造更融洽的会议氛围。用友善和自信的方式表达自己的观点，不要过于强硬或傲慢。

（2）在会议中，应强调共同利益，并体现团队的"一荣俱荣一损俱损"精神。强调团队、公司或项目的整体利益，而不仅仅是个人意见。这样能够激发大家的共鸣和团队合作。

（3）使用积极的语言有助于传播正能量和正面态度。避免使用负面或批评性的语言，专注于解决问题和提出建设性的建议。积极的语言会更容易引起别人的共鸣。

（4）在会议中，应尊重他人的观点，避免单方面发言。给予他人表达意见的空间，并尽量理解和回应他们的观点，展示尊重和沟通的重要性。

（5）对于自己提出的每一点，都要提供充分的解释和支持，以说服他人。为你的建议和观点提供合理的解释和支持，这样可以增加别人对你的想法的认同和接受。

当然，这些仅是基本原则，具体应用时须根据会议和实际情况进行调整。追求良好的沟通和合作氛围是成功会议的基础。

3. 获奖感言的表达技巧

获奖感言通常是在获得某项荣誉、奖项或成就后所提供的一段讲话。它是获奖者表达对获奖的喜悦、感激以及对支持者的感谢的一种方式。获奖感言可以包括对获奖的背景和过程的提及，对相关人员、团队或机构的感谢，对赞助商、支持者和家人的致谢，以及对未来计划和目标的展望。它通常具有感人、鼓舞人心和激励他人的特点，同时反映出获奖者的个性与价值观。获奖感言旨在分享成功的喜悦和感激之情，同时也是向社会传递积极能量和激励他人追求卓越的一种方式。

我们先来看一下优秀的获奖感言：

案例一：能获得这个优秀奖项，我感到非常荣幸。我衷心感谢评委会对我工作的认可和肯定。这个奖项对我来说意义重大，它是我努力工作的鼓励和动力。在获奖之路上，我并非孤军奋战。我要感谢我的团队和合作伙伴，没有他们的支持和帮助，我无法取得这样的成就。同时，我要感谢我的家人和朋友，他们一直在我身边给予我精神和情感上的支持。最后，我也要感谢我的导师和老师，是他们的指导和教诲让我不断成长和进步。这个奖项将激励我继续努力，追求卓越，为社会做出更多有意义的贡献。

案例二：荣获此优秀奖项，我深感荣幸。这个奖项是对我过去努力的认可，也是对我未来继续追求卓越的鞭策。在我得奖的后面，是一帮无声的人，我要谢谢我的亲友、好友和同职的人，没有他们的支持和激励，我不能达到这样的功绩。同时，我要感谢我的导师和老师，他们以身作则，为我树立了榜样。这个奖项将成为我前进路上的动力，我会继续努力不懈，为社会做出更多更好的贡献。

所以，我们能从优秀的获奖感言中找到很多的技巧：

技巧一，持有真诚的感激之心，对获奖表示衷心的感谢，并向特定的人、团体或组织表达诚挚的感谢。

技巧二，避免冗长，保持简洁明了。用简练的语言表达自己对获奖的喜悦和激动，避免过分啰唆。

技巧三，尽管获奖感言彰显了你的杰出成就，发表时应保持谦虚。表达自己在获奖过程中所得到的帮助、指导或机会，并承认其他参与者的优秀之处。

技巧四，分享简短的个人故事，如与获奖相关的亲身经历或感人故事，以接近与观众的距离并激发情感共鸣。

技巧五，在感言中阐述未来的计划与目标，展现积极向上、追求卓越的精神。说明自己在未来将如何继续努力，发展个人才能，并将获奖作为继续追求成功的动力。

最重要的是，在写获奖感言时展示真实的情感和对获奖的真正热忱。以上，就是获奖感言时应该注意的几个事项，得奖很高兴，获奖感言更要让领导感受到你的优秀，让同事感受到你的谦虚，让下属感受到你的个人故事带给他们的激励。

4. 竞聘上岗的发言技巧

我们先走进一个场景。

场景：某公司的招聘部门，为了填补一个职位空缺，举行了一场竞聘上岗的活动。

招聘官，即公司人事总监陆羽："各位候选人，欢迎参加我们的竞聘上岗活动。这个职位需要具备一定的技能和经验，我们会通过一系列的测试和面试来评估你们的能力。请准备好自己的表现，我们会逐一进行竞聘。"

候选人蒋欣、李薇、林怡依次进行自我介绍。

蒋欣："大家好，我是蒋欣。我有5年相关工作经验，熟悉行业动态和市场分析，具备良好的团队合作能力。"

李薇："大家好，虽然我是行业新人，但我对这个行业充满热爱，勤奋好学，并具备较强的解决问题的能力和沟通的能力。"

林怡："大家好，我是林怡。我在过去的项目中表现优秀，具备良好的领导能力和创新意识，希望能为公司带来更多的发展机会。"

陆羽向候选人提问："蒋欣，请谈谈你在过去工作中遇到的挑战以及你是如何解决的？"

蒋欣："在某次项目中，我面临紧迫的时间限制和资源不足的问题，我调动团队资源，协调各方合作，最终成功地按时交付了项目成果。"

陆羽："李薇，你对我们公司有了解吗？你认为你能为我们公司做出什么贡献？"

李薇："我研究了贵公司的产品和市场地位，我相信我可以为公司提供新鲜的思路和创意，推动产品改进和市场拓展。"

陆羽："林怡，请问你如何管理一个团队，提高团队的工作效率？"

林怡："我善于激励团队成员，制订合理的目标和工作计划，同时充分发挥每个人的优势，鼓励团队互动和协作，从而提高工作效率和团队凝聚力。"

陆羽："谢谢各位候选人的回答，你们的表现非常棒！我们会综合考虑大家的素质和能力，最终选择最适合的候选人加入我们的团队。"

现在，问题来了：你认为蒋欣、李薇和林怡三人中，谁最有可能竞聘成功？

实际上，竞聘上岗确实考察一个人的沟通能力。但是这时候，你并不需要焦虑，因为你可以通过参考一些方法来提升自己的沟通能力。比如，在竞聘上岗时，掌握一些发言的技巧非常重要，下面是一些建议：

（1）你所说的话，必须清晰明了。确保你的发言清晰明了，语言简洁，避免使用过于复杂或难懂的词汇，以免让人听不懂或产生误解。同时，务必避免歧义，以免误导面试官造成不必要的麻烦。最重要的就是不要啰唆。

（2）展现自信，并勇于自信地表达自己。你在发言时展现自信，用坚定而肯定的语调表达自己的观点和意见。避免犹豫不决或含糊其词。不要去考虑你的观点是否会迎合面试官，实际上，这就像写命题作文，关键在于不跑题，自信而坦率地表达自己的观点。

（3）在过程中要听取他人意见，尤其是面试官对你的观点所发表的意见和建议。善于倾听和接纳他人的观点和意见，因为在团队环境中，与他人建立良好的沟通和合作关系非常重要。或许你的观点阐述并没有比另外一个竞聘者的观点更贴合面试官的答案，但是，你善于听取他人意见的态度，一定会给你加分的。

（4）在面试或竞聘中，最重要的就是迅速让自己的语言结构化，让自己的思维形成逻辑体系。在发言之前，做好充足的准备，并按照逻辑清晰地组织自己的思维。分段和使用简明扼要的标题可以帮助你更好地组织发言内容。这要求你能迅速整理自己听到的关键词，围绕关键词组织语言，最终展现出结构化思维和逻辑思维。

竞聘可以用结构化思维来进行有效表达，具体步骤如下。（见图2-1）

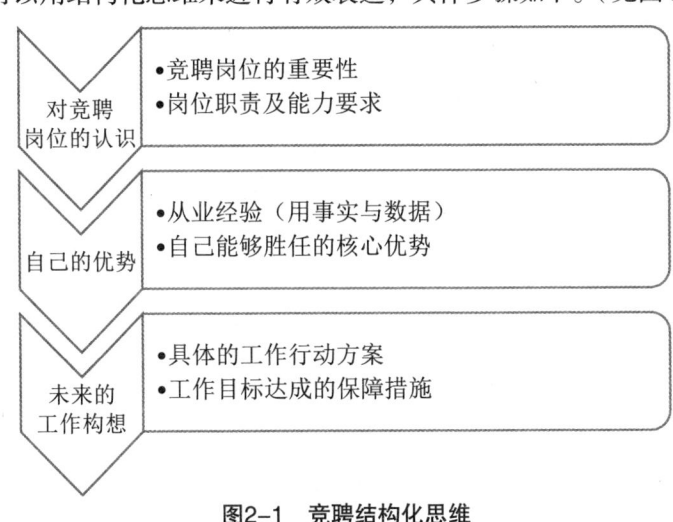

对竞聘岗位的认识	• 竞聘岗位的重要性 • 岗位职责及能力要求
自己的优势	• 从业经验（用事实与数据） • 自己能够胜任的核心优势
未来的工作构想	• 具体的工作行动方案 • 工作目标达成的保障措施

图2-1 竞聘结构化思维

（5）我们需要在发言过程中保持专注，专注能帮助你更好地思考问题，并确保你的发言与讨论主题保持一致，避免偏题或偏离重点。注意倾听并提出问题，以便更深入地理解问题，并向他人提供清晰的答案。

（6）在竞聘过程中，尊重对手，既不低估也不轻视他们。在发言过程中要尊重他人，避免过于强势或傲慢的态度。保持礼貌并遵循团队或面试的交流规则。礼貌往往会给别人留下良好印象，而竞聘的成功很大程度上取决于你的待人接物态度。

（7）在竞聘过程中，最好能用实例和数据来支持你的观点。在发表观点时，要用具体的实例、数据来支持自己的说法，增加论述的可信性和说服力。比起夸夸其谈，面试官更容易被你抛出的数字所打动。

（8）在竞聘的讨论环节中，应积极参与并提出有建设性的问题和建议。展示你对申请岗位或领域的兴趣和深入了解。

最重要的是保持自然和真诚，发言出自内心并反映你的个人品格和专业素养。毕竟竞聘是展现自我的一个舞台，大家都会拿出自己最好的状态。然而，在竞聘的短时间内，很难完全看清一个人的具体能力。感觉大家能力相当时，公司往往会倾向于选择态度真诚者。

5. 表示谢意的说话技巧

当你表达感谢的时候，对方真的能够接收到你的感谢之情吗？还是说，你的一句感谢话反而让对方产生了敌意？有时候，话说不对，表示感谢的意思也会被扭曲。这一节，我们来看看，感谢的话该怎么说。

先来看一些"说感谢的话却被误会"的案例：

小王给同事小张买了一杯咖啡，想表达对她的感谢："谢谢你，这次多亏了你，你是我见过最善解人意的姑娘。"小张误以为小王在追求她，这导致了一些尴尬和误会。

小赵捡到了别人的钱包，归还时说："不用谢，你下次可要小心，不是谁都像我这么好心。"但对方误以为小赵在指责他的疏忽，从而引发了不必要的矛盾。

所有的实例都证明，在表达感激之情时可能会被误解，因此在表达时应该注意语气和方法，以防止引发不必要的误解。

说感谢的话虽然是表达感激之情的方式之一，但确实需要一定的技巧。以下是一些可以考虑的要点：

要点一，真诚永远是沟通中的必杀技。感谢的话语应该源自内心的真诚，确保你是真心感激对方的帮助、支持或付出。

要点二，把话说得具体，才能让人明白你的"感谢"从何而来，尽量具体表达感激之情。明确指出对方的具体行为、言辞或付出，使你的感激更加明确。

要点三，措辞得体。选择合适的形容词和副词，如"非常感谢""真心感激"，来强调你的感激程度。

要点四，考虑表达方式。根据表达对象和情境选择口头或书面表达，如写感谢信、发送感谢邮件或亲自表达。

要点五，注意时机和场合。在对方心情适宜的时候表达感谢，以便对方更容易接受和理解你的感激之情。

要点六，实际行动。如果将感激的话配上实际的回报行为，对方定能深切感受到你的感激。例如，提供帮助、回赠礼物或在工作场合上予以表彰等。

总之，正确、真诚且具体地表达感谢，可以加强人与人之间的关系，营造良好的人际环境。

首先，你需要真诚地表达感谢之情，并且要明确地传达你对他人的感激。以下是我们整理的一些话术：

"非常感谢您的帮助！"

"对您的支持和关心，我感激不尽。"

"感谢您给予我如此宝贵的建议。"

"非常感谢您的慷慨和支持。"

"感谢您对我无私的帮助和指导。"

"我深深地感谢您对我的支持和鼓励。"

"感谢您给予我这个难得的机会。"

"我要向您表达我最衷心的谢意。"

"感谢您在我困难时的支持和关心。"

"对您的善意和慷慨，我心存感激。"

……

总的来说，表达感谢时，话语应当真诚、具体，并充分传达出你的感激之情。在与对方交流时，始终保持礼貌和诚恳，这将有助于你更好地表达感激之情。

6.巧妙拒绝的沟通话术

有时，面对他人提出的要求或请求，我们可能需要拒绝。但应如何委婉地表达拒绝呢？让我们通过一些场景来探讨，在不得罪对方的前提下，如何更有效地表达拒绝。

场景一，用肯定对方的态度拒绝。

作为一家上市公司的高级管理人员，王阳偏好的拒绝方式是这样说："你的提议很棒，但目前我们的条件并不适宜实行这样好的建议。现阶段执行确实存在一些困难。"观察一下，他的回应策略是以赞同对方的观点为基础来予以否定。

这种拒绝方式的特点是，首先肯定对方的想法，如"这个主意很好""这个方案不错""这个想法太棒了"。其次，使用过渡词"不过""但是"引出拒绝的原因，这些原因通常与当前的客观环境有关，如"目前""现在"的情况不允许采纳或实施这些建议。这种方法不仅避免了伤害对方的感情，承认了对方的努力，同时也拒绝了不适合的方法或方案，给予对方心理上的缓冲。

场景二，用感叹中带有惋惜的语气拒绝。

恋爱中的凡凡给自己的女朋友洛洛买了一个很可爱的小背包，然而，洛洛并不喜欢这款粉红色的小背包。她对凡凡说："这包很漂亮，如果颜色再鲜艳些可能会更吸引人，我觉得在冬天背深色的包更暖。"凡凡听后明白了洛洛的不满，于是他说："下次我买颜色更亮一点的，这个就留在夏天背。"尽管两个人都有一些失望，但却又互相体谅。洛洛是否在夏天背这个包并不重要，重要的是，他们成功避免了即将爆发的争吵。

这种方式适用于你收到不喜欢的礼物并希望婉拒时，以带有惋惜的语气表达。这样不仅缓和了关系，还避免了自己不得不使用不喜欢的礼物。

场景三，用恭维的方式拒绝。

小杨的阿姨给小杨介绍了个相亲对象，小杨在查看了对方的照片和履历后，发现对方并不符合自己期望的类型。这时，对方发来了邀请，想请小杨吃饭。面对邀请，小杨可能会这样回应："谢谢你的好意，我很愿意与您共进晚餐，但遗憾的是，本周我有其他事务要处理无法应邀前往。"若再次收到邀请，她可能回答："实在抱歉，尽管我十分希望能够见到你，但目前我确实有一些事情需要处理。"这种方式就是，在拒绝的时候，先向对方表示赞扬，也是一种高情商的拒绝策略。然而，这种方法的弊端是对方会真的以为你对他很看重，从而持续发出邀约。经过一两次后，若再接到邀请，情况可能会变得尴尬。不过，大多数人在被拒绝两次之后，通常能够理解你的意图。

场景四，用客套的方式拒绝。

设想一下工作场景，当同事请求帮助时，你可以礼貌地回答："虽然我很愿意提供帮助，但真的很遗憾，我这里也挺忙。""我确实有能力帮忙，但手头上活儿实在是多。""我理解这对你很重要，但我恐怕没有足够的时间来处理，以免延误。"

这些拒绝方式传达了"我很忙"的信息，同时采用礼貌和客套的表达，减少了对同事的冒犯。

场景五，用商量的语气拒绝。

如果收到活动邀请，却因其他事情冲突而不得不拒绝，可以采用以下方式表达歉意并提议重新安排时间："非常抱歉，今日事务繁多，无法参加。我们能否另选时间？比如下周六如何？"这种回应方式体现了较高的情商。

但是，如果对方持续发出邀请，而你一再拒绝，可能会给人留下不领情的印象。此外，这样的拒绝方式是给对方一个时间期限，即这次的拒绝意味着下次必须接受。因此，如果你想与邀请人保持距离，应谨慎使用这种商量的语气。

场景六，用缓和的方式拒绝。

所谓的缓和策略通常涉及拖延，最常见的表达是"请给我一些时间来考虑"。例如，许多管理人员可能会说："关于这个问题，我们需要做进一步的讨论。"这种情况通常是一种婉拒，由于措辞温和，避免了冷漠之感，为拒绝增添了一份人情味。

场景七，用自嘲的方式拒绝。

自嘲是一种巧妙的拒绝策略，它通过轻松愉快的方式减轻对他人的影响，从而避免他人因你的拒绝感到不适。例如："对于这件事情，我真的无能为力，主要是因为我的技能不足，如果我能……""这个问题我恐怕无法帮你解决，因为我对它不太了解。"这种自嘲的方式，在不冒犯对方的情况下，能够彻底地拒绝，同时又保持了关系的和谐。

场景八，用同情的口气拒绝。

对于那些表现出无助并发出哀怨之声的人，拒绝他们往往是最困难的。因此，当面对这种情况时，你也需要表现出理解和同情的态度来拒绝他们的请求。

例如，如果你遇到这样的情况，你的外地朋友可能会说："老王很快就要来你们城市了。若非旅馆费用过高，我本可以和他一起去的。"这句话实际上暗示着希望你为他们提供住宿，或邀请他们住在你的家中。当你想要拒绝的时候，可以用充满同理心的语调回答："哎呀，对于这个问题，我真的非常抱歉，无法帮上忙。"之后，你可以礼貌地结束话题，避免进一步讨论细节。

场景九，用模棱两可的语气拒绝。

小飞自信地认为自己写的文章才华横溢，于是向小婷寻求反馈。然而，小婷读完后并没有特别赞赏，只是给出了"还行"的评价。尽管这个评价颇为含糊，但若小飞足够机智，他应该能领会她的真实想法。然而，这种模棱两可的表达在遇到比较迟钝的另一方时，可能无法传达清晰的意图。

场景十，用委婉的口气拒绝。

比较以下两种拒绝方式："我觉得你的观点有误"与"我不认为你是正确的"，以及"我觉得这样做不太妥当"和"我不觉得这是个好选择"。虽然这两种表达方式传达的意思相似，但第二种更为委婉，更容易被他人接受。相比之下，第一种方式较为直接，可能会让人感到难以接受。

通过这十个场景，你是否已经掌握了拒绝的十个技巧？

实际上，面对需要拒绝的情况时，我们可以运用技巧来维持友善且尊重的沟通。首先，我们应该坦诚地表达自己的想法，避免使用含混不清或模棱两可的措辞。明确而直接地阐述我们的立场和原因至关重要。

要记住，拒绝本身并不代表我们对对方不友善或缺乏尊重。我们可以表达感激之情，并解释为什么无法满足他们的要求。同时，我们可以提出积极的解决方案或替代方案，展现我们的合作精神。

此外，倾听对方观点同样至关重要。我们应给予对方足够的时间和空间来表达意见和需求。努力理解对方立场，同时通过尊重与倾听营造积极的沟通氛围。

始终保持友好和善意的态度。在拒绝时，应尽可能采取积极而体贴的方式，避免冷漠或傲慢的语气。我们应记住，每个人都有权利表达自己的意见，尊重他人感受对于建立良好的人际关系至关重要。

综上所述，通过坦诚、尊重且积极的沟通，我们能有效拒绝要求，同时维护相互理解和尊重的关系。

人格特质与沟通艺术

人格特质与沟通艺术之间存在密切的联系。个体的稳定行为模式和思维方式构成了所谓的人格特质,而沟通艺术则涉及运用有效交流技巧来促进相互理解并影响他人。这些人格特质在很大程度上决定了我们与他人沟通的风格及其成效。

1. 人格特质的四种类型

我们根据人际互动、情感表达、主动性以及对事情和结果的处理方式等要素,将人格特质划分为四种类型:力量型、活泼型、和平型和完美型。

力量型的特点:在社交方面表现为自信、坚定、权威;行动迅速、具有天生的领导才能;可能忽视人际,认为与工作无关的社交是浪费时间;实际,控制欲强、直率、好争论、坚持己见;不轻易道歉、好斗、重义气;在情感和身心方面,表现为工作狂、生活在目标中、难以放松、注重方向、容易烦躁、性急;强调价值观而轻视细节;有主见、行动力强、主动创造、执着;面对挫折时越挫越勇;艺术性较差、情感表达较弱。

活泼型的特点:在社交方面表现为快乐、引人注目、声音洪亮、表面化、马虎、缺乏条理;好动、经常迟到、对数字不敏感;多朋友、健忘;需要他人的认同、常不经思考就发言、喜欢道歉;热情、爱插嘴、乐于好赞美、有时夸张;追求新鲜感、故事大王、舞台表现高手。在情感与身心方面,活在当下、心胸宽阔、体态放松;天真、不易生气、不记仇;具有积极的生活态度、感染力强、充满活力;热爱艺术、情感丰富、享乐主义者。

和平型的特点:追求和平、生活休闲、行动缓慢、不愿意引人注目、性格安静稳重、善良无侵害、朋友多、最优秀的聆听者、机智幽默、能不开口尽量不开口、倾向于旁观、擅长调节矛盾、努力避免冲突、追求和谐、决策谨慎、面面俱到、和事佬、好领导。

完美型的特点：严谨、踏实、注重细节、计划做得好，会考虑潜在风险。
与力量型人的沟通技巧：
① 尽量支持其目标和目的。
② 跟他们谈论事情的结果，不要纠缠过程中的细节。
③ 使沟通保持工作性质，避免过多涉及私人关系。
④ 准确，高效，时间性，条理性。
⑤ 争论时对事不对人。
⑥ 如需影响力量型人的决定，应从结果出发去分析其可行性。
与活泼型人的沟通技巧：
① 让他们参与讨论观点、思想和创造性观点，认可他们的努力。
② 不要直接进入分析，尽量共同多开发一些观点。
③ 愉快的气氛，语速与动作稍快一点，情绪要饱满。
④ 表现出对他们"个人"感兴趣。
⑤ 当你们达成共识，将特别的细节要罗列清楚（活泼型很容易忘记）。
⑥ 对他们的创造性的思维、说服力和感召力及时认可或赞扬。
⑦ 允许他们谈论自己的经历，并采用提问式对话，让他们畅所欲言。
⑧ 如果你有他们所敬佩的人的支持，活泼型的人更容易相信你的观点。
与和平型人的沟通技巧：
① 尽量耐心地聆听和以不敏感的方式提问，对他们的看法表示赞同。
② 花时间思考，以辨识他们的真实目标。
③ 不要轻易地下结论，因为他们往往将观点隐藏起来。
④ 当你不同意他们的时候，以分享个人观点和感受的方式来进行讨论。
⑤ 给他们时间让他们建立对你的信任。
⑥ 交谈的时候采用非正式，慢一些的举止。
⑦ 赞扬他们的团队精神，以及"能够与他人很好相处"的能力。
与完美型人的沟通技巧：
① 尽量支持他们的条理性、思想性的沟通风格，注重行动和行事方法。
② 全面的、有系统的、准确的、完善的准备工作。
③ 列出你计划的优势和劣势，选择有可行性的方案。
④ 详细解释细节，并阐明其如何导致最终结果。
⑤ 完美型喜欢书写的形式，因此要用备忘录或邮件的形式进行随后跟踪。

⑥提供坚实、切实的证据（不是哪个人的观点）来证明你是真实和准确的。
⑦不要急于要求做出决定，给他们时间进行思考和分析来证明你说的话。
⑧表扬他们的高效率。

人格特质与沟通技巧测试题

（1）和平型人的人格特质不包含（　　）。

A.安静　　　　　　　　B.对数字不敏感

C.不愿意引人注目　　　D.难以确定

（2）与力量型性格的人沟通技巧不包含（　　）。

A.进行细节的解释，并解释如何产生结果

B.尽量支持其目标和目的

C.提问题容许给予简短的答复

D.争论时对事不对人

（3）单纯的力量型的人在沟通中的特点不包含（　　）。

A.非常强势　　　　　B.单向作用

C.喜欢听别人说　　　D.说话直率

（4）关于不同性格人的沟通技巧，下列表述错误的是（　　）。

A.与力量型人的沟通，如需影响其决定，应从结果出发去分析其可行性

B.与完美型的人沟通，情绪要非常饱满

C.与活泼型的人沟通，不要直接进入分析，尽量共同多开发一些观点

D.与和平型的人沟通，尽量以不敏感的方式提问

（5）下列选项中，属于活泼型人的人格特质的是（　　）。

A.记仇　　　B.稳重　　　C.安静　　　D.感染力强

（6）（　　）的人忽视人际关系，认为与工作无关的社交是浪费时间。

A.完美型　　　B.活泼型　　　C.和平型　　　D.力量型

（7）对和平型的人来说，激将法是调动其工作积极性的有效方法，此种说法（　　）。

A.正确　　　B.错误

（8）活泼型的人一般不习惯别人夸赞，此种说法（　　）。

A.正确　　　B.错误

（9）完美型的人爱分析，常常先思考再发言，条理非常清晰，此种说法

(　　)。

A. 正确　　　　　B. 错误

（10）从客户服务这个层面上说，最难处理的是活泼型顾客的投诉，此种说法（　　）。

A. 正确　　　　　B. 错误

参考答案：

（1）B（2）A（3）C（4）B（5）D（6）D（7）B（8）B（9）A（10）B。

2. 你了解与人接触的心理距离吗？

"与人接触的心理距离"指的是个体在情感上与他人亲近或疏远的程度。它关乎人们在交往中的信任、了解、亲密度和情感纽带。心理距离受多种因素影响，包括个人特质、文化背景、具体情景和关系类型等。它对人际关系的质量和亲密度具有显著影响。

我们用测试题来检验你对拉近心理距离概念的理解。

单选题（在你认为正确的选项前打钩）

（1）心理学的研究揭示了人际交往中最关键的环节是什么？

A. 听　　　　　　B. 说

C. 读　　　　　　D. 写

（2）共情最好的做法是什么？

A. 认真倾听　　　　B. 不评判对错

C. 重复和反馈　　　D. 适当披露

（3）沟通漏斗产生的最大原因是什么？

A. 表达时故意过滤信息

B. 以自我为中心：利用个人的观点和体验去揣摩他人。

C. 认知的局限性

D. 沟通不够真诚

（4）下列说法是不准确的，那么如何防止信息遗失和沟通阻碍呢？

A. 确认主观推断和客观事实

B. 需要确定认知的根源是基于经验推测还是基于实际情况

C. 避免自动化思维

D. 管控好沟通双方的情绪

多选题（在你认为正确的选项前打钩）

（1）关于同理心共情式倾听，下列说法正确的是？

A. 是最高层次的倾听

B. 倾听者只能理解对方的表面意思

C. 倾听者全身心地投入沟通

D. 倾听者有能力理解他人的感觉、情绪和状态

（2）有哪些方法能够实现同理心和共情的倾听呢？

A. 全身心地倾听，不遗漏信息

B. 体会对方的情绪特征，关心对方的感受

C. 复述对方说的话

D. 应避免过度依赖自动化思维方式，不能随便判断对错

E. 适当地自我披露

（3）关于先跟后代，下列说法正确的是？

A. 是神经语言处理(nlp)中一种倾听技术

B. 它要求倾听者认真倾听，站在对方的角度理解他

C. 改变了自己的立场和原则，与交流者共同陷入混乱。

D. 目标是影响交流对象，实现自身的愿望。

（4）先跟后代的步骤有哪些？

A. 情绪认同

B. 引导表达

C. 给予反馈

D. 回归理性

E. 主动呈现

（5）在听力技巧中，应该注意哪些问题来打断他人的发言呢？

A. 要有切口和话术

B. 找好时机，视对方情绪而定

C. 不同意随时打断

D. 等对方说完再打断

（答案在本节最后。）

心理距离反映了个人与他人在情感、认知和行为上的差异，这些差异导致了彼此间的感觉和关系上的疏远或亲近。心理距离主要包括以下几个方面：

（1）情感距离，即人们在情感上的亲近或疏远程度。例如，两人之间可能存在亲密的情感联系，感觉彼此很近，或者可能存在冷漠和疏离感。

（2）认知距离源于个体的独特性，体现在人们在思考方式、观念和价值观念上的相似性或差异性。这些认知差异可能导致不同的观点、理解以及判断，进而加大彼此间的认知距离。

（3）行为距离则源于个体成长环境和思维方式的差异，这些差异导致人们在行为表现和交往方式上的不同。指的是人们在行为模式、沟通风格和交往方式上的差异。不同个体的社交行为模式和交往风格可能导致彼此感到亲近或疏远。

心理距离受到个体性格、经历和文化背景等因素的影响，在人际关系中起着重要的作用，影响着亲近感、信任和沟通效果。

保持适当的心理距离可以通过以下几个方法实现：

方法一，要认识到个人空间的重要性，不要妄图挤进别人不愿意让你进入的空间。每个人都有自己的个人空间以及隐私，尊重并认可这一点是保持适当心理距离的基础。

方法二，在沟通过程中要注意非语言信号，例如当你靠近时，对方表现出的拒绝或皱眉等，你要立刻停止该行为。观察他人的肢体语言和面部表情，以了解他们给出的信号。如果他们表现出不愿意接触的信号，要予以尊重并给予空间。

方法三，要建立良好的沟通边界。成年人都不喜欢没有边界的沟通。在与他人交流时，了解何时停止或延长对话的时间，避免过分依赖和插手他人的生活。

方法四，有效走进别人心里的方式是倾听和尊重他人的意见。与他人交流时，倾听对方的想法和观点，尊重他们的独特性，并避免过度干预或争辩。

方法五，学会保持适度的社交活动。过度投入于社交活动可能会让你迷失自己，缺少独处成长的空间。人际交往固然重要，但在与他人互动时，确保有足够的时间用于个人反思和再充电。

方法六，我们需要学会平衡个人与他人的需求。了解自己和对方的需求保持平衡，既满足他人的期望，也兼顾自己的心理健康。

以上方法将帮助你保持与人接触的适当心理距离，建立健康且互相尊重的人际关系。简单来说，在与对方沟通时，要用真诚打动对方，同时也要保持适当的距离。

现在，我们来看一下本小节开头测试题的答案。

单选题：

（1）正确答案：A。

（2）正确答案：C。

（3）正确答案：B。

（4）正确答案：D。

多选题：

（1）正确答案：ACD。

（2）正确答案：ABCDE。

（3）正确答案：ABD。

（4）正确答案：ABCDE。

（5）正确答案：AD。

3.沟通时应回避的8类话题

在人际沟通中，选择合适的话题和方式进行交流是非常重要的。以下是需要回避的8类话题技巧，以帮助您更有效地进行沟通。

（1）避免争论话题。

避免争论是有效沟通的关键原则之一。争论往往会引起不必要的冲突和矛盾，破坏了友好和谐的气氛。在交流时，应优先选择中立且客观的话题，并尽量避免触及可能引起争议的问题。

白城："哎，你听说了吗？最近有人声称地球是平的！"

朱凌："什么？这不可能。地球明明是圆的！"

白城："你怎么能这么肯定？有证据吗？"

朱凌："当然有！首先，我们从太空看地球的照片就是圆的，而且所有的地图也都是圆形的。"

白城："但我听说有人声称这些照片是伪造的，地图故意制造了错觉。而且，他们还提到地平线没有弯曲的证据。"

朱凌："啊，这个问题我倒没仔细研究过。但是我们有航空飞行、环球航行等直接证明地球是圆的吧。"

白城："但有人坚称这些都是骗局，认为船只和飞机只是沿直线行进，给人一种圆的错觉。"

朱凌："真是太离谱了！这些人简直是在无理取闹，完全无视科学原理。"

白城："嗯，不管怎样，我认为这个话题极具争议性，我们可能需要更多证据来支持各自的观点。"

（2）回避敏感话题。

在交流时，应尽量避免触及过于敏感的话题，例如宗教、政治和种族等。这些话题可能激发不同观点间的冲突，不利于建立良好的人际关系。若不得不讨论这些话题，请始终以尊重和理解的态度展开对话。

比如，对女性来说，以下的话题就属于敏感话题。

平权与性别歧视：探讨社会中女性与男性所受不公平待遇的问题，例如工资差异和晋升机会。

性别角色与社会期望：讨论社会对女性的期望、刻板印象以及对性别角色的限制。

身体形象与自尊：关注社会对女性外貌的过度关注、外貌标准化对个人自尊的影响。

（3）避免指责话题。

指责和批评通常会引起对方的不适和抵触感。在沟通中，尽量避免对他人进行指责和批评，而是以建设性的方式提出自己的看法和建议。如果您对某人的行为感到不满，应尝试以委婉的方式表达您的意见。

刘洋："李薇，我觉得你在会议上有些过于自我中心，你似乎没有充分考虑他人的观点，只专注于自己的意见！"

李薇："刘洋，请允许我解释。我并非有意忽略他人的意见，而是因为我对这个问题有着深入的研究和思考，所以我才有自信表达自己的观点。"

刘洋："即使你对问题有深入的研究和思考，也不意味着就能忽视他人的尊重。会议旨在促进讨论和交流，我们应该尊重每个人的意见，而不是只关注个人立场。"

李薇："刘洋，我当然尊重每个人的观点，只是我觉得我的观点更符合现实情况。我并没有说其他人的意见不重要，只是我的看法更加有理有据。"

刘洋："李薇，你的话似乎在为自私和不尊重他人的行为辩解。一个优秀的团队，需要每个人都能够平等地参与和表达意见，而不是将自己的意见强加给他人。"

李薇:"刘洋,或许我表达的方式有些过激,但我并不是故意不尊重他人。我会反思自己的行为并改进,确保以后能更好地与团队成员协作和沟通。"

刘洋:"我希望你能真诚地反思,并在下次会议上展现出更多的谦逊和对他人意见的尊重。一个团队的成功来自于每个人的贡献,而不是一个人的独断与偏见。"

(4)避免不适当的话题。

在交流过程中,应尽量避免触及不适当的话题,例如侵犯隐私、淫秽内容或暴力行为。这类话题可能会使对方感到不舒服,并可能损害您与他人之间的良好关系。因此,在进行对话时,应有意识地选择恰当且礼貌的话题。

(5)避免重复话题。

反复讨论相同的话题可能会让对方感到无聊和厌烦。在沟通中,尽量避免反复讨论相同的话题,而是尝试引入新的话题,激发对方的兴趣和好奇心。

在办公室里,王萌正坐在办公桌前专注地工作。这时,张聪走了过来,站在她面前。

王萌:"嘿,张聪,最近有什么好玩的事情发生吗?"

张聪:"哦,你知道吗,最近我发现了一个很有趣的餐厅,他们的菜品真是太美味了!"

王萌:"真的吗?在哪里?"

张聪:"在市中心的大街上,靠近那个新开的购物中心。"

王萌:"哇,我一定要去尝尝看!"

张聪:"对了,我还要告诉你,我最近看了一部很好看的电影,剧情非常吸引人!"

王萌:"是吗?是哪部电影?"

张聪:"它叫作《追捕》,真的是一部十分紧张刺激的动作片!"

王萌:"听起来很棒!我会去找来看看的!"

张聪:"还有,我最近参加了一个有趣的瑜伽班,每周三晚上,让我感到很放松。"

王萌:"哦,你参加了瑜伽班?真不错,我也一直想尝试一下瑜伽呢!"

张聪:"是的,你一定要试试看,真的可以提升身心健康呢!"

王萌带着些许迷惑看着张聪,感觉他好像一直在重复同样的话题。

（6）避免批评话题。

批评往往容易引发对方的反感和辩护。在沟通中，尽量避免对他人进行过度的批评和指责，而是以鼓励和支持的方式表达自己的看法和建议。若不得不提出批评，请尽量保持客观和中立的态度。

陆河坐在咖啡馆里，严肃地注视着对面的李想。尽管他们认识的时间不长，但是陆河觉得有必要指出某些问题。

陆河："李想，我必须告诉你，我对你的某些行为感到不满意。"

李想一脸诧异地看着陆河。

李想："哦？是出了什么问题吗？"

陆河："是的。我觉得你有时候太过于自我了。比如刚才我们谈话的时候，你总是把话题引向你自己，很少关心别人的感受。"

李想觉得很不可思议，毕竟他们才刚认识。陆河在尚未充分了解他的情况下就提出批评，这让他感到不悦。

（7）避免无意义话题。

无意义的话题可能会使交流显得乏味和单调。在沟通中，尽量避免涉及无意义的话题，而应选择有深度和价值的主题进行讨论。这可以让交流更加有趣和深入。

徐凡："嗨，凉凉！最近怎么样？"

凉凉："哈喽，凡凡！还不错，你呢？"

徐凡："还不错。对了，你看过那部新上映的电影吗？"

凉凉："哦，是说那部《超级英雄》电影吗？"

徐凡："对对对，就是那部！听说特效很棒。"

凉凉："是吗？我还没看过呢，不过我听说剧情有些俗套。"

徐凡："是吗？那就不知道了，也许可以一起去看看？"

凉凉："嗯，如果时间合适，可以考虑一起去。"

徐凡："顺便问一下，你听说最近的天气预报了吗？可能会下雨。"

凉凉："哦，真的吗？我还没注意，不过下雨也没什么大不了的。"

徐凡："是的，雨天在家休息也挺舒服的。"

凉凉："的确啊，可以喝杯热茶或者看看书，很惬意。"

（8）避免抽象话题。

抽象话题通常较难理解，容易引发困惑和误解。在沟通中，尽量避免过于抽象的话题，而应选择具体和实际的话题进行讨论。这可以让交流更加清晰和有效。

张一一："嘿，晓楠，你有没有想过宇宙存在的意义是什么？"

晓楠："嗯，这是深奥的问题。我认为宇宙的存在可以被视为一个巨大的谜题，每个人都有不同的观点和理解。"

周元：（沉默）。

张一一："确实。我个人认为，宇宙的存在可能旨在激发我们思考、探索以及内在的好奇心和智慧。"

晓楠："我同意。宇宙中的无限可能性给了我们无穷的创造和发展空间。"

周元：（沉默）。"

张一一："你说得很对，我们应该珍惜宇宙的存在，并意识到我们的生命与整个宇宙是相互联系和依存的。"

晓楠："最后，我认为宇宙的存在也可以是一种美的体现。我们可以从宇宙中的星辰大海、自然景观和人类的创造中感受到这种美。"

周元："打扰了。"

如果张一一和晓楠志趣相同，他们或许可以继续探讨这个话题。然而，如果我们站在周元的角度，可能他会难以跟上，甚至感到排斥。

沟通时，适合的话题应引起参与者的兴趣，并使他们感到舒适。这样的话题应基于相互尊重和理解，从而促进有效沟通和积极交流。

适合的话题应该是双方都有共同兴趣的内容，这样可以确保参与者都对讨论感兴趣，并且更愿意投入其中。了解对方的爱好、兴趣和观点可以帮助我们选择合适的话题，从而建立起一种良好的沟通基础。

适合的话题应能激发深入讨论和深思。这样可以激发参与者的思考，鼓励他们分享自己的观点和想法。深入讨论不仅拓宽和深化了思维，还有助于培养解决问题的能力。

适合的话题应带来舒适和愉悦。应避免涉及可能引起敏感反应、争议或不必要争执的话题，以防破坏沟通氛围。相反地，选择轻松、有趣的话题可以使参与者放松，进而促进更顺畅的交流。

适合的话题应与当前环境和情境相契合。不同的场合可能需要讨论不同的话题。例如，在职场上，适合的话题可能涉及工作、行业趋势或职业发展。而在社交场合，适合的话题可能是关于兴趣爱好、旅行经历或日常生活的内容。

4. 十个不同场景的聊天技巧

聊天技巧因场景而异，以下是十个不同场景中的聊天技巧指南。

场景一，商务场合。在这种场合你穿着正装，周围一群正装打扮的人群，这时你很可能希望结识能够对于自己企业或事业有帮助的人。所以，在商务场合中，聊天技巧主要体现在与客户的交流中。我们应注重礼貌和清晰表达，同时避免触及如政治或者宗教等敏感话题。

场景二，社交场合。在这样的场合中，你可能会希望结识新朋友或与老朋友重温旧谊。在社交场合中，聊天技巧主要体现在与陌生人建立联系上。应擅长发掘共同话题、提出问题，同时注意避免过度分享个人隐私。

场景三，家庭聚会。一家三口或五口之家的小型聚会，也可能是涵盖广泛家族成员的大型聚会，包括众多亲戚。在这种情况下，一家子聚会就自在许多，家族聚会则需要一些聊天技巧。

在家庭聚会中，聊天技巧主要体现在与亲朋好友的交流中。我们应重视情感交流，分享日常生活中的点滴，同时避免涉及敏感话题。

场景四，职场面试。在职场面试这一场景中，聊天技巧主要体现在与面试官的互动上。应着重展现自己的能力、经验和态度，同时避免过于紧张或过分表现。

场景五，电话交流。在电话交流中，聊天技巧主要体现在语言表达和声音的控制上，因此要注意语气。应关注语气、语速和语调，同时避免在电话中发生争吵或过高音量。

场景六，网络聊天。这一场景看似无须太多技巧，可以在愿意时打字交流，在不想说话时发送表情包。网络聊天的技巧主要体现在文字表达上，应追求简洁明了的交流，同时避免使用过于复杂或难以理解的语言和表情符号。

场景七，约会相亲。在这一场景中，你应该展现自己最好的一面。在约会相亲中，聊天技巧主要体现在相互了解和兴趣爱好上。应该擅长发现共同兴趣，提出引人入胜的问题，同时避免涉及过去恋情的话题。

场景八，谈判协商。在这一过程中，聊天技巧主要体现在清晰表达自己的立场和争取利益上。应注重以客观和理性的方式表达观点和需求，同时避免情绪化或攻击对方。

场景九，演讲报告。在进行演讲时，呈现技巧主要在于清晰、准确地传达自己的观点和信息。应注重以清晰、简洁的方式表达观点和信息，并注意与听众的互动和交流。

场景十，团队沟通。在团队沟通中，聊天技巧主要体现在促进团队成员间的有效交流上。应注重倾听、理解和尊重他人的观点和意见，同时避免不必要的争执和分歧。

上述聊天技巧并非一成不变，应根据个人性格和具体情境灵活调整。

5. 平时积累让聊天停不下来的话题

在日常生活中，可以通过以下几种方法来积累引人入胜的聊天话题：

方式一，在平时关注新闻和流行文化。了解时事新闻和流行文化，有助于你与他人找到共同话题。可以关注一些热点事件、名人动态、电影、音乐等方面的新闻，以及时尚、美食、旅游等流行文化话题。

方式二，培养广泛的兴趣爱好。培养广泛的兴趣爱好，能让你与不同类型的人找到共同话题。可以尝试学习不同的领域，如音乐、绘画、摄影、运动等，了解不同领域的知识和技巧。

方式三，关注他人感兴趣的事物。在与他人交流时，关注对方感兴趣的事物，这不仅能让对方感到受重视和关注，还有助于你与对方发现共同兴趣。可以问一些关于对方工作、兴趣爱好、家庭等方面的问题，了解对方的经历和看法。

方式四，学会在日常中倾听。认真聆听他人的观点和经历是积累话题的有效途径之一。在与他人交流时，要认真聆听对方的话语，理解对方的想法和感受，并给予积极的回应。

方式五，参与社交活动。不仅可以帮你结识不同背景的朋友，还能为你提供丰富的聊天素材。可以参加一些聚会、活动、志愿者工作等社交活动，与不同背景的人交流。

方式六，阅读书籍和杂志能拓宽你的知识视野，让你了解各个领域的专业知识和文化背景。可以阅读一些涉及广泛领域的书籍和杂志，如历史、科学、文化、艺术等。

方式七，保持好奇心。这能激发你对周围事物的关注和探索欲，从而为你的对话增添更多趣味和深度。可以尝试了解不同领域的知识和文化，以及尝试新的事物和经历。

总之，积累聊天话题需要持续关注周围世界、不断学习新知、积极倾听他人以及频繁与人交流。通过培养多元兴趣、关注他人关注点、学会倾听、参与社交活动、广泛阅读以及保持探索精神，你将积累丰富的聊天素材，使对话变得更加流畅和有趣。

6. 学一点聊天开场白和经典开场金句

开场白是在对话、演讲、表演或会议等活动的开始阶段使用的，目的是吸引注意、开启话题或引导交流的起始部分。它一般包括问候、介绍自己、对话题的简单介绍等元素，旨在营造积极的氛围并吸引听众的注意。

以下是一些实用的聊天开场白和经典开场金句，它们能助你更自信地与人交流。

"你好！最近过得怎么样？"

"有什么新鲜事要和我分享吗？"

"早上好！有什么让你开心的事情发生了吗？"

"今天的天气真不错，你有什么计划吗？"

"好久不见！最近在忙些什么？"

"我很高兴能与你聊天，有什么可以帮到你的吗？"

"看到你的动态很有趣，你是如何做到的？"

"听说你对（某个兴趣）很了解，能和我分享一些吗？"

"早上好！有什么令你感到骄傲的事情想要分享吗？"

"最近有什么新的发现或想法吗？"

这些开场话术可以作为起点，帮助你与他人展开愉快的对话。

也有一些专门适合于某个沟通场景的开场白，比如职场、社交等，我们先来看一下新加入职场的人，在与他人聊天时，常用的一些开场话术：

"我是新来的，请您多关照。"

"很高兴加入这个团队，您在这里工作多久了？"

"我听说您是这个项目的专家，能告诉我一些关于它的背景吗？"

"今天的工作量看起来很大，您有什么计划？"

"我注意到您在我们共享的项目中表现出色。您对这个领域有什么建议吗？"

"您好！我是新加入的同事，请问有可以帮忙的地方吗？"

"听说你是这个团队的开心果，有什么有趣的故事分享一下吗？"

"您今天的工作进行得如何？需要我提供什么支持吗？"

"我注意到您最近参加了培训课程,有什么收获吗?"

这些开场话术可以帮助破冰,与同事建立融洽的职业关系。但请记住,始终保持友好、尊重和专业。

另外,当你进入一个新的社交环境之后,当你想要开启社交聊天时,可以参考下面的话术:

"您好!很高兴认识您。"

"今天的天气真好。"

"我注意到我们有一些共同的兴趣爱好,想知道您对此有何看法?"

"我听说您对某个话题很擅长,我很想向您请教一些问题。"

"我是新来的,想认识一些新朋友。您对交新朋友有什么建议吗?"

"我听说您在某个领域很有经验,我对此很感兴趣,可以和您交流一下吗?"

"我发现我们有一些共同的朋友,想知道您对他们有什么印象?"

"我在这个活动/聚会上见到您好几次了,可是我们还没有机会交流过,我们可以聊聊吗?"

"我发现您对某个主题很有见解,我很想听听您的观点。"

"我在网上读到了您的一篇文章,对其中的某个观点很感兴趣,能给我讲讲更多吗?"

以上是这些开场话术,希望能对您有所帮助!

当然,还有在约会场景中,也要通过一些话术,帮助你获取更多的互动机会以方便了解对方,具体示例如下:

"您好,很高兴能和您见面。听说您对(某个兴趣爱好)很有研究,能和我分享一下吗?"

"看到您的资料里提到喜欢旅行,有没有什么特别的地方是您心目中的梦想旅行目的地?"

"在您的个人介绍中,我发现我们有一些共同的爱好,比如(某个爱好)。您是如何对待这个兴趣的?"

"听说您很喜欢阅读,有没有什么好书推荐给我?最近我也在寻找一些好书来扩展自己的知识领域。"

"您在工作中遇到过的最有趣或者最具挑战性的事情是什么?能和我分享一下您的职业经历吗?"

"除了工作和兴趣爱好,您最近有没有参加过什么有意思的活动或者尝试过新的事物？"

"在与人相处时，你最看重对方的哪些品质或者价值观？"

"关于旅行，你更喜欢探索新的地方还是去熟悉的城市？有没有什么特别喜欢的旅行回忆可以分享一下？"

"您觉得目前最吸引您的事情是什么，对于未来您有什么期待或者规划？"

"在您的休闲时间，您喜欢做些什么？有没有一些特别放松的方式或者爱好？"

希望这些开场话术能帮助你更好地开展约会，但是一定要记得多倾听对方的回答，给予关注并展开更深入的讨论。

接下来，我们说一下万能金句。万能金句是使用简洁有力的语言来表达或引起共鸣的话语，适用于很多场合。它们具有凝练的形式和富有感染力的内容，能够吸引人们的注意力和兴趣。万能金句能够让你在很多场合都不冷场。

"我觉得……很有道理，您同意吗？"

"我很喜欢您的观点，能再给我分享一些吗？"

"我最近学到了一个新的知识，看了新的电影，想和你分享一下。"

"您对……有什么看法？我很想听听。"

"我最近遇到了一些困难，您能给我一些建议吗？"

"我很欣赏您的才华、勇气、态度，能和您交流一下吗？"

"您觉得……怎么样？我想听听您的意见。"

"我最近看到了一些有趣的事情，想和你分享一下。"

"我注意到您最近……能和我分享一下您的经验吗？"

"我觉得……很有趣，您觉得呢？我们可以一起探讨一下。"

万能金句可以适用于不同场合或不同问题，它可以用来回答常见问题，提出请求或观点，引出话题等。万能金句的句式通常是简洁明了的，具有广泛适用性，是有效沟通和表达思想的重要工具。

请记住，这些句子只是指南，并不能解决所有问题。在实际情况中，关键要根据具体的语境和个人需求，选择合适的语言和表达方式。

开启高质量沟通的第一分钟

开启高质量沟通的第一分钟，需要注重建立良好的第一印象、倾听对方、提出有建设性的问题、积极回应、保持眼神接触、避免干扰以及表达兴趣和热情等方面。下面这些技巧可以帮助你与他人建立良好的沟通基础，并为后续的交流提供有力的支持。

1. 高质量人际沟通要领

高质量人际沟通，核心词是"高"。高质量人际沟通的要领，包括能积极倾听，能够真正聆听对方的意见和建议，表达出自己的关注和尊重；高质量人际沟通的"高"还体现在清晰明确地表达自己的观点和意图，避免模棱两可的表述，以确保信息传达的准确性和理解的一致性；另外，擅长高质量人际沟通的人，在表达时会注意自己的语气和语态，尽量使用肯定的、尊重的措辞，避免造成冲突或误解。

接下来，我们就具体来看一下如何在沟通中运用高质量沟通方式，有效传达信息、建立良好关系并解决问题。

（1）高质量沟通首先要做到清晰表达。如果是连话都说不清楚，连意思都表达不明白，如何做到高质量沟通。因此，要能够清晰地表达自己的意思，使用准确的用词和语句，避免使用模棱两可或含混不清的语言。

（2）我们说的高质量沟通不仅是要会说，还要会听。积极倾听，给予对方足够的注意力，尊重其意见和观点，不打断对方，积极参与对话，展现出真正的兴趣。

（3）不是所有沟通都是有效的。比如，你偶遇了同事，跟对方打个招呼"早啊，先走了"这不叫沟通，这就叫打个招呼。真正的高质量沟通都是有效沟通，是要实现以积极和解决问题的态度与他人交流，提供恰当的反馈和建议，理解对方的需求和情感，并做出适当的回应。

（4）高质量人际沟通是人与人之间的深层交流，在彼此之间存在尊重和共情。尊重他人的观点和情感，设身处地地理解对方的处境，并给予支持和鼓励。

（5）擅长非语言交流能够提升沟通质量。不要总是听"话"，而是要看到说话之外的语言。比如，你在夸赞别人的时候，结果你面无表情，这样会让人觉得你言不由衷。所以，注意自己的面部表情、姿势、眼神等非语言信号的传达，以及对方的反应，这些也是沟通的重要组成部分。

（6）你在沟通时要具有解决问题的能力。所有高质量的人际沟通都是以解决问题、达成目的为主要目标，所有的对话都为了达到一个自己的预期。比如，作为一名保险经理人，你约客户聊天，你的目的是推销新的保险产品。所以，你的所有沟通都是为了达成这一个目的，如果最终没有达成，那就不算是高质量沟通。能够主动解决问题，寻找共同点，促进合作达成共识，化解冲突，并寻求双方的利益最大化。

总之，高质量的人际沟通需要基于尊重、理解和有效交流，能够达到双方的目标和需要。不断提升这些技能可以帮助我们建立更好的人际关系并获得更好的交流体验。

2. 0~15秒，设计沟通框架

之前我在书中提过，我们需要有结构化思维，就是在对方提出问题，你在回答之前要有一个框架。举个例子，售卖羽绒服的销售员，在面对顾客提出的问题时，她该如何应对？

顾客：这件衣服看着挺厚，但是颜色有点深，价格还能便宜点吗？（很显然，顾客的意图就是打价，对衣服质量还是比较满意，所以只能从其他方面找补）

销售员小明：不能再便宜了，这是最低价了。同类产品就没有比我们家的价格更低的，你可以去打听一下。而且我们这家店，不讲价。（销售员这么说显然也没有什么错，他就是在回答顾客的问题。但是，这样回答很容易引起顾客的反感，如果不是需求特别强烈，顾客可能就会放弃购买。）

销售员小红：是的，这件衣服质量非常好，特别保暖。这个颜色对您来说一点不深，这种浅色特别适合您这样相貌长得显年轻的女士，冬天穿上这种浅色，看上去特别可爱。不过，咱们的价格是真的不能再便宜了，一分钱一分货，另外您也看到质量了和上身效果了，真的不能再便宜了。（显然，销售员小红是在回答之前先做了设计沟通框架的,她将顾客的问题拆分出来,迅速给出每一个质疑的答案。)

我们作为顾客,是不是在听了第二个销售员的话之后,如果价格不是高得特别离谱,是在自己的预算之内,或者是心理承受范围之内,就会欣然买下这件衣服?

这就是设计沟通框架的重要性。对方在说出一串话时,你要想着怎么去应答,而且是有逻辑、有条理地去应答,而不是仅仅看到最后一个问题。

在沟通中设计沟通框架可以帮助我们更有条理地进行交流,以下是一些设计沟通框架的步骤:

第一步,确定沟通目标。你在明白对方的目的时,要清楚自己的目的。就像上面的例子,对方想讲价,你不想满足对方的要求。所以,需要明确沟通的目标是想说服对方接受自己的观点,还是了解对方的需求和意见,或者是其他的目的。

第二步,确定沟通主题。很多时候,需要你自己确定主题。比如,面试的时候,对方直接来一句"介绍一下你自己"时,你就要想好你主要从哪个方面介绍自己,学历高可以强调学历,经验丰富可以强调经验,所以主题要确定好。根据沟通目标,确定沟通的主题。主题可以是某个问题、某个项目或者某个话题。

第三步,确定沟通的要点。将沟通的主题细分为几个要点,这些要点是围绕主题展开的关键点。确定的要点应该具有逻辑性和连贯性,能够让对方容易理解。

第四步,设计回应方式。在沟通中需要设计回应方式,包括如何回应对方的观点和想法,如何表达自己的看法和意见。回应方式应该是尊重、客观、有逻辑性的,避免过于情绪化或主观化的回应。

在以上步骤中,每个步骤都需要进行充分的思考和准备,以确保最终的沟通框架能够满足实际需求。同时,也可以根据实际情况进行灵活的调整和修改。但是,关键是你在沟通中一定要认真倾听,要在15秒内将框架构建完成。

3. 16~60秒,运用GPS概述法

GPS概述法是一种常用的问题解决方法。它代表了问题的五个关键方面:Goal(目标)、Problem(问题)、Solution(解决方案)、Implementation(实施)

和 Evaluation（评估）。该方法旨在帮助人们系统地分析和解决问题，从而达到预定的目标。

所以，我们在沟通中运用 GPS 概述法，就是通过目标、问题、解决方案、实施和评估五个方面进行。下面，我们展开阐述：

（1）明确目标。我们需要明确自己希望实现的结果或目标是什么。这有助于我们更好地了解问题的本质，并确定需要采取的步骤来实现目标。举个例子，作为保险经理人，他在和每一个客户或潜在客户聊天的目标很明确，希望他们能够购买公司新推出的保险产品，只有带着这个目的，才能更好地采取下一步。

（2）全面理解问题。这个问题是对方提出的。我们用前 15 秒已经在脑海里形成了一个架构，这时候，是加深准确描述问题的环节。我们需要准确地描述问题，并确保我们对问题的各个方面有清晰的认识。这包括问题的条件、限制以及所需的输入和输出。

（3）寻找解决方案。在聊天中，我们需要考虑可能的解决方案，并评估它们的可行性和适用性。这可能涉及研究现有的解决方案、尝试不同的方法或探索创新的解决途径。因为聊天的过程是很短暂的，没有大量的时间让我们进行详细的思考或者研究，因此，沟通中的解决方案可能会随着沟通的深入，逐渐完善。

（4）实施解决方案。我们需要制订一个可行的计划，并采取行动来实施我们选择的解决方案。在 1 分钟的后半段，所谓的行动就是靠着你的语言能力、语言魅力让对方折服。

（5）评估效果。我们在沟通中，想要检验我们的解决方案是否达到了预期的效果，并评估其在实际应用中的效果，是直接从对方的反应来确定。比如，作为保险经理人，用一分钟通过确定目的，理解问题，并为对方提出解决方案，如果对方对你所推荐的保险产品感兴趣并有购买欲，那么这就是一场有效沟通。如果对方仍是不满意，提出各种问题，或者是拒绝，那你就要从自己的沟通中找原因。

总的来说，GPS 概述法提供了一个系统的框架，使我们能够结构化地思考和解决问题。它鼓励我们明确目标、深入分析问题、寻找解决方案、有效实施和评估结果。通过遵循 GPS 概述法，我们可以更好地应对各种挑战，并取得更好的成果。

我们来看一个 GPS 概述法在沟通中的应用案例：

背景：

在一次团队会议中，项目经理要求各成员汇报各自的项目进度。然而，由于各成员负责的项目内容不同，导致汇报时间过长，会议效率低下。项目经理意识到需要采取一种更有效的方法来简明扼要地汇报项目进度。

案例描述：

为了解决这个问题，项目经理引入了 GPS 概述法。首先，他向团队成员介绍了 GPS 概述法的概念，即通过目的、进展和总结三个部分来简要概述项目进度。其次，每个部分都要求用简短的语言描述，以便节省会议时间并提高效率。

在随后的会议中，每个成员都按照 GPS 概述法的要求汇报了各自负责的项目进度。例如，某成员负责的是项目的 A 部分，他的汇报如下：

目的：完成 A 部分的设计方案。

进展：已完成初步设计方案，并与客户进行了沟通确认。

总结：A 部分的设计方案将在下周一提交给客户审批。

结果：通过采用 GPS 概述法，团队会议的时间得到了有效控制，每个成员都能快速、准确地汇报项目进度。这不仅提高了会议效率，还使得团队成员更加明确地了解项目整体情况，促进了团队协作和项目进展。

第三章
职场沟通：有效沟通让工作更具效能

以我多年的咨询与培训经验，发现职场中的问题大都出在沟通上，有效沟通对工作的效能有着重要影响。通过良好的沟通，团队成员可以更好地理解彼此的期望和需求，避免误解和冲突，提高工作效率。有效沟通还可以促进信息的准确传递，提高工作的协同性和团队凝聚力，从而更好地完成任务和达成目标。

同时，良好的沟通还可以增加团队成员的满意度和工作动力，营造积极的工作氛围，对工作效能产生积极的影响。因此，我们要重视并不断提升自己的沟通能力，以实现更高效的工作。

组织中60%以上的问题是因沟通不到位导致的

在我为很多企业做培训和讲座的过程中,发现一个突出的现象:组织内部发生的60%以上的问题往往是由于沟通不顺畅、表达不清晰或不充分而产生的。当组织成员之间无法有效沟通、达成理解和分享信息时,可能会出现误解、冲突和做出错误的决策。

沟通不到位可能涉及以下几个方面,比如领导层与下属之间的沟通不畅、部门之间的沟通障碍、跨文化或跨地域团队之间的交流难题、不恰当的态度、沟通工具和方式使用不当等。这一章我们重点来讲一下职场中的沟通。

1. 职场中需要和谁沟通

在职场中,我们需要和谁沟通?

看到这个问题就会想到上级、下属和同级同事,如果是销售职位还需要跟客户沟通。没错,在职场中,通常需要沟通的关键人物有几类,具体如下。

关键人物一,上级。这个上级不只是你的直属上级,还包括更高一级的领导。在一些大型企业中,员工可以不去考虑如何跟大领导沟通,因为一年里也遇不到几次,但是中小企业的员工必须学会如何跟层级不同的领导沟通。

当然,与你沟通最频繁的就是你的直属上级,你们之间的有效沟通对于明确目标、获得反馈、确保理解工作要求非常重要。你需要向直属上级报告工作进展、请求支持和指导。

关键人物二,同事。这里的同事可以是同部门的同事,也可以是跨部门的同事,总之就是与你级别一样的同事。与你一起工作的同事是你最常接触和沟通的群体。你需要与他们开展合作、协调工作、交流想法以及解决问题。

关键人物三,下属。如果你属于团队中的管理层,那么你就要学会和下属沟通。其实,比起与上级、同事沟通,与下属沟通时更需要技巧。因为你需要团队下属为你解决实际问题,所以,在与他们沟通时更应该注意态度和情绪,需要明确任务、指导工作、提供反馈以及保持沟通渠道畅通。

关键人物四，客户。指的是工作所涉及的客户或者是有合作伙伴关系的人，与这一类人的关系比较容易处理，因为大家都是各取所需。因此，你需要与他们建立良好的关系，并保持积极的沟通。这包括理解他们的需求、帮助解决问题，以及提供优质的服务。

总而言之，职场中需要与各种身份的人进行沟通，包括同事、上级、下属、客户和合作伙伴、跨部门团队成员以及管理人员和决策者。通过有效沟通，可以建立良好的关系、促进合作、解决问题，并取得职业成功。

既然我们知道职场沟通是一个与多人沟通的环境，那么，先来测试一下你的职场沟通能力如何吧。

我们选择了一些在职场上经常碰到、比较尴尬且难以应对的情况，旨在检验你是否能妥善处理这些问题。虽然表面上看起来这些问题并不重要，但是一些工作中的琐事和细节往往会影响他人对你的观点和态度。

沟通在我们的日常生活中是必不可少的，借此，我们能够获取更多的信息，获得更多的机遇，结交到更多的朋友，对社会现象有更深刻的理解。优秀的沟通技巧能让我们事半功倍。

根据你的情况选择出合适的选项。

A. 大部分　B. 经常　C. 有时　D. 很少　E. 从来不。

我们一起来看看下面的题目：

（1）当一个没有经验的人和我的想法有差别时，我能做到不心烦。

（2）我作为一个中层管理者，当我指责别人时，都是对事不对人。

（3）在处理任何问题的时候，我能很好地控制自己的情绪和感情。

（4）我如果在乎一件事，我可以表现出对这件事的重视程度。

（5）我会及时表扬在工作中做出成绩的下属。

（6）在和下属交流时，我能够清楚且很好地理解他们的想法。

（7）我遇到不明白的问题时，能够大大方方地去请教别人，包括下属。

（8）我在和别人交流时，会给对方一定的回应，不会让他感觉在自说自话。

（9）在沟通出现争议时，我会改变话题，而不是继续原话题。

（10）在利用电话沟通时，我能更好地拒绝别人。

（11）在面对面交流过程中，我会与对方保持目光交流。

（12）在与他人交流时，我可以让对方认真思考我所提出的观点，并带动他的情绪。

（13）有些问题我会换位思考，能够从他人的角度去思考和理解。

（14）即使我的想法不被采纳，但我也要对方给一个解释。

（15）在谈话中，我可以通过观察对方的表情、眼神等了解别人的态度。

结果分析：

如果你的选项是 A 且频率≥9 次，那么就意味着你的交流技能有了一定的理解和应用能力。

如果你的选项是 B 或 C 的次数≥9 次，那么这意味着你需要进一步提高你的交流技能和提升你的沟通能力。

如果你选择了 D 或 E 两选项的次数≥9，那么这意味着你的交流技巧需要进一步提升。

2. 职场沟通概述

职场沟通，指的是在工作场所中，人们通过交流、分享信息和互动来实现有效工作的过程。它是工作中不可或缺的元素，对于建立良好的工作关系、解决问题、达成目标非常重要。

职场沟通涉及书面和口头交流，包括面对面交谈、电话沟通、发送和接收电子邮件、收发即时消息等。有效的职场沟通应该具有以下几个特点：

（1）沟通目标清晰。职场沟通不是漫无目的的沟通，而是有明确目标的沟通。比如，销售部找财务部报销，销售员找到会计后，不可能天南海北地聊，肯定是直接开门见山地告诉会计自己要报销。所以，职场信息应该传达得清楚、明确，避免使用模棱两可或含混不清的语言，以免造成误解或混淆。

（2）采用适当的语气和方式。前阵子听我一个朋友说，他们公司的二把手，中午在食堂打饭的时候，看见前面没有人，就跟着排上去了。谁料到站在一旁看手机的年轻人是公司新来的实习生，实习生在一串国骂之后嚷嚷了一句"插什么队啊"，随后，这个实习生的实习生涯就结束了。所以，在职场上，要根据不同的情况和对象选择适当的语气和方式来交流，既要尊重他人，又要表达自己的观点。

（3）学会积极倾听。积极地倾听他人说话，可以建立良好的合作关系，并促进有效沟通。很多时候，你能够从倾听上下级说话，或者听同事之间的沟通掌握到很多有用信息。

讲一个案例，我的客户梁旭就是在无意间听到公司的两个员工的聊天内容，从而改变了人生。梁旭年轻时的第一份工作是在咖啡厅，他一直觉得自己的生活很平淡。有一天，他偶然听到楼上写字楼里两位员工的一段对话。那两位员工是公司的技术人员，他们在谈论一个新兴科技公司，提到该公司正在开发一项革命性的技术，据说这项技术将对电商支付产生巨大影响。

这个信息让梁旭思绪万千，他开始研究这家公司，并对该技术的潜力产生了浓厚的兴趣。他发现这个行业充满前景，能够给他的职业生涯带来更多挑战性和意义。

于是，梁旭坚定决心转行，他开始学习相关知识，并努力寻求进入这个行业的机会。经过一段时间的努力，他最终成功进入了那家科技公司，并在那里找到了完全适合他的职业发展方向。

经过几年的快速成长，梁旭最终成为该公司的高级经理，并推动了一系列创新项目的开展。在这个行业中他也取得了巨大的成功，并改变了自己的人生。

这个案例表明，当梁旭在无意中听到有关科技公司的重要信息时，他决定抓住这个机遇并为之不断努力。这个偶然的机会改变了他的人生轨迹，使他在事业上取得了突破，为他的人生带来了积极的变化。

（4）会使用非语言交流。除了言语表达，非语言交流也是重要的组成部分，包括姿势、面部表情、眼神接触等。比如，你跟上级聊天时应该保持什么样的姿势、表情，你跟下属聊天时又该使用哪些眼神接触等。使用不同的姿势和表情等，都会影响沟通的效果。这些非语言信号可以增加信息的准确性和可理解性。

（5）及时给予反馈。明确沟通过程中的问题，并积极寻求解决方案，以避免问题扩大化或因此产生负面影响。

总之，职场沟通是一个复杂而关键的过程，它能够促进团队合作、增强工作效能，并营造积极的工作环境氛围。通过有效沟通，人们可以建立信任、减少冲突、提高工作效率，最终实现个人和组织的目标。

3. 职场沟通基础

职场沟通基础，是指在工作环境中与同事、上级、下属或客户进行有效、准确和互动性强的交流。实际上，所谓的职场沟通基础，就是我们职场的日常交流。

职场日常交流，就是每天我们从上班到下班的整个过程。沟通基础是建立良好工作关系、促进团队合作及提高工作效率的重要因素。

沟通基础一，要明确目标。明确沟通目标是沟通的出发点，也是沟通的方向。只有明确了目标，我们才能有针对性地收集信息、组织语言、选择沟通方式，以达到有效沟通的目的。

比如，设计部的小刘想要跟销售部的大李要"双十一"公司的销售数据。她在找大李之前，给自己设定好了明确的目标，就是为了要数据。因此，有了明确的目标，才能选择合适的沟通方式。

当然，在沟通过程中，我们还需要不断地审视沟通目标，确保沟通始终沿着预定的方向进行。

沟通基础二，要了解对方。了解对方是进行有效沟通的重要前提。就像是小刘去找大李要数据，她一定先要了解一下大李的沟通方式，或者是为人处世的方式。

比如，大李是个沉默寡言、不喜欢多说话的人，小刘自然也就开门见山地提出要求，并且不会在意大李在整个过程中看似敷衍的回答。但是，如果小刘并不了解大李的为人，上来先是寒暄一番，结果大李一声不吭，一脸不耐烦的表情，小刘还没有要到自己想要的数据就先恼羞成怒了。结果，即便是大李把数据发给小刘，他们彼此之间也结下了梁子。

沟通基础三，学会有效表达。在表达时，我们需要简洁明了地阐述自己的观点，避免使用模糊不清的语言。同时，我们还需要注意语速、语调和身体语言的配合，以提高表达效果。

因为小刘了解大李的性情，所以小刘就直接说："大李，麻烦你把公司'双十一'销售数据发给我。"一句话就达到了自己的目的，而沉默寡言的大李也更喜欢这样直接的沟通。在表达过程中，我们需要根据听众的反应及时调整自己的表达方式，确保沟通的有效性。

沟通基础四，掌握倾听技巧。我们需要全神贯注地倾听对方的观点和意见，避免打断对方或过早地表达自己的看法。在倾听过程中，我们还需要注意捕捉对方的情绪和言外之意，以便更好地理解对方的真实意图。只有认真倾听，我们才能建立良好的沟通关系，达到想要的沟通效果。

沟通基础五，建立反馈机制。在沟通过程中，我们需要及时反馈自己的理解和看法，让对方了解自己的接受程度和意见。同时，我们还需要鼓励对方提出反馈意见，以便及时调整自己的表达方式和沟通策略。通过建立有效的反馈机制，我们可以更好地理解对方的需求和意图，达到更好的沟通效果。

最后，要提醒大家的是，建立信任是职场有效沟通的重要条件之一。只有在相互信任的基础上，我们才能更好地进行沟通和合作。

信任需要建立在诚信、尊重和理解的基础上。我们需要遵守职业道德和规范，保持良好的职业操守和行为举止。同时，我们还需要尊重他人的意见和隐私，不散布谣言或恶意攻击他人。通过建立信任，我们可以更好地进行职场沟通和团队协作，提高工作效率和工作质量。

4. 职场沟通中存在的基本障碍

在职场中，你和上下级、同事等在共事之初就存在着一定的障碍，包括语言障碍、信息不对称、沟通方式不匹配、组织层级造成的障碍、缺乏信任等。我们接下来就具体地来看一下。

语言障碍。我们知道公司在招聘的时候不允许存在地域歧视，所以，一个办公室里面有来自南方的同事，有来自北方的同事，还有来自大西北的同事，等等。职场中的员工可能来自不同的地域，彼此间有着各自的方言和语言习惯，这些可能导致沟通障碍。

信息不对称。信息不对称是单位里很容易出现的问题，尤其是在跨部门之间，信息不对称表现得淋漓尽致。销售部经理要求宣传部门的员工做出一张宣传页，但是销售部的员工却因为在外跑业务没有及时给宣传部员工提供相关的素材，导致宣传页做出来达不到销售部经理的要求。所以，在某些情况下，信息的传达可能不完整或者不准确，导致接收者无法理解发送者的真正意图。

沟通方式不匹配。有人和别人同在一个办公室也喜欢用线上方式沟通。不同的员工可能有不同的沟通习惯，如有的人更喜欢书面沟通，有的人更喜欢口头表达。如果沟通双方没有使用彼此习惯的方式，可能会导致沟通不顺畅。

组织层级造成的障碍。一般情况下，大型组织内部往往层级众多，信息在传达的过程中可能会因为层级过多而失真，影响沟通效果。举个例子，之前有一位听我课程的老板，经营着一家大型企业，他直接跟我说，很多时候他传达到下面的要求最终变了味道，就好像是他下达的是一桌满汉全席，然后一层层、一级级传达下去，最终到基层员工手里就成了一盘咸菜。

缺乏信任。实际上，无论是上下级还是同级之间，都存在信任度的问题。

在某些情况下，信任问题可能导致信息的隐瞒或扭曲，从而影响沟通。因为信任度不高，所以在沟通过程中，导致出现不可融合的障碍。

情绪化沟通。因为我们每一个人都有着自己的情绪，能够控制情绪还好，如果不能很好地控制情绪，那么沟通起来就会出现情绪化沟通。情绪化的语言和行为可能会干扰理性沟通，导致信息传达受阻。

缺乏有效反馈机制。很多时候，公司通过开会沟通之后，就不了了之了。很多时候，大家把方案交上去，也进行了讨论，然后就没有下文了。这就属于缺乏有效反馈机制的现象，双方可能因此无法确认对方的真正意图，从而影响沟通效果。

为了提高职场沟通效率，我们需要识别并解决这些障碍，建立有效的沟通机制和流程，确保信息能够准确、及时地传达。

有效沟通是卓越领导力的关键要素

作为一个组织的领导人要具有多种能力，其中有效沟通是卓越领导力的关键要素之一。领导力与有效沟通二者紧密相连，因为领导者需要能够清晰地传达他们的想法、愿景和目标，并能够理解和倾听他人的意见和反馈。如果领导者无法有效沟通，那么团队将面临许多问题，包括误解、信息不对称、冲突和信任缺失。

有效沟通是一种重要的领导技能，对于建立信任、管理关系、促进工作效能和取得成功至关重要。作为卓越的领导者，不仅需要具备高超的沟通能力，还需要不断提升自己的沟通技巧，以更好地引导团队实现共同的目标。

1. 瞬间赢得人心的7个沟通法则

现在，我们来做一个测试，由此来检测一下你的受欢迎程度。

你第一眼看到下图时，认为它是个什么东西？（见图3-1）

答案是四选一。

A. 汤匙　　　　B. 牙刷

C. 熨斗　　　　D. 烟斗

图3-1　心理测试配图

A. 你是个非常受欢迎的人

你认为它是汤匙，说明你是个很容易引起别人注意的人。但并不是你这个人本身容易引起别人注意，而是你做事、说话真诚直率，所有人都被你的善意、率直吸引。即使你严肃地谈梦想，也会有人愿意无条件地支持你。

B. 你不太会吸引别人注意

如果你看到的是牙刷，那么你可能不是个擅长吸引人们注意的人。但是，你的性格踏实努力，会对一件事情坚持不懈，并且靠自己的努力取得成绩，周围的人可能不太看好你。不过，你会以自己的努力证明他们的判断是错误的。

C. 你只是不喜欢成为众人关注的焦点

你如果看到的是熨斗，那么只能说你不喜欢成为被关注的焦点，而并非你不是被关注的焦点。你不太善于向别人展现自己，属于做得多、擅长得多，但说得少的人。不过，你一定是个乐意帮助别人的人，且性格谦虚，因此会有一大批的真心朋友围绕在你的身边。

D. 你是个善于抓住人心的人

如果你看到的是烟斗，那么说明你是个具有说服力的人。你性格鲜明，并且具有非常独特的魅力，让身边的人都愿意支持你。在平时靠着自己的个人魅力，让很多人愿意在关键时刻帮助你。善于抓住人心的你，也必然会在沟通时赢得更多人心。

做完小测试，我们接下来看看如何在沟通中赢得人心。

实际上，在沟通中赢得人心并不难，因为赢得人心的沟通法则有许多，以下是其中七个重要的法则：

法则一，倾听和理解。或许大家已经发现了，为什么每次我们提到沟通法则、沟通方式、沟通方法的时候，都要说到倾听，因为倾听就是沟通的前提。有效的沟通应该始终以倾听和理解对方为前提。要主动倾听对方的观点和意见，并且努力理解其立场和情感。不管你面对的是上下级还是同级，只要把倾听和理解做到位，对方对你的信任就会增加一分。

法则二，明确表达。沟通是说话，是表达，明确的表达是赢得人心的法宝。清晰和准确地表达自己的想法和意图是关键。使用简单明了的语言，避免使用模棱两可的词语，让对方能够清楚地理解你的意思。职场中，那种说话模棱两可，喜欢和稀泥打太极的人往往并不得人心，而言辞明确、态度鲜明的人更容易获得人心。

法则三，尊重和礼貌。在沟通中，待人以礼，尊重对方的观点和感受是基本的礼貌。避免使用冒犯性或贬低性的语言，保持和善的态度，有助于建立互信和良好的关系。用一句话解释，就是"即使我不认同你，但我尊重你"。

法则四，适应对方。在职场中，要学会与同事融合，与上下级和同级融合。这就需要你了解对方的背景、价值观和沟通偏好，根据对方的特点选择适合的沟通方式。从对方的角度思考问题，并试图与其建立共鸣。

法则五，清晰有效地传达信息。使用简洁、明确的语言，通过合适的语调、语速和语气传达信息。避免冗长或啰唆的描述，让信息能够快速准确地被理解。

法则六，学会换位思考。尤其是作为上级时，你一定要学会换位思考，真正地站在下属的角度思考问题，理解其需求和关切点。这有助于更好地沟通，解决问题，建立关系，以及增进信任和促成合作。

法则七，及时反馈和回应。一通谈话可以让对方更加信任你，而后续的及时反馈和回应则是你赢得人心的关键。你要学会给予及时的反馈和回应，展示对对方的关注和重视。积极回复信息、问题和建议，让对方感到被重视和被理解。

以上这些法则可以帮助你更好地与他人沟通，并赢得信任和支持。记住，沟通对象是时刻会发生变化的，需要不断练习和改进沟通技巧。

2. 内部沟通需要完善机制

请问，你是否了解沟通机制呢？我们先来做几道选择题，看看你是否能够全部答对，题目如下所示：

（1）组织内部沟通有四个主要方面，但并不涵盖在内的选择是（　　）。

A. 达成共识　　　　　　　B. 控制进度

C. 提高效率　　　　　　　D. 发现自身优点

（2）对于组织内部交流的准则，以下描述错误的选项是（　　）。

A. 巧用身体语言

B. 帮人耐心地说出决定和结论的理由

C. 对于不合理的要求，尽量加以包容

D. 多称赞，多鼓励

（3）下面哪个选项不属于沟通障碍的表现方式（　　）。

A. 信息过少障碍　　　　B. 语言障碍

C. 心理障碍　　　　　　D. 地位障碍

（4）关于组织内部沟通的说话要点，下列表述错误的是（　　）。

A. 谨慎，考虑周到再说

B. 不可太快，一句一句讲清楚

C. 站在对方的立场上说

D. 尽量多重复

（5）在进行组织内部交流时，应当重视八个关键的倾听点，但这并不包括（　　）。

A. 少讲多听

B. 不可以发问

C. 不打断对方讲话

D. 控制自己的情绪，保持冷静

（6）组织内部沟通的基本技巧不包括（　　）。

A. 尽量用闭合式的问句

B. 表达一定要简单、简洁

C. 表达自然诚恳，并确认被理解

D. 专心、宽容、信赖、专心倾听

（7）在组织中，与他人交往时应遵守三个准则，但这并不包括（　　）。

A. 待人处事要沟通协调

B. 执着

C. 不轻易否定他人

D. 待人热诚、诚恳

正确答案是：（1）D（2）C（3）A（4）D（5）B（6）A（7）B。

111

通过测试题，我们了解了内部沟通需要完善机制，具体是指组织内部在信息传达、交流和合作方面存在一些问题或不足，需要采取措施来改进或优化沟通的方式和机制。在组织中，有效的内部沟通是保持团队协作顺畅、实现目标的重要因素之一。以下是关于内部沟通机制的阐述：

（1）信息传达和共享。内部沟通机制应确保及时、准确地传达信息，避免信息滞后或信息丢失的情况。可以通过定期组织会议、使用沟通工具、建立信息发布平台等方式来促进信息的有效传达和共享。

（2）沟通渠道多样化。为了满足不同人员和团队的沟通需求，内部沟通机制应提供多样化的沟通渠道。例如，除了传统的面对面会议，还可以使用电子邮件、即时消息工具、内部社交平台等多种方式进行沟通，以便人们在不同场景下进行交流和协作。

（3）沟通流程和规范。建立清晰的沟通流程和规范，有助于减少信息传达中出现的误解和造成混乱。例如，明确沟通的目的、内容和接收者，规范会议的议程和参与方式，制定回复邮件或消息的时间要求等。通过统一的规范和流程，可以提高沟通的效率和质量。

（4）职工参与和反馈。内部沟通机制应鼓励职工参与，并及时收集他们的反馈。可以通过定期举行团队会议、员工调查、员工对话等方式，了解职工的意见、建议和需求，从而改进沟通机制和解决问题。

（5）沟通技巧培训。提供沟通技巧培训有助于提升组织内部沟通的效果。培训内容可以包括有效倾听、表达清晰的意图、有效反馈等方面的技巧，以帮助员工提高沟通水平。

综上所述，完善内部沟通机制是组织优化协作和提高工作效率的重要一环。通过建立有效的信息传达和共享渠道、规范沟通流程、鼓励参与和反馈，并提供相关的沟通技巧培训，可以营造和促进良好的内部沟通氛围和团队合作。

3. 跨部门沟通离不开领导的引导

先来看一个场景：销售部的王经理和财务部的李总监因为关系不好，导致两个部门间的关系也带着剑拔弩张的气息。但实际上，这两个部门是需要经常打交道的部门。

销售部小李出差回来，有很多票据需要财务部报销。

财务部小杨在整理上个月的账目时，对销售部小李上个月的报销票据有疑问。

这时候，如果王经理和李总监跨部门进行沟通，然后引导两个部门的员工进行交流，估计这件事就不算是个事儿。

但是，王经理和李总监二人不肯进行沟通，这就导致小李报销票据十分困难，小杨查账又十分苛刻。最终因为这点小事闹到了老板面前，使得双方都带着更加负面的情绪看待对方。甚至还因此惹恼了老板，让老板觉得作为中层管理者这点事儿都做不好。

相反，如果王经理和李总监二人的关系融洽呢？跨部门沟通就会轻松了许多，小李找小杨，两个人一个报账一个查账，轻轻松松地一上午就把事情办妥了。

所以，我们强调跨部门沟通在组织中具有重要意义，因为它能够促进信息的流动，提高工作效率，增强团队协作。然而，由于部门间的利益差异、职责交叉和组织文化等原因，跨部门沟通往往面临诸多障碍。

跨部门沟通是组织中不可或缺的一环，领导的引导在跨部门沟通中具有不可替代的作用。作为领导，通过明确目标、整合资源、建立信任、解决冲突、制定规范、培养文化、监督评估、提供反馈、加强培训和以身作则等方面的引导，能够促进跨部门沟通的顺利进行，提升组织的协同效率和整体绩效。

首先，领导具备整体视野和掌握跨部门的信息。作为组织的领导者，他们了解各个部门的职责、目标以及资源分配情况，可以帮助员工明确自己的职责和定位。在有效的跨部门沟通过程中，领导可以起到引导和协调的作用，确保信息的传递顺畅、协作流程高效。

其次，领导在跨部门沟通中能够提供决策支持和解决问题的能力。跨部门沟通常涉及不同部门间的冲突、资源分配方面的协商等问题，而领导作为决策者和问题解决者，能够给予跨部门沟通的参与者以指导和支持，推动问题的解决和合作的实现。

最后，领导在跨部门沟通中还能够塑造组织文化和价值观。他们的行为和言行会对员工产生重要的影响，通过积极参与和示范跨部门沟通的理念和技巧，领导可以营造开放、合作、共享的工作氛围，鼓励员工跨部门合作和交流，最终增强整个组织的协同能力。

综上所述，跨部门沟通离不开领导的引导。领导在整个跨部门沟通过程中起到了明确职责、提供决策支持和解决问题、塑造组织文化等多重作用，能够确保跨部门间信息传达渠道的畅通和协作的有效实施。

4.上下级间的矛盾绝对不能回避

上下级间的矛盾是组织中常见的问题之一，它可能对组织的稳定和发展造成负面影响。因此，面对上下级间的矛盾，绝对不能采取回避的态度。回避矛盾可能导致问题恶化，甚至产生更严重的后果。

上下级间的矛盾是组织中常见的现象，虽然这些矛盾可能带来一些挑战和问题，但它也提供了机会来推动改变和增进合作关系。不回避这些矛盾，可以促进更好地沟通、理解和解决问题。有效处理上下级间的矛盾需要倾听、尊重和相互合作的态度，以共同寻找解决方案，建立积极的工作关系。通过透明、顺畅和公正的沟通渠道，矛盾可以被转化为促进组织发展和个人成长的机会。

在矛盾产生时，我们要正视它的存在。当发现上下级之间存在矛盾时，应认识到它的严重性，并采取积极的态度面对。

首先，要深入了解矛盾的根源。了解矛盾的起因和发展过程，探究其产生的根本原因，有助于更好地解决矛盾。这需要双方能够坦诚沟通，共同找出问题的症结所在。

其次，直面矛盾，寻求解决方案。针对矛盾产生的根源，双方应共同探讨解决方案，找到化解矛盾的最佳途径。这可能需要双方的妥协和让步，以达成共识。

再次，建立健全沟通机制。在矛盾得到解决后，为了避免类似的矛盾再次发生，应建立健全沟通机制，确保信息传达渠道的畅通和准确传达。这有助于加强上下级之间的信任和理解，减少误解和冲突。

最后，寻求帮助。当矛盾无法在合理的时间内解决，应寻求更高层级的管理者或人力资源部门的介入。他们能够提供更全面的视角和专业的解决策略，帮助化解矛盾。

总之，面对上下级间的矛盾，应采取积极的态度，努力寻找解决办法。避免矛盾发生并不是解决问题的途径，反而会让问题变得更为复杂。通过正视问题、深入了解、寻求解决方案、建立沟通机制和寻求帮助等步骤，可以有效化解上下级间的矛盾，促进组织的稳定和发展。总的来说，通过尊重、开放的沟通方式，寻找共同点和解决方案，上下级之间的矛盾可以得到解决并促进工作关系的良好发展。

下面，我们用一道很有趣的测试题，来检测一下，看看你是否具备领导能力。

有一天，你遇到了当时因为通信手段不发达，而失去联络的初恋，你们两个见面后相约到附近的咖啡厅，除了聊目前的生活状况之外，这时候，你最怕他/她提起什么？

A. 两个人刚刚确立关系时的甜蜜回忆。

B. 两个人在恋爱过程中屡次提出分手时的感受。

C. 你们当时的感情出现了第三者，并没有明确分手，就彼此失联了，这时候聊起了那个第三者。

D. 聊到两个人第一次见家长时的事。

解析：

如果你的选项是 A，你的领导能力使你在小团体中发挥出了大作用，但是在大团体里就有些吃力。

如果你的选项是 B，你在团体中担任领导，但是属于佛系领导。

如果你的选项是 C，你拥有领导的才能，但遗憾的是你并没有这样的气质。

如果你的选项是 D，你是天生的领导者，具备指挥大众的才能和吸引力。

中层管理者面临的沟通难题

中层管理者，是在组织中处于管理层和基层员工之间的关键位置，他们面临许多与沟通相关的挑战。中层管理者大都会遇到的挑战，包括层级沟通障碍、对立和冲突、跨文化沟通、信息过多和忙碌、员工参与和动机等。这些是中层管理者常见的沟通难题，他们需要不断提升沟通技巧和领导力，以解决这些挑战并有效地管理团队。

1. 掌握"管理沟通"，实现领导力的持续提升

管理沟通是指管理者通过有效的沟通方式和技巧，与员工、团队或其他利益相关方交流和传递信息，以达到共同理解、协调工作和实现组织目标的过程。管理沟通在组织中起着非常重要的作用，它能够促进信息流动、建立沟通渠道、

增进员工参与和改善组织绩效。通过良好的管理沟通，组织可以提高员工的工作满意度和效率，促进团队合作，增强组织的竞争力。

在组织中，管理层需要精确和有效地进行沟通，以便与团队成员建立良好的关系、传达目标和期望、解决问题以及激励员工。

下面看一个具体案例，公司中的中层管理者张宪，他的职责是负责督导一支团队，并且要负责与上级汇报工作情况、下达工作指令，同时他也要同下属进行有效沟通和协调工作。

然而，张宪在沟通方面遇到了一些困难，导致他的职位受到了一定的威胁，并且令两边都感到不满。

与上级沟通不畅。张宪在上级面前汇报工作时，经常无法清晰地表达团队的成果、困难和需求。他的汇报内容缺乏重点和逻辑性，导致上级难以理解他的工作情况和所需要的支持。上级因此对张宪的工作能力产生了质疑和不满。

下达工作指令不明确。张宪在向下属传达工作安排时，常常用词模糊、信息不完整，导致下属无法准确理解任务的具体要求和目标，进而影响工作进度和质量。有时候，张宪并不能明确答复下属提出的问题，这使得下属认为他对工作内容了解不够，无法提供有效的指导。

与下属沟通不畅。张宪与下属之间的沟通也存在一些问题。他往往不倾听下属的意见和建议，只是单方面地传达决策和指令。下属因此感到被忽视，无法真正发挥自己的才能，从而对张宪的领导方式感到不满。

由于这些沟通问题的存在，使得张宪既得不到上级的支持和认可，又无法有效管理和激励下属，双方的关系逐渐恶化，工作氛围也变得紧张。最终，作为一个中层管理者的张宪，因为沟通不畅而受到了两边的轻视。

如果你也和张宪一样，遇到了这样的难题，以下是一些可以帮助你提升沟通能力的方法：

（1）管理层应该积极倾听团队成员的观点、问题和意见。在倾听的同时要保持开放和尊重，这有助于建立信任并促进有效的双向沟通。所以，倾听也是领导力不可缺少的一部分。

（2）管理层需要使用简洁明了的语言来传达信息。清晰表达可以帮助减少误解和混淆，确保团队成员正确理解自己的意图和要求。作为管理者，一定要学会如何更好地说话，不要让你的话在下属的耳朵里是左耳朵进右耳朵出，而是能够达到简洁明了、醍醐灌顶的效果。

（3）管理层应该为团队成员提供多样化的沟通渠道，以满足不同人的需求和偏好。可以利用面对面会议、电子邮件、团队聊天工具等多种方式来进行沟通。尤其是一些员工不喜欢面谈，那就采用他最喜欢的微信、电话等方式，让下属有时间做自我调整。

（4）管理层应该及时提供积极的反馈和认可，以鼓励和促进团队成员的表现和成长。积极的反馈可以增强团队士气，并促使员工在工作中不断进步。

（5）冲突是工作环境中不可避免的一部分。管理层需要学会有效地处理冲突，鼓励开放对话、寻求共识，并帮助团队找到解决问题的方法。遇到冲突，作为管理者不能打太极、和稀泥，而是要积极地想办法解决冲突。

通过持续学习和实践，作为管理层可以不断提高管理沟通能力。这将有助于营造积极的工作氛围、增强领导影响力并最终实现个人和团队的成功。

2.优秀管理沟通的标准及三大底层逻辑

优秀管理沟通的标准，是指在工作中，管理者与团队成员之间进行有效沟通的一种准则。它有助于建立良好的工作关系、促进团队合作、提高工作效率和实现组织目标。以下是优秀管理沟通的三大底层逻辑：

第一层逻辑，透明度。优秀管理沟通应该基于透明度。具体表现为管理者应该向团队成员提供准确且充分的信息，确保团队成员了解组织的目标、决策和变化。足够的透明度有助于消除猜测和由猜测带来的焦虑，建立信任和共识。

当然，作为管理者也应该明白，这里说的"透明度"不是事事透明、全权透明，而是展现出来的透明度一定是有利于团队增加凝聚力，有利于团队整体发展的透明度。比如，针对某个项目，必须是透明的，不管是项目过程还是项目收益等，让团队中的每个员工都能看到自己在这个项目中的利益点，从而提升整个团队的积极性。

第二层逻辑，相互理解。管理者需要倾听团队成员的意见和想法，并尊重他们的观点。相互理解是通过开放性的沟通、倾听和尊重来实现的。这有助于建立团队成员之间的互信关系，从而增强合作和提高凝聚力。

第三层逻辑，高效性。优秀管理沟通应该是高效的。管理者应该确保信息准确且明确地传达给团队成员，避免信息的模糊性和可能产生的歧义。同时，管理者应该鼓励简洁、明了和及时沟通，避免冗长和不必要的细节，节约团队成员的时间和精力。

我所接触的学员也好、客户也罢，其中就有一类非常喜欢开会的管理者。对于他们开会的过程，我曾全程参加过，说实话，其中一半以上的会议内容都是水分。占用了整个团队的工作时间，说了很多与工作看似有关实则无关的话，最终听的人听烦了，说的人也比较心塞，觉得整个团队都不听自己的话。

因此，作为管理者，在分配工作、沟通工作过程中应该坚持"高效性"原则。该说的话即使是一个字都要说清楚，不该说的不要占用工作时间。

以上三大底层逻辑共同构成了优秀管理沟通的标准，有助于提升团队的协作效果、提高工作效率和增强团队成员的工作满意度。

3. 如何提升中层管理的沟通力

我们假设在某个公司中，中层管理在沟通方面存在一些困难。

假设中层管理者王辉，他负责一个团队，需要与上级、下属和同级的同事进行沟通。在日常工作中，王辉面临以下沟通困难：

情景：王辉负责的团队要开展一个重要项目，他需要向团队成员明确任务内容和具体要求。

沟通困难：在设定任务时，王辉发现，虽然他非常清楚每个团队成员的能力和专长，但他很难将任务合理地分配给每个人，以使每个人都有机会展示自己的能力。

王辉遇到的问题已经非常明确了，那么，王辉该如何通过提升管理沟通力来解决问题呢？

可以建议王辉通过下面几个步骤进行：

步骤一，了解团队成员。王辉可以与团队成员进行一对一的沟通，了解每个人的技能、兴趣和目标，以便更合理地分配任务。

步骤二，平衡任务。王辉应该根据团队成员的能力和经验来分配任务。他有能力将复杂的任务拆分为更简单易操作的小任务，并把它们分配给团队成员，以保证任务完成的质量和效率。

步骤三，激励团队。王辉可以使用激励措施，鼓励团队成员积极参与项目。这可以通过提供奖励、正面反馈和职业发展机会等方式来实现。

通过以上方法，王辉可以有效地解决沟通困难，更好地管理团队，并确保项目的顺利进行。

除此之外，我们也可以通过以下四点来提升自己的沟通力：

（1）建立定期沟通机制。中层管理者可以定期组织团队会议，例如每周或每月召开一次团队会议，为成员提供一个分享信息、讨论和解决问题的机会。这可以促进信息的传达和团队成员之间的互动。

（2）强化沟通技巧培训。积极组织开展针对中层管理者的沟通技巧培训，例如，可以涵盖有效倾听、积极表达和清晰沟通等为主题的培训。这样的培训可以帮助他们提高沟通能力，理解有效沟通的重要性，并学会与员工建立良好的沟通关系。

（3）优化沟通工具和流程。中层管理者可以考虑使用一些高效的沟通工具，例如在线协作平台或项目管理工具，以提高信息的传递效率。另外，还可以通过优化工作流程，确保信息流动的畅通，减少信息传递的阻碍。

（4）建立开放与透明的沟通文化。中层管理者可以树立榜样，以身作则，鼓励员工提出问题和意见，并保持开放的反馈文化。通过这种方式，员工会觉得他们的声音被听到，沟通的壁垒会逐渐被打破，从而建立更好的沟通环境。

4.中层管理沟通的四大实战场景

中层管理者在日常工作中面临着许多与员工、上级和其他团队合作的沟通场景。以下是四大实战场景及建议使用的沟通技巧：

场景一，带队伍。

在一家大型制造业公司中，张然是该公司的部门经理，属于中层管理者。他负责督导一支由10个员工组成的生产团队。团队的目标是按时完成产品生产并保证质量。

张然在带领团队方面展现了出色的领导能力和才华。他首先与团队成员建立了良好的关系，了解每个人的优势和擅长领域，并在工作分配时充分考虑这些因素。他鼓励团队成员提出意见和建议，以促进创新和提升团队成员的参与感。

作为中间人，张然不仅与上级领导保持密切沟通，及时传达上级指示和目标，还为团队成员提供必要的资源和培训支持，以确保他们能够完成工作任务。他会定期召开团队会议，以确保团队成员之间的信息共享和协作，并通过及时解决问题和调整工作计划来应对挑战和压力。

此外，张然注重团队成员的个人发展。他会定期与每个员工进行一对一的交流，了解他们的职业目标和需求，并提供相关的培训和发展机会。他也鼓励团队成员互相学习和合作，以提高整个团队的综合能力。

在张然的领导下，团队成员更加积极主动地工作，使工作效率和产品质量都得到了显著提升。团队成员之间的合作关系更加融洽，团队整体氛围更加积极向上。这个案例展示了一位优秀的中层管理者如何带领团队实现目标，并在团队成员的个人成长和职业发展方面发挥积极的作用。

优秀的中层管理者，能够确保与团队成员进行频繁、明确和积极的沟通，以建立良好的工作关系和提高团队效能。注重倾听员工的需求和关切点，能够及时提供反馈和指导，鼓励员工参与决策过程。

场景二，管上级。

此中层管理者是一位部门经理，他负责管理一支团队，并向高层管理者汇报工作。这位部门经理发现他的上级，也就是高层管理者，未能充分了解团队的工作情况和面临的困难。所以，他需要与上级进行有效沟通，当然，这并不是通常意义上的"管理"上级。

有效沟通，和与上级的关系，对中层管理者来说至关重要。建立开放的沟通渠道，并确保及时向上级报告团队的工作进展和面临的问题。主动了解上级的期望和优先事项，并寻求对接意见和建议。同时，积极汇报和传达团队的成就和需求，争取必要的资源和支持。

场景三，跨团队。

在一家大型跨国公司中，李晓是公司的中层管理者，他负责领导一支团队，该团队由不同部门的员工组成。一天，公司决定启动一个全新的项目，要求多个部门合作完成。李晓被任命为该项目的负责人。

作为中层管理者，李晓面临许多挑战。首先，他需要与其他部门的团队建立合作关系。为此，他主动与其他团队领导们进行了会面，解释项目的目标和范围，并邀请他们参与。在沟通过程中，他强调团队间的合作对于项目的成功至关重要，并提供了明确的工作计划和完成时间表。

其次，李晓需要协调团队成员之间的关系。他安排了定期的团队会议，以便讨论项目进展、解决问题并确保团队成员之间沟通渠道畅通。他鼓励团队成员分享他们的专业知识和经验，以促进更好地合作和协作。

在项目进行的过程中，李晓也意识到跨团队合作可能会出现一些冲突和挑战。为此，他主动寻求解决方案，鼓励团队成员提出意见和建议，并提供必要的支持和指导。他还充分利用项目管理工具和方法，以确保项目能够按时、高质量地完成。

最重要的是，李晓内外兼修，不仅关注项目能否顺利进行，也关心团队成员的个人发展和士气。他定期与团队成员进行一对一的沟通和反馈，帮助他们解决问题并提供发展机会。他还组织团队建设活动，增强团队的凝聚力和归属感。

通过李晓的努力，他领导的这个跨团队项目取得了良好的成果。他与团队成员之间建立了良好的合作关系，并且，他们也在项目中展示了才华和能力。这个案例展示了中层管理者跨团队沟通与协调的重要性，并且突出了一位优秀中层管理者的领导力和协调能力。

作为中层管理者，经常需要与其他团队合作，共同完成项目或解决问题。在这种情况下，建立良好的工作关系至关重要。有效的跨团队沟通，包括明确的沟通目标、清晰的责任分配和有效的协调。倡导合作精神和团队合作，共同制订合理的解决方案。

场景四，促进合作。

实际上，这一点与上面所说的"跨团队"有相似之处，因为中层管理者扮演着促进团队合作的重要角色。鼓励团队成员之间的信息分享和知识共享，营造良好的团队氛围。组织定期的团队会议、工作坊或团建活动，加强团队内部的互动和合作。同时，与其他团队共享最佳实践和经验，促进全公司范围内的合作和协作。

总结一下，通过上面阐述的中层管理沟通的四大实战场景，需要中层管理者具备高超的沟通技巧、领导能力和培养团队合作意识。通过积极的沟通和协调，中层管理者可以更好地实现工作目标，提高团队效能，并促进组织的整体发展。

你会和下属谈话吗？

和下属谈话，是指在工作场所中与直接下属进行沟通和交流的活动。这种谈话可以是团队会议、个别讨论、员工评估或解决问题等形式。通过与下属的谈话，可以促进团队合作、建立良好的工作关系、交流任务和目标、提供反馈和指导，并解决潜在的问题和挑战。它是领导者和下属之间建立和维护有效工作关系的重要沟通方式之一。

1. 与下属有效沟通的方法与注意事项

与下属有效沟通是管理者具备的非常重要的一项技能。

我的客户曾经跟我说过一个真实的案例。他的公司有一位高级经理，我们暂时将之称为陆经理。陆经理在公司中负责一支团队的管理工作，他个人能力非常出色，工作能力也非常强，但是缺乏良好的沟通技巧。

陆经理对下属要求过高，口气也比较强硬，很少关心员工的感受和需求。由于他的管理方式不够温和和人性化，所以他与下属的关系变得紧张和不融洽。

而且，陆经理从不主动寻求员工反馈，也很少组织团队会议或倾听员工的意见。员工们因此感到不被重视，他们很难理解管理层的决策，并常常感到被忽视和不公平对待。由于沟通渠道不畅通，导致公司内部出现了很多负面传言和不良情绪。

其中，一位下属对陆经理的管理方式感到非常不满，并且希望能够找到一个解决问题的方法。他直接给我的这位客户递交了一封举报信，在信中详细描述了陆经理的不当行为和缺乏沟通的问题。

我的客户目前遇到的难题就是，陆经理本人非常有工作能力，但是，他所管理的团队下属闹情绪，甚至已经发展到实名举报他的地步。

这个案例表明，在管理岗位上，良好的沟通能力是至关重要的，否则，可能会因为无法有效与下属沟通而导致问题的产生和职位的丧失。所以，我给客户的建议就是，让他找陆经理谈话，让陆经理必须加强与下属的沟通，倾听下属的意见和建议，同时注意自己的沟通方式。

作为管理者，一定要学会如何与下属沟通。下面，请读者结合自身实际情况参考以下建议，不断提升与下属的沟通效果。

建议一，建立顺畅的沟通渠道。确保与下属之间有畅通的沟通渠道，可以通过面对面会议、电子邮件、即时通信工具等方式进行沟通。重要的是要选择适当的沟通工具，以便有效地传达信息。

建议二，采用积极的倾听姿态。倾听是一种至关重要的沟通技能，通过倾听下属的意见和看法，可以与下属之间建立信任、增加合作，并且更好地了解他们的需求和解决问题。

建议三，确保传达的信息清晰、明确，避免产生歧义。使用简洁、明了的语言，注意语速和语调，以确保下属能够理解你的观点和意图。同时，及时向下属提供反馈和指导是有效沟通的关键。你可以鼓励他们分享工作中的亮点和提供改进的机会，给予肯定和建设性的建议。

建议四，在与下属沟通时，要表现出尊重和支持的态度。要主动去了解下属的需求和目标，并尽力提供所需的支持和资源。鼓励下属提供积极的反馈和意见，并给予适当的回应。这有助于建立开放、透明的沟通环境，并加强团队合作。

总之，与下属沟通时，需要关注对方的需求和情况，采用适当的沟通方式，从而建立良好的沟通和信任关系。这样可以促进团队协作，提高工作效率。

2. 与下属沟通的OJT四步法

OJT四步法（On-the-Job Training）是一种在工作场所进行的培训方法，旨在通过实际操作和与下属的互动来提高员工的工作能力。OJT四步法是一种有效的与下属沟通的方法，它包括以下四个步骤：

第一步，学习准备。要确保下属有学习的意愿和动力。在开始培训之前，与下属进行沟通，明确培训的目标和期望达到的结果，使他们了解培训的重要性和意义。创造一个积极的学习环境，使下属感到舒适和自信。

第二步，讲解示范。将需要培训的工作内容分解为具体的步骤和要点，逐步解释给下属听，并亲自示范给他们看。确保下属完全理解任务的要求和期望达到的结果，强调工作中的关键点，并指出可能遇到的问题和解决方案。

第三步，试做练习。让下属亲自试做，以熟悉和掌握所培训的工作。在试做过程中，提供必要的指导和反馈，纠正错误和指出不足之处。鼓励下属提出问题，并耐心解答他们的疑惑。

第四步，考核。在一段时间后，对下属进行考核，以评估他们的学习成果和工作表现。制定明确的考核标准，并公正客观地评价下属的表现。对于表现出色的下属给予肯定和奖励，对于需要改进的方面提出具体的指导和建议。

通过OJT四步法，可以帮助下属更好地理解工作要求和期望达到的结果，掌握所需的工作技能和知识，从而提高他们的工作效率和绩效。同时，也能够帮助管理者更好地了解下属的需求和能力，优化培训计划和提高团队的整体表现。

以下是与下属沟通的OJT四步法的阐述：

第一步，说明任务。首先，明确地向下属说明任务的要求和目标。其次，阐述工作的重要性以及预期的结果是什么，以确保下属理解工作的背景和意义。

第二步，演示示范。在执行任务之前，给下属进行演示，展示正确的操作方式和技巧。通过亲身示范，让下属能够直观地了解任务的执行过程，并正确掌握操作流程和方法。

第三步，练习实施。让下属进行实际的练习和实施，尽量提供实际的工作场景或模拟环境。在这个阶段，可以提出一些建议和指导，帮助下属逐步提高操作的熟练度和效果。

第四步，反馈评估。在下属完成任务后，给予及时、准确的反馈和评估。肯定下属所做的正确之处，指出需要改进的地方，并提出具体的建议和指导。这有助于下属加深对任务的理解，并提高工作的质量。

通过遵循这四个步骤，与下属沟通的OJT四步法可以有效地提高工作效率和员工的工作能力，促进团队的协作和成长。

3. 培养下属的"721"成人学习法则

"721培养法则"，是指一种用于培养员工能力和素质的管理方法。这个概念最初来自日本，被广泛应用于组织和人力资源管理领域。

"7"是培养员工的七项基本素质。它们包括沟通能力、协作能力、决策能力、适应能力、主动性、问题解决能力和创新能力。具体的内容如下：

沟通能力：有效地传达信息和理解他人。

协作能力：与他人合作，共同实现目标。

决策能力：独立思考和做出明智决策。

适应能力：应对变化和适应新环境。

主动性：积极主动地解决问题和提供价值。

问题解决能力：分析和解决问题的能力。

创新能力：提出新想法和创造性解决方案。

"2"是培养员工的两个方法。

学习培训：提供培训机会，使员工学习和掌握新知识和技能。

实践经验：通过实际工作和项目参与，让员工获得实践经验和成长。

"1"是培养员工的一种心态。

积极心态：鼓励员工积极面对挑战和困难，保持乐观态度。

接下来，我来举一个例子，让大家能够更清晰地明白"721培养法则"在沟通中的作用。

Alice是一家技术公司的初级项目经理。她希望能够提高自己的管理能力，并决定遵循"721"成人学习法则来实现这个目标。

提前学习（7）。Alice决定在项目开始之前，学习相关的管理知识和技巧。她通过阅读管理书籍、参加在线课程和参加行业研讨会，提前准备好所需的知识。

深度学习（2）。作为项目经理，Alice需要深入了解项目的复杂性和可能面对的挑战。她与团队成员交流，调研项目相关的最佳实践，并与同行们分享经验。

实践应用（1）。Alice通过实际操作来应用她所学习的管理技能。她带领团队制订项目计划，分配任务和分享资源，并确保项目按计划推进。

反思总结（7）。在项目的不同阶段，Alice会定期反思和总结工作的进展和团队的表现。她通过持续的反馈机制，并及时调整和改进她的管理方法。

经验分享（2）。Alice积极与其他项目经理交流，并分享她的经验和教训。她参加公司内部的知识分享会和行业活动，与同行们互动，借鉴他们的成功实践。

持续学习（1）。作为成年学习者，Alice认识到保持管理技能的持续发展是必要的。为此，她时刻保持对新兴管理趋势和方法的关注，并持续学习和更新自己的知识与技能。

通过遵循"721"成人学习法则，Alice能够全面提升自己的管理能力，并取得更好的项目管理成果。这个案例展示了如何应用"721"成人学习法则来实现个人职业成长的目标。

由此可见，遵循"721培养法则"，可以帮助员工全面发展和提升他们的能力水平。这种方法强调多方面的培养，包括技能培训、学习机会和积极的心态。通过建立良好的培养体系和文化，组织可以激励员工发挥潜力，促进个人和组织的共同发展。

请注意，具体的"721培养法则"实施细节可能因企业和行业而异。对于具体的应用和实践，建议根据组织的需求和特点进行适当的调整和定制。

4. 运用BEST反馈法与"问题型员工"谈话

运用 BEST 反馈法与"问题型员工"谈话是一种有效的管理方法，旨在帮助解决员工在工作中遇到的问题或表现不佳的情况。BEST 反馈法是一种基于行为反馈的沟通技巧，它的四个步骤分别是描述行为（Behavior description）、表达后果（Express consequence）、征求意见（Solicit input）、着眼未来（Talk about positive outcomes）。

当管理者面对一个"问题型员工"时，应当以客观、具体的方式来描述员工的具体行为，而不是基于主观的评价。这有助于确保沟通的准确性和公正性。

我们来看一下具体的操作步骤：

描述行为（Behavior description）。员工在团队会议中经常打断他人发言，并且经常中途离开会议室。

表达后果（Express consequence）。这种行为对团队的沟通和协作产生了负面影响，影响了会议进程和团队成员的参与度，同时也给员工的形象带来了影响。

征求意见（Solicit input）。首先，我会与员工进行一对一的谈话，了解他打断他人发言和提前离开会议的原因。其次，我会表达对他积极参与和尊重他人发言的重要性以及如何提高团队协作的必要性。最后，我会与他一起制订一些具体的方案，如提醒他准时参加会议、遵守会议纪律、尊重他人发言等。

着眼未来（Talk about positive outcomes）。我们将设立一个时间表，每周定期进行会议后的反馈和检查。我会关注他在会议中是否表现得更加尊重和专注，并及时纠正可能出现的任何问题。

通过运用 BEST 反馈法，能够向员工明确指出他的行为对团队产生的负面影响，帮助他意识到必须改变这种行为，并与他共同寻找解决方案。这种方法有助于改善团队协作氛围，提高会议的效率和质量。

管理者需要说明这种行为的效果对于团队和组织的影响。这可以是负面的影响，例如降低工作效率、影响团队合作等。通过明确表达这些效果，使员工能够更好地理解他们的行为对工作环境的影响。

管理者应提供替代方案或建议，以帮助员工改善他们的表现。这些建议应该具体、可行，并且与员工的能力和职责相匹配。管理者可以提供培训、指导或资源支持等方法，帮助员工解决问题。

管理者应该感谢员工的合作，并强调对改善行为和表现所取得的进展表示肯定。感谢和鼓励可以增强员工的积极性和动力，促使他们努力改进。

通过运用 BEST 反馈法与"问题型员工"谈话，可以建立一种有效的沟通和支持机制，帮助员工改善工作表现，并最终实现团队和组织的共同目标。

最后，我们再举一个案例让大家更好地掌握 BEST 反馈法在工作中的运用。

案例背景：某集团公司人力资源部小李第二次将绩效考核数据统计错了，导致了全公司员工工资不能按时发放，一些职工向董事长表达了不满，董事长把人力资源部经理叫到办公室批评了一顿，要求人力资源部经理与小李进行谈话。

描述行为（Behavior description）：

经理："小李，你已经第二次将绩效考核数据统计错了。"

表达后果（Express consequence）：

经理："导致了工资不能按时发放，一些职工向董事长表达了不满，董事长把我叫到办公室批评了一顿。"

征求意见（Solicit input）：

经理："小李，你对这件事情是怎么看的，以后打算怎么改进？"

着眼未来（Talk about positive outcomes）：

小李："经理，是我不对，我做事太粗心了，给公司造成了损失，在此我进行检讨，以后我在统计数据时至少要检查 6 遍以上，再让我的主管帮我审核把关，最后再送到您这里。"

经理："好的，出了问题不要紧，关键是及时采取有效的措施改进，下次再统计数据时，一定要按你说的至少检查 6 遍，让主管最后帮你再审核一下，我也会帮你审核的。"

向下属布置工作的四大步骤如下：

第一步，陈述工作内容。按照 6W3H 法则给员工下达工作任务，要求表述要清晰准确。

第二步，让下属做记录。上级一边说，要求下属将布置的工作内容拿笔逐一记录到笔记本上。

第三步，让下属进行复述。每布置完一项工作，要求下属对内容进行复述，如果有信息遗漏，要及时补充。

第四步，双方进行信息确认。让下属完整地将布置的所有工作内容陈述一遍，双方进行信息的最后确认，确保双方的信息匹配。

向下级布置工作的工具——6W3H 工作法。

W（What）：做什么事。

W（Why）：为什么要做（重要性）。

W（When）：什么时间完成。

W（Where）：地点。

W(Who)：交由谁来做。

W（Whom）：谁负责。

H（How to do）：怎么做？具体的办法、流程和方案。

H（How much）：成本是多少（人力、物力、资金等）？

H（How long）：多长时间完成?

案例背景：某建筑集团公司副总得到消息，当地三环路即将进行施工招标，副总找来经营部的李部长，交代他去进行投标。

副总："李部长，今天叫你来就一件事，就是咱们三环路即将进行施工招标，这个项目对咱们集团来说很重要。如果能全部中标或者只是中一个标段，对咱们公司未来的发展都非常有好处。我现在给你交代几个细节，你拿笔记一下。先成立一个投标领导小组，我担任组长，你担任常务副组长，你们经营部的所有人员都是投标小组的成员。你负责去对接工程发包方，用一周时间把这个工程招标项目负责人的联系方式拿到手，让小李协助你完成投标书。这么大的项目，肯定有很多建筑公司都盯着，所以，不要节省公关费，该请客送礼的事情不需要请示我，1万元以内的事情你自己做主，1万元以上的电话告知我一下就行了。在接洽过程中有任何问题随时给我讲，我看你部门那个小张做事挺灵活的，酒量也不错，你请客户吃饭的时候带上他，对你有帮助。这件事必须在15天之内有成效，最起码按对方要求把投标书递上去。"

李部长："好的，领导。"

副总："刚才我讲清楚了吗？你还有什么不明白的地方吗？"

李部长："清楚了。"

副总："那你给我复述一下我刚才给你安排的工作细节。"

李部长："三环路即将进行施工招标，用一周时间拿到工程招标项目负责人的联系方式……"

副总："你忘记了一个很重要的细节，就是力争15天之内把投标书递上去，你重点记一下。然后尽快去召开你部门的会议，给大家分一下工。"

李部长："好的。"

你会和上级聊天吗？

和上级聊天是在工作场景中与上级进行交流和沟通的过程。这种交流可以涉及工作反馈、项目进展、问题解决、意见征询等事项。

通过与上级聊天，可以加深彼此的了解，提高工作效率，同时也有助于加强团队合作和提升个人能力。与上级的聊天，可以是面对面的会议、电子邮件、即时通信工具或电话等不同的沟通方式。每个人都应该认真对待和上级的聊天，并且积极参与其中，这样有助于建立良好的工作关系和实现个人发展目标。

1. 向上管理与向上沟通

向上管理与向上沟通是两个重要概念。

向上管理，指的是下属与上级之间进行有效沟通，以达到协调工作、解决问题、提升绩效的目的。它涉及下属向上级传达信息、反馈工作进展、提出建议或问题等。通过向上管理，下属与上级之间可以建立良好的合作关系，为组织的顺利运作提供支持。

向上沟通则是指下级员工与上级进行沟通交流的过程。在向上沟通中，下级员工可以自由地表达观点、提出问题、请求资源等。通过向上沟通，下级员工能够获得领导的指导和支持，同时，上级能够了解下属的需求和困难，共同协作解决问题。

向上管理与向上沟通的重要性在于建立良好的上下级关系，并促进组织的发展。通过有效的向上管理和沟通，下属能够得到上级的支持与指导，上级能够了解组织内部情况和员工需求，从而共同推动组织的目标实现。

为实现有效的向上管理与沟通，可以采取以下措施：

（1）营造开放和互信的沟通氛围，鼓励下属自由表达意见和反馈信息。

（2）及时传递重要信息，确保上级能够及时了解工作进展和问题。

（3）与上级保持适当的沟通频率，定期汇报工作进展情况并请教意见。

（4）提前准备好沟通内容，确保准确传达自己的观点和提出需求。

（5）主动寻求和接受上级的指导和反馈，不断改进自己的工作表现。

（6）对于上级的要求和决策，积极配合执行，并及时反馈工作结果。

通过合理运用向上管理与向上沟通，可以建立更加良好的工作关系，提高组织的工作效率和员工的满意度。

2.从沟通中让领导更好地认识你

有一位名叫朱蒙的员工，他在公司工作了几年，但一直感觉自己的努力并没有得到上级的认可。他决定通过沟通引起上级的注意，从而改变自己的职业发展路径。

首先，朱蒙分析了自己的工作表现，找出了自己的优点和需要改进的方面。然后，他主动向上级请教并寻求反馈，以了解上级对他的期望和评价。

其次，朱蒙开始在日常工作中展示自己的专业知识和技能。他参加团队讨论，积极提出有建设性的意见和解决方案，并展示出自己的主动性和责任心。

除了在工作中积极表现，朱蒙还主动争取了与上级面对面的交流机会。他请求参加了一次一对一的会议，向上级展示了自己的职业规划和希望在公司中发展的意愿。他分享了自己的目标，并请求得到上级的指导和支持。

通过这一系列努力，朱蒙终于引起了上级的注意。上级意识到朱蒙的潜力和价值，并开始给予他更多的机会和挑战。朱蒙逐渐接手了一些重要项目，并展示出了自己的能力和成果。

最后，上级对朱蒙的工作表现非常满意，并给予了他晋升的机会。这让朱蒙的职业生涯迈上了一个新的台阶，改变了他的人生轨迹。

其实，在职场中很多人都希望自己能够被上级看到，从而升职加薪。但是，我们该怎么做才能实现这一愿望呢？要想从沟通中让领导更好地认识你，需要掌握以下几个关键点：

每一次与领导沟通，都应该有一个明确的目的。是想汇报工作进展、提出建议、讨论问题，还是其他？明确目的有助于准备和组织语言，使信息更为聚焦。但是，不同的领导有不同的沟通风格。有的可能更喜欢直接、简洁的语言，而有的可能更偏好详细、全面的信息。了解领导的沟通风格有助于采取适当的方式与之沟通，提高信息的传递效率。

学会清晰、有条理地表达是有效沟通的关键。在表达自己的观点或建议时，应避免使用模棱两可的语言，尽量用简单、明确的语言来传达信息。然而，沟通不仅仅是说话，更重要的是倾听。倾听领导的反馈和建议，理解他们的观点和意见，这有利于进一步加深彼此的认识并构建良好的工作关系。

而且，在沟通中，不要害怕给予或接受反馈。适时的反馈有助于消除误解，澄清事实，同时也是让领导更好地了解你的方式。与领导沟通应当是持续和高质量的。除了正式的工作汇报之外，还可以利用非正式的机会与领导交流，如参加公司活动、团队建设等，这些都是展示自己、增进了解的好机会。

总之，要想从沟通中让领导更好地认识你，需要积极主动地与领导建立联系，明确沟通目的，采用适当的沟通方式，并展示出自己的专业能力和合作态度。通过持续、有质量的沟通，你可以有效地让领导了解你的工作能力、态度和价值观，从而在领导心中建立更深的信任和理解。

3. 与上级沟通的9种技巧

与上级进行有效沟通是职场必备的技能之一。掌握与上级沟通的技巧，有助于建立良好的人际关系，提高工作效率和实现个人职业发展。下面围绕与上级沟通的9种技巧展开探讨，帮助你更好地与上级进行沟通。

技巧一，明确目的。在与上级沟通之前，明确沟通的目的和目标是至关重要的。这样可以使你更精准地表达，保证交流的成效。同时，应提前准备好自己想要表达的观点和请求，让沟通更有条理。

技巧二，了解上级。了解上级的兴趣、喜好和习惯是有效沟通的基础。通过了解上级的个人背景和经历，你可以更好地理解他们的观点和决策，有利于提高沟通效果。此外，了解上级的工作风格和期望可以帮助你更好地适应他们的需求，提升你在他们心目中的形象。

技巧三，尊重对方。在与上级沟通时，应尊重上级的意见和决策，避免出现质疑或挑战上级的情况。同时，应采用适当的语言和语气，避免使用过于直接或尖锐的表达方式，有助于提高沟通效果。

技巧四，清晰表达。在与上级沟通时，应尽可能清晰地表达自己的观点和需求。使用简单明了的语言和句子，避免使用过于专业或复杂难理解的术语。在表达自己的观点时，可以提供具体的事实和数据作支持，使自己的观点更具说服力。同时，注意控制语速和音量，确保信息能够被准确理解。

技巧五，提供解决方案。在与上级沟通时，应主动提供解决方案和提出建议。展示自己的思考能力和解决问题的能力可以帮助你在上级心目中留下好印象。在提出解决方案时，应提前进行思考和准备，确保方案可行且具有实际效果。同时，也要考虑到上级的意见和建议，尊重他们的决策权。

技巧六，适应场合。在不同的场合，与上级沟通的方式也会有所不同。应根据实际情况灵活应对，以适应不同的场合和情境。例如，在正式场合应使用正式的语言和语气；在非正式场合则可以更加亲切自然地进行交流。此外，在沟通过程中也要根据上级的反应适当地调整自己的表达方式。

技巧七，保持冷静。在与上级沟通时，可能会遇到一些突发情况，比如情绪化的表达方式。这时，应保持冷静和理性，避免受到情绪的影响。同时，要学会控制自己的情绪，避免因为情绪波动而影响沟通效果。在遇到难以沟通的问题时，可以适当地提问或寻求上级的解释或建议，以更好地解决问题。

技巧八，主动反馈。在与上级沟通时，应主动提供反馈和提出建议。这可以帮助你更好地理解上级的需求和工作期望，同时也可以展示你的工作态度和能力。在提供反馈时，应注意表达方式，避免过于主观或使用攻击性的言论。同时，也要注意选择合适的时机和方式进行反馈。

技巧九，做好准备。在与上级沟通之前，应做好充分的准备工作。这包括了解上级的工作职责和期望、明确自己的沟通目标和需求等。通过提前准备，可以更好地与上级进行沟通交流，提高沟通效果和工作效率。同时，要不断地学习和提升自己的专业知识和能力水平，以更好地适应职场发展的需求。

4. 避开与上级领导沟通时的语言陷阱

我们在与上级领导沟通时，一定要避开语言陷阱。

第一个陷阱，领导会故意试探员工的人际关系。领导会旁敲侧击地询问员工人际关系方面的一些问题，以评估员工的社交能力、沟通技巧和团队合作能力。这些问题通常包括以下几个方面：

你在与团队合作的过程中遇到了哪些挑战？你是如何解决的？

请描述一次你与团队成员产生冲突的经历，以及你是如何处理的？

能说说你与你的同事们是如何相处的吗？

请分享一次你在工作场所支持他人的经历。

在你过去的工作中，你是如何与不同类型的人相处的？能分享一些例子吗？

你认为团队合作中最重要的因素是什么？理由是什么？

这些问题可以帮助领导了解员工在人际关系方面的表现和可能存在的不足之处，以便更好地管理团队和决策人员的调配。

第二个陷阱，领导从侧面询问员工是否存在团伙？通常，领导会采取一些非常巧妙的方式来询问员工关于团伙问题的疑问。一旦员工不小心被误导，就可能会犯错误。

领导可能会问员工与其他同事的关系、合作以及互动方式的问题，以了解他们是否存在拉帮结派的情况。这些问题通常包括以下几个方面：

你与团队中的其他成员是否保持良好的沟通和合作？

你是否主动与其他同事合作，促进团队的整体协作？

在工作场所中，你是否保持公正和平等的待人态度？

你是否参与组织内部的小团体，或者形成紧密的工作关系网？

你是否经常与同一群人进行工作，而与其他同事的合作较少？

你是否对其他同事抱有偏见，或者对某些人过于依赖，形成势力范围？

你是否愿意与新同事合作及培养新的合作关系？

你对于团队中某些特定同事是否过于偏袒？

以上这些问题有助于领导了解员工之间的关系网络，预防和解决可能存在的拉帮结派问题，并促进形成一个更加和谐和平衡的工作环境。

第三个陷阱，领导考察员工动机。当上级领导拟提拔员工时，他们会通过周围的人来确认和评估，从而判断这个人是否有资格被提拔。当领导想试探员工的动机时，他们可能会问以下问题：

你对这份工作的动机是什么？

你认为在这个公司工作所能达到的目标是什么？

你最喜欢这份工作的哪一部分？为什么？

你希望未来几年内，你在职位上取得什么样的成就？

对于团队的发展和成功，你能为之做出什么贡献？

对于公司的核心价值观和使命，你的理解是什么？

你对于工作压力和挑战的感受如何？你会如何处理它们？

如果你在某方面没有取得进展或成就，你会如何应对？

你对个人和职业发展的长远规划是什么？

你对于团队合作的看法是什么？你与其他人的相处方式如何？

上面这些问题可以帮助领导了解员工的动机、目标和职业发展意愿，同时，也可以评估员工对公司和团队的价值观与契合度情况。

第四个陷阱，领导试探员工对自己的满意度。这就是说，领导会故意试探员工是否对他满意。这时，聪明的员工都会选用巧妙回答的办法来应对，比如"肯定＋建议"的方式。

领导在试探员工对他满意与否时，可能会通过问一些问题来了解员工的想法和反馈情况。这些问题可能包括以下几个方面：

对于我的领导方式和决策，你有什么建议或意见吗？

在过去的工作中，我有哪些方面需要改进？你有什么建议可以让我们更好地合作？

你对我们团队的目标和愿景感到满意吗？有什么改进的建议吗？

在你的工作中，你对团队的支持程度如何？你觉得我在这方面做得如何？

你觉得我在倾听员工的意见和反馈方面做得如何？有什么改进的空间吗？

这些问题都是为了鼓励员工提供真实的反馈意见，以便领导能够更好地了解员工对他的满意度情况并做出必要的调整和改进。

第五个陷阱，探查员工是否权力滥用。如果领导询问员工公司人事方面的问题，他可能真的在寻求员工的意见并希望采纳，但同时也可能是在试探员工是否有滥用权力的念头和行为。上级在试探员工是否有越权行为时，可能会询问以下一些问题：

请问你最近在处理工作上的事情时有没有超出你的职责范围的情况？

有没有在没有经上级许可的情况下做出重要决定？

是否曾经越级处理某些问题，而不按照公司的层级和规定执行？

是否有未经授权而查看或修改敏感信息或文件的行为？

有没有越权使用公司资源，比如系统权限、预算、特权访问等？

曾经有没有申请过不在你职权范围内的资源或授权？

有没有在没有经上级批准的情况下与外部合作伙伴达成协议或进行业务交涉？

是否接触或使用了不应被你访问的机密信息或商业机密？

上面这些问题主要旨在了解员工是否在工作中有超越自己的职责范围的行为，从而评估其工作的积极性、责任感和遵守公司规章制度的程度。

上级领导在与员工沟通时常常设置一些语言陷阱，他们对此有时是无意的，也有时是有意为之。因此，你要想清楚，如何避开语言陷阱，并根据领导的提问方式去揣测领导的真实意思。职场上，不只是要说话，更要会说话。

5. 向上级汇报请示工作的要领——结构化表达

汇报工作说结果。巧用金字塔原理进行结构化表达：

结论先行：做了什么？做得怎么样？用数据进行汇报。

重点突出：主要做了什么工作？成效如何？

层次清晰：汇报要有层次感，要有逻辑性。

结构简单：一般的汇报结构是结果、存在问题与解决方案三大模块内容。

案例一：

你的下属来到办公室对你说："王总来电话说他不能参加下午3点的会议了，李总他不介意晚一点再开会，或者明天开也可以，但明天10点半以前不行。梁总秘书说，梁总明天晚些时候才能从上海赶回来。会议室明天已经有人预订了，但星期四没有人预订。"

看了上面的汇报，你很疑惑，他在说什么呢？

如果采用结构化表达进行汇报，就是这样的：

"今天的会议可以改在星期四上午11点开，您看行吗？因为这样对王总和李总来说都比较方便，而且梁总也能参加。并且，本周只有这一天会议室没有被预定。"

案例二：

你在办公室，忽然你的下属冲进来，对你说："经理，我最近在留意原材料的价格，发现很多产品都涨价了，还有刚才物流公司也打电话来说提价，我又比较了几家的价格，但是还是没有办法说服他不涨价；还有，竞争品牌最近也涨价了，我看到……对了，广告费最近花销也比较快，如果……可能……"

他到底在说什么呢？

如果采用结构化表达进行汇报，则是这样的：

"经理，我认为我们的产品应该涨价20%，而且要超过竞争品牌。"理由：一是原材料最近都涨价了30%，物流成本也上涨了；二是竞争品牌全部都调价10%~20%，我们也应该跟进；三是广告费超标，我们还应该拉出空间，可以做广告……领导，您觉得这个建议是否可行？"

案例三：

人力资源部经理走进你的办公室，向你汇报招聘面试情况。他是这样汇报的："今天面试的候选人A君，有一定的逻辑思维能力，也比较有上进心；有相关的工作经验，但深度不够，而且笔试题做得不是很好；专业知识可能不足，但面试看得出学习能力还可以。不过，基本的岗位技能还是具备的；他对公司比较了解，对企业文化也比较认同。"

他究竟想表达什么呢？

如果采用结构化表达进行汇报，则是这样的：

"今天面试的候选人A君，综合考虑建议允许其入职，理由有三：①具备较好的学习能力与逻辑思维能力，且对公司文化认可，有上进心；②A君的缺点在于经验及专业知识的不足；③结合部门对该岗位的需求，虽未完全达到标准，但依据部门现状，可对A君进行长期培养使用。"

通过以上三个案例可以看出，向上级汇报工作时，采用金字塔原理进行结构化表达非常清晰，条理清楚，很有逻辑性，能大大提升工作汇报的有效性和针对性。

6. 请示工作说方案

在向领导请示工作时，至少准备两种以上的方案供其选择。在进行沟通之前要认真准备，即使你的方案不够成熟，最起码你也是经过了认真思考或者讨论拿出来的方案，这对你个人的成长也大有好处。

下面，我们看一个案例：

建安十七年（212年），刘备想攻取成都，拿不定主意，于是就向他的军师庞统问计。

刘备：士元，今日事已至此，当如何处置为好？

庞统：主公，某有上中下三条计策请主公选择。

刘备：请问上计？

庞统：立即挑选精兵强将，备足粮草，趁刘璋尚未防备，昼夜兼程直取成都，则西川一战可得。

刘备：请问中计？

庞统：那涪水关是通往成都之咽喉，又是返回荆州必经之路，现由蜀将杨怀、高沛二人把守，主公可派人送去书信一封，佯称要回荆州，路经其地，他二人必出关相送，乘机拿下，然后去取成都。

刘备：请问下计又当如何呢？

庞统：那只有暂罢取川之议，立即退回荆州，日后见机而动，徐图进取。

刘备：上计未免太激，下计又觉太缓，备以为中计不快不慢，正得其宜，可以行之。

不得不说，庞统是一位非常有谋略的下属。而这正是一个下属向上级请示工作的典型范例。

案例：背景：某企业接到了一份5000件产品的大订单，要求三个月内交货。但该企业每个月的最大产能只有1000件，企业总经理要求生产厂长必须在三个月内完成5000件产品的生产任务，厂长向总经理请示生产工作。

生产厂长：三个月完成生产5000件产品的订单任务，时间紧任务重。对此，我有三个方案：第一方案，不增加人员，不增加设备，我们三个月生产3000件产品，另外2000件外包给其他代工厂；第二个方案，增加人员，招聘100个临时工，经过培训后在流水线作业，实行两班倒工作制，老工人带新工人，三个月保证能完成任务；第三个方案，引进两台德国的先进设备，提高生产效率，每月可完成2500件产品，两个月就完成任务了，也不影响现在订单的生产进度。

总经理：你有没有算过账，这三个方案哪个更划算？

生产厂长：我个人偏向第三种方案。虽然引进设备表面上看来要花100多万元，但可以大大提高生产效率，而且产品质量也能保证，对后期的生产也会起到很大的促进作用。第一个方案的缺陷是我们外包后不仅利润减少，产品质量也很难保证，风险较大。第二个方案，虽然不用增加设备，但新招聘来的工人需要培训，未来能不能胜任还是个未知数，产品的质量也不敢保证；第三个方案的优点是不用增加人员，新设备是自动化生产，不但能保证产品质量，而且生产效率高，还有利于我们厂以后的长期生产效能。综合考虑，我建议采纳第三个方案。

总经理：很好，我也同意第三个方案。通知采购部经理到我办公室来一下，商讨一下新设备的采购事宜。

该如何与同级沟通

与同级沟通是指与在同一职位或同一级别的员工进行交流和对话。这种交流方式有以下几个目的和好处：能够促进合作与协作、交流经验与知识、提供支持与反馈、加强团队凝聚力。总之，与同级沟通是一种重要的交流方式，有助于促进合作、共同成长和团队的发展。

1. 与同级沟通的语言艺术

与同级沟通的语言艺术，是指在与同辈或同等社会地位的人进行交流时，使用恰当的语言方式和表达技巧，达到有效沟通的能力。在与同级进行沟通时，要注意以下几点：

（1）平等和尊重。因为大家都是同级，彼此之间没有上下级的区别。所以，不要表现出优越感或轻视，保持平等的态度。

（2）温和和友好的语言，是让你在职场不得罪人的法宝。使用友好、亲切的语气和语言，避免使用过激或傲慢的措辞，以促进和谐的交流。

（3）寻找共同兴趣和话题。可拉近自己与其他同级同事之间的关系，增加互相之间的共鸣，促进交流的顺利进行。

（4）清晰和简洁是语言艺术。比如，你想表达自己吃了一顿非常好的自助餐，原本用一句话就可以说清楚，你偏偏唠叨半天，结果就是同事们对你避之不及。用简洁明了的语言表达自己的观点，避免使用复杂的词汇或术语，确保对方能够理解自己的意思。

（5）善于倾听和回应。要重视对方的发言，倾听他们的观点和感受，并给予适当的回应，以展示自己的关注和理解。而且，跟同级同事聊天时，你的反应决定在之后的工作中是否能够得到对方的支持，所谓的关系好，通常都是聊天聊出来的。

通过运用这些技巧和策略，我们可以提升与同级有效沟通的能力，建立良好的人际关系，达到更好的沟通效果。

2.用沟通解决冲突的十大技巧

在同级同事之间，最容易产生的冲突就是观点不一致。当同级同事对于某个问题持有不同的观点或意见时，就可能会产生沟通冲突。这可能是由于个人经验、背景、价值观等因素的不同导致的。

另外，如果沟通不当也会引起冲突。比如，过于直接或冲动的言辞、忽视对方的感受、不尊重对方的意见，这样都可能引发冲突。

当然，当双方对于沟通的信息理解不一致或不完整时，容易出现误解和沟通障碍，进而导致冲突。除此之外，还有一些个人原因导致的冲突，比如嫉妒、争权夺利等。

以上只是一些可能出现的情况，具体的冲突因素因人而异。解决同级同事之间的沟通冲突需要双方的理解、尊重和积极的沟通方式。当遇到冲突时，有效沟通是解决问题的关键。下面是十个用于解决冲突的沟通技巧，以供参考。

技巧一，学会倾听。安静下来倾听对方说的话，了解他为什么对你有意见，或者是为什么跟你起冲突。尊重对方的观点，学会主动倾听他们的意见和感受。

技巧二，表达清晰。在出现冲突的时候，你不能鸡毛蒜皮地说一顿，使冲突升级为更大的矛盾。这时候，你冷静清晰地表达出自己的观点和想法，直接、诚实地表达自己的立场和需求，避免使用含混不清或责备的语言。

技巧三，了解冲突起因。大多数处在冲突中的人都没办法冷静耐心地听取对方的话。这时候你可以通过提问来了解对方的意图、需求和关注点，以便更好地理解和建立共识。

技巧四，避免攻击性语言。这时候一定要保持理智，就事论事，不可以使用挑衅、批评或攻击性的语言。在冲突过程中，一定要保持冷静和尊重的态度。

技巧五，找到共同利益。通过将共同利益摆在明面上的方法，让对方冷静下来。我们不仅需要自身明白，也应让对方了解到，彼此之间有可能达成一致或实现双赢的解决方案，重视合作而非竞争。

技巧六，注重对事不对人。也就是说，集中精力在问题上面而非个人。聚焦于解决问题，而不是攻击个人，避免情绪化和争吵。这一点非常重要。只有对事不对人，对方才会冷静下来跟你就事论事，当冲突点落在"事"上时，冲突就比较容易解决了。

技巧七，在冲突点上寻找中间地带。在引发冲突的事件、观点上寻找共同点和妥协点，寻求双方都能接受的解决方案。

技巧八，学会尊重差异。每个人都有不同的观点和经历，要学会尊重对方与自己之间的差异。当然，也有一种情况就是，不同地域，一句话一个词的含义与你理解的不同，这一点在你尊重对方的前提下会得到化解。

技巧九，说"我"不说"你"。强调自己，而不是强调对方。尽量表达自己的感受和需求，而不是批评或指责对方。比如，你可以多说"我以为""或许是我理解错了""我没注意"等，而不是说"你怎么没说""你怎么没指出""你要是懂你来"之类的话。

技巧十，积极解决问题。有问题就要解决，而不是争吵起来没完没了。尤其是工作上的事情必须在工作期间解决。在沟通过程中，鼓励对方共同努力解决问题，寻找切实可行的解决方案。

以上这些技巧可以帮助双方在冲突中实现有效沟通，增加理解和共识的机会，并最终解决问题。当你遇到了职场冲突时，也可以试试以上十大技巧。

3.团体中的沟通能力

团体中的沟通能力，是指团队成员在合作中有效地交流、理解和传递信息的能力。团体中的沟通能力对于团队的协作和绩效至关重要。它包括以下几个方面：

能力一，听取和理解。团队成员需要倾听和理解彼此的观点、意见和建议。这包括积极倾听，提问澄清和确认意思，并展现对他人观点的尊重和理解。

能力二，清晰表达。团队成员应能够清晰地表达自己的想法和意见，以便其他人易于理解。成员之间沟通时应该使用明确的语言，确保信息的准确性和精确性。

能力三，肢体语言和非语言沟通。除了口头表达外，团队成员还应注意肢体语言和非语言沟通的重要性。姿态、表情、眼神接触等都可以传递额外的信息和情感，让别人更好地理解自己。

能力四，协作和合作。团队成员需要学会协作和合作。成员之间应该能够共同工作，分工合作，分享信息和资源，并相互支持和鼓励。

能力五，解决冲突和处理问题。沟通中难免会出现冲突和问题，团队成员之间需要学会有效地解决冲突和处理问题。这包括倾听他人的不同意见，提供解决方案，妥善处理情绪和寻找共赢的解决办法。

通过高超的团体沟通能力，团队成员能够更好地协作、分享信息和知识，提高工作效率和质量，提升和促进团队的凝聚力和协同创新。

面试应聘者的沟通技巧

沟通在面试中被定义为与求职者的交流和互动。这个过程对于雇主来说至关重要，它不仅可以帮助他们了解应聘者的技能和素质，也能让应聘者展示自己的优点和适应能力。

1. 面试沟通概述及要点

面试沟通，指的是在面试过程中，面试官与应聘者之间的沟通和交流。面试沟通是通过对话、提问和回答的方式，来评估应聘者的技能、经验、态度和适应性等方面的能力。

面试沟通的目的是使双方能够更好地了解对方。面试官借此机会评估应聘者是否符合岗位要求，并获取更多关于应聘者能力和个人背景的信息。而应聘者则可以通过面试沟通了解求职单位的文化、职位的具体要求、工作环境等，并展示自己的优势和适应能力。

在面试沟通中，应聘者需要有良好的表达能力，清晰地回答面试官提出的问题，同时要展示出谦虚和自信的态度。面试官则需要善于提问，倾听应聘者的回答，并通过观察应聘者的言行举止、态度和反应等综合评估应聘者。

在进行面试沟通时，应聘者应该做好充分的准备，熟悉自己的简历、工作经历和所申请的职位，以便能够清晰且完美地介绍和展示自己。此外，应聘者还可以提前了解求职单位的文化和价值观，以便更好地回答相关问题和展示自己的能力和素质。

总之，面试沟通是面试过程中非常重要的一环，通过良好的沟通和交流，可以让面试双方更好地了解对方，从而做出更准确的评估和决策。

面试应聘者的沟通技巧对于招聘和挑选合适的候选人非常重要。以下是一

些关于面试应聘者沟通技巧的要点:

要点一,积极倾听。通过倾听,面试官可以更好地理解应聘者的意思,并获得更多相关信息。同时,还可以建立营造的面试氛围,使应聘者感到被尊重和重视。

要点二,有效沟通需要能够清晰地表达思想和观点。应聘者应当以简洁明了的言辞与面试官沟通,避免使用含糊或模棱两可的词汇。清晰表达能够帮助面试官更好地理解应聘者的能力和潜力。

要点三,展示自己的能力和经验。应聘者可以通过实际经历来支持自己的回答,向面试官展示自己的技能和成就。

要点四,面试官可能会提出进一步的问题或对应聘者的回答提出质疑。此时,应聘者应该积极回应并提供更多细节,充分展示自己的逻辑思维和解决问题的能力。同时,应聘者也可以在适当的时候向面试官提出问题,以表达对求职公司和岗位的兴趣和关注。

要点五,巧用身体语言为自己加分。应聘者应该注意保持适当的姿势和眼神接触,展示自信和专注的态度。面试官通常也会通过身体语言来评估应聘者的自信度和适应能力。

总之,面试应聘者的沟通技巧是评估候选人能力和适应性的重要指标。良好的沟通能力可以帮助应聘者更好地表达和展现自己,并与面试官建立良好的互动关系。

2. 面试时如何谈薪酬

面试时能够聊薪酬吗?当然要聊。支撑我们每天上班的动力之一就是薪酬,而不仅仅是梦想。因此,我们在面试的时候一定要聊清楚薪酬。只要薪酬合适,就等着被通知;如果薪酬不合适,那就巧妙告知面试官自己的想法。在面试时,谈论薪酬是一个关键议题,以下是一些建议:

(1)掌握市场行情。在谈论薪酬前,要了解当前市场对该职位的薪资水平。可以参考招聘网站、行业报告或者咨询相关专业人士,以确保你的期望薪酬处于合理范围内。在参加面试时,求职单位也会在招聘网站上写出一个薪资范围,如果给出的是4000~6000元的薪资,那就要比3000~9000元更有诚意。但是,一旦遇到这样的公司,要在面试前给自己定好预算。

(2)强调自身价值。在向雇主表达薪资要求之前,先展示你在该岗位上的价值和能力。可以回顾过去取得的成果和贡献，并强调你为公司可能带来的价值。你要知道，哪个单位都不养闲人，所以，你要把自己的价值展示出来，让他们觉得假如薪资给少了，根本留不住你。

（3）探索待遇范围。在开始具体讨论薪酬之前，可以询问雇主对该岗位薪资范围的期望。这样可以确保你的期望与雇主的预算基本相符。

（4）掌握弹性的薪资要求。给自己争取一些空间来谈判，这意味着可以在期望薪资范围内灵活调整。这样有助于让双方保持良好的谈判氛围。

（5）探索其他福利待遇。薪资不只是数字，还涉及福利待遇。除了基本工资之外，探索一些其他福利，如奖金、股票期权、培训机会等，这些也可以成为你考虑是否同意就职的因素。

最重要的是保持积极的态度、自信地表达自己的期望，并准备好应对潜在的反馈和反问。谈薪酬是一项需要良好准备和沟通技巧的任务，因此进行充分的准备是必要的。

3. 面试中求职者提问的八大禁区

当面试官提问完毕后，他们常常会询问："你还有任何疑问需要我解答吗？"这是你展示对该单位了解程度的绝佳时机。你可以提出关于竞争者、发展策略和规划等方面的相关问题。然而，有些问题可能会暴露你的不足之处，如过分焦躁或不适当的回答。以下是一些常见且应避免的问题。

第一个问题，你们单位到底是做什么的？

当你把这个问题说出口的那一刻，估计面试官都无语了，他的内心一定感到无比的震惊："你都不知道我们公司是做什么的，你还来我们公司面试？你有诚意吗？像你这样都不肯花时间提前做功课的人，怎么可能更好地胜任工作！"

于是，面试官会面带微笑地结束这次面试，并且友好地告诉你"请回去听消息"，然而，你是听不到任何消息的。因为在这个问题问出来时，你已经被面试官打上了"出局"的烙印。类似的问题还有"你们招聘的这个职位是干什么的"，"我进入公司之后做什么"，等等。

第二个问题，我什么时候开始上班呢？

你如果这样提问，会打乱面试官的计划，因为你什么时候上班是由公司来决定，并且会告知你"等消息"。同时，你提出这样的问题，会让面试官觉得你很不礼貌，而且很不懂规矩。一个不懂礼貌又不懂规矩的人，不管你有多厉害，你留给面试官的印象都是非常不好的。

第三个问题，你们要几个人？

估计面试官在你问完这个问题之后，他脸上都挂不住笑了。要知道，你是去面试的，你管人家公司要招几个人呢？人家肯定是招到满意的才行。所以，这个问题会让面试官认为你没有摆正自己的位置。你是去面试的，而不是去质询问对方。哪怕对方招聘100个人，即使面试人数不够，对方也可能不想录用你。

第四个问题，你们公司的待遇怎么样？

这个问题的核心没有错，你要在面试的时候了解一下公司的相关待遇，但是这样提问，你可能得不到你想要的答案。所以，在提问公司待遇的时候，一定要详细地问。比如，你要问工资时，除了问出一个总数，最好问一下工资构成。因为问总数，对方可能告诉你月薪6,000元，实际上是"基本工资2,000元＋绩效1,000元＋提成3,000元"，也就是说，你可能到手的实际工资也就2,000多元。

因此，关于待遇问题，一定要问得仔细，这样也有利于你更好地判断这个单位值不值得你加入。

第五个问题，我要过多久才能升职？

对于面试官来说，他可能并不喜欢一个在还没有入职就问升职问题的应聘者。而且，他给的答案一定是模棱两可的。在还没入职之前就先想着如何升职，总会给人一种浮躁的感觉。你可以这样问，关于公司晋升方面的制度或者员工职业生涯发展规划等，而不要这么大大咧咧地直接提问，很容易引起面试官的反感。

第六个问题，单位里的某某某是我的学长，他在哪个部门任职？

这类问题会让人感觉你在攀关系，而且，你也不知道你的那位学长和面试官的关系如何。真的有人会在面试里说出自己的校友甚至是亲朋好友，特别是这些亲朋好友还在面试单位里担任着一些职务。总觉得提一下，能够给自己增加胜算，实际上，很有可能直接拉了仇恨。有时候，你所谓的学长或者亲戚朋友与面试官可能关系紧张。总之，面试中，最忌攀谈关系。

第七个问题，对于公司某产品表现欠佳的问题，你们打算怎么应对？

这个问题你可以换一种方式来提问，因为这么问实在是不礼貌。首先，你不是公司的管理层，你没有任何资格以这种质问的态度去提问。其次，你只是来面试的，公司某产品是否表现欠佳，看的是数据。比如，一款产品在市场上看似表现不佳，但是这款产品走的是企业购买渠道，如果不是这款产品的运营部门，是不会了解真实的数据的。这个问题，就显得十分可笑。

第八个问题，你们公司在为女性员工提供升职机会方面做得怎么样？

这个问题你也可以换个方式来提问。比如，根据自己的自身情况问，"我作为女员工在工作中是否有机会得到晋升"，这类问题面试官不介意回答。但是，如果直接问："你们在这方面做得怎么样？"就有一种高傲的态度，像在审视对方公司一般。面试官或许会回答你的问题，但对你的评价不会太高。

综上所述，我们在面试过程中一定要注意，面试过程中既需要一定的技巧和策略，同时也需要你在面试之前做好准备，以更好地应对面试。

第四章
商务沟通：高超的谈判技巧让你财源滚滚

　　在商业活动和人际交往中，谈判技巧的重要性不可忽视。无论是与客户、供应商、合作伙伴，还是同事之间的谈判，都直接影响着最终结果。谈判技巧的高低决定着您能否以更有利的条件达成协议，保护自己的利益，和谈判效果的好坏。通过良好的沟通能力、灵活的思维、情绪的控制以及战略思维，您可以提高自己的谈判能力，从而获得更好的谈判结果，实现自己的目标。

初识商务沟通与谈判

在现代商业环境中，沟通与谈判技巧的重要性不言而喻。无论是与合作伙伴、客户还是员工之间的交流，良好的沟通能力是成功的关键。有效的商务沟通不仅包括清晰而明确的表达，还要善于倾听并理解对方的需求与观点。

在商务谈判中，卓越的谈判技巧可以使您在复杂的商务场景中取得更有利的结果。这包括善于分析对方的立场和诉求、灵活应对各种挑战并能够让双方共赢的解决方案。

1. 商务沟通的方式

商务沟通，是指为了达成商业目标而进行的交流和传递信息的过程。它涉及各种沟通形式，包括口头、书面、电子产品和非语言沟通，用于与合作伙伴、客户、员工和其他利益相关者进行交流。

商务沟通的目标是促进有效的商业交流，增进理解、合作和做出决策，以实现商业目标并建立良好的商业关系。它涉及与销售、营销、谈判、团队合作、项目管理等方面相关的沟通技巧和策略。通过有效的商务沟通，可以促进商业成功，提高组织效率。

商务沟通的手段多种多样，主要可以划分为口头沟通、书面沟通和电子媒介沟通三种。

（1）口头沟通。字面上的意思，就是全靠嘴说。这里不只是线下面对面的当面说，还包括通过一些设备进行远程、线上的口头沟通。概括起来就是面对面会议、电话会议、视频会议等。例如，公司的高层管理人员可能会通过视频会议与全球各地的分公司进行交流，讨论公司战略和业绩。

（2）书面沟通。写在书面上的文字沟通，比如电子邮件、信件、备忘录等。例如，一支销售团队可能会通过电子邮件向潜在客户发送产品信息，并跟进销售线索。不过，在书面沟通时，在发送了邮件、信件之后要及时告知对方，避免对方忘记查收邮件而产生误会，或是因为信件查阅不及时耽误事情。

（3）电子媒介沟通。就是利用社交媒体、即时通信工具、在线论坛等进行沟通。例如，一家公司可能会使用社交媒体平台发布最新产品信息，并通过在线论坛与客户互动，以便解决客户问题。现在常见的就是使用腾讯会议、钉钉会议、微信建群来直接沟通等。

以上只是一些常见的商务沟通方式，具体使用哪种方式，还需根据实际情况和沟通目的来选择。

2. 商务沟通的技能

在商业环境中，有效沟通对于建立良好的人际关系和促进业务发展至关重要。商务沟通的技能，包括有效倾听、准确表达、提问与回答、建立信任、理解文化差异、掌握非言语沟通、谈判技巧、处理冲突与分歧以及建立良好人际关系等方面。

这里主要跟大家分享一些理论知识，因为商务沟通的场景非常多，所面对的沟通对象也都各有特色。商务沟通的主基调是严肃的，带有极为明确的目的而进行的双人或多人之间的沟通。在商务沟通中，我们要注意以下几点：

（1）有效倾听。

有效倾听是指在沟通中注意听取对方的观点、需求和问题，并尽量理解其含义和情感。商务沟通中，倾听是一项非常重要的技能，因为它有助于建立信任、理解客户需求和解决问题。要成为一个好的倾听者，给大家三点建议。

①保持专注。在对方发言时保持眼神接触、不打断对方，并尽量排除干扰因素。

②理解非言语暗示。注意观察对方的表情、姿势和语调等非言语暗示，以更全面地理解对方的情感和含义。

③回应。在倾听过程中通过点头、微笑等方式给予回应，表明你理解对方的观点。

（2）准确表达。

准确表达是指在沟通中清晰地传达自己的观点、需求和情感，避免产生歧义或误解。在商务沟通中，准确表达对于建立良好的业务关系和促进业务发展至关重要。要提高表达的准确性，这是给大家一些具体建议。

①准备充分。在沟通前准备好自己表达的观点和需求，明确沟通目的和预

期结果。

②简洁明了。尽量用简洁明了的语言表达自己的观点，避免使用复杂的词汇或长句。

③反复确认。在表达完自己的观点后，可以询问对方是否理解自己的意思，以确保信息传达无误。

（3）有效提问与回答。

有效提问与回答，是指在沟通中通过提问和回答的方式来获取信息和解决问题。在商务沟通中，有效提问与回答是非常重要的技能，可以帮助我们更好地了解客户需求、解决问题和建立良好的业务关系。要提高提问与回答的技巧，给大家分享三点建议。

①明确提问目的。在提问前明确自己的目的和期望结果，以便更好地引导对话。

②开放性问题。尽量提出开放性问题，避免是或否之类的简单回答，以便获得更全面的信息。

③认真回答问题。在回答问题时认真思考，尽量给出具体、准确的答案，避免含糊其词或转移话题。

（4）建立信任。

建立信任，是指在商务沟通中通过诚实、透明和可靠的沟通方式，在彼此之间建立起信任关系。要建立信任关系，可以从以下两点入手。

①表现诚实。在沟通中保持诚实，不隐瞒信息或欺骗对方。

②遵守承诺。一旦做出承诺，就要尽力履行，以表现出可靠性和专业性。

掌握一定的商务沟通技巧，有利于你在商务谈判中取得更好的效果，这些技巧可以帮助你在商务环境中更加高效地与他人进行沟通，促进合作和理解，达到更好的商业结果。

3. 商务谈判心理

商务谈判是一项高度复杂的沟通活动，它不仅仅是经济利益的交换，也涉及心理层面的较量。谈判者的心理状态、情绪反应和认知过程都会对谈判结果产生深远影响。这里将探讨商务谈判心理的主要方面，包括感知觉、情绪和情感、个性心理、需求动机、集体心理等。

（1）注重感知觉。感知觉是谈判者获取信息和认知世界的主要方式。在商务谈判中,谈判者需要充分利用感知觉,准确地捕捉和理解对方传递的信息,如语言、非语言信号和暗示等。谈判者还需要对感知到的信息进行解释和评估,以便做出恰当的反应和决策。

(2)调整好情绪和情感。情绪和情感在商务谈判中起着至关重要的作用。谈判者的情绪状态会直接影响其思维、判断和决策能力。在谈判过程中,谈判者需要学会控制自己的情绪,保持冷静和理性,避免因情绪波动而做出冲动的决策。同时,谈判者还需要善于察觉对方的情绪变化,以便更好地把握对方的真实意图和需求。

(3)了解自己的个性心理。个性心理,是指一个人独特的心理属性和行为模式,例如自尊、竞争意识、控制欲等。在商务谈判中,谈判者的个性心理会影响其谈判风格和策略选择。例如,自信心强的谈判者更可能采取强硬立场,而竞争意识强的谈判者更可能追求利益最大化。了解自己的个性心理特点,并根据谈判情境进行适当调整,有助于提高谈判效果。

(4)掌握对方的需求动机。需求动机是推动人们采取行动和做出决策的心理力量。在商务谈判中,了解对方的需求和动机是至关重要的。谈判者需要通过观察和询问,了解对方关注的问题和利益诉求,并据此制定相应的谈判策略。同时,谈判者还需要明确自己的需求和动机,以便在谈判中保持清醒和坚定。

(5)对对方团队的集体心理进行研究。集体心理是指在群体活动中,成员展现出的心理属性和行为模式。在商务谈判中,了解对方群体的心理特点和行为模式有助于预测群体决策过程和集体行为反应。谈判者还需要考虑己方群体的内部动态,如团队合作情况和凝聚力等。在面对团队谈判时,个体行为应符合群体规范,以维护团队统一战线。

综上所述,商务谈判心理涉及多个层面,包括感知觉、情绪和情感、个性心理、需求动机、集体心理等。为了在商务谈判中取得成功,谈判者需要综合考虑这些因素,灵活运用心理学原理来提升自己的谈判能力和技巧。同时,培养良好的心理素质和情绪管理能力也是提升商务谈判表现的重要途径。

4.商务谈判前的准备

商务谈判前的准备是谈判成功与否的重要因素之一。充分的准备可以帮助谈判者更好地了解谈判对手、明确谈判目标和策略,并为谈判过程做好心理准备。以下是一些商务谈判前准备的要点:

准备一，对谈判对手进行充分的调查和了解，包括对手的背景、业务、财务状况、市场地位、竞争对手等。这有助于判断对手的立场、需求和可能的底线，以及制定相应的谈判策略。只有做到知己知彼，才能百战不殆。

准备二，明确自己的谈判目标和底线，并为此制定合理的谈判策略。目标可以是具体的经济利益、合作条件、时间节点等。同时，要考虑到可能出现的意外情况和备选方案。要守住自己的底线，谈判的目的是达成合作，不是卑躬屈膝地单方面接受，因此必须有目标和底线。

准备三，尽可能多地收集与谈判相关的信息和资料，包括市场行情、法律法规、技术标准等。这有助于在谈判中做出更加合理的决策和提供更有说服力的论据。准备的资料有利于你为自己的谈判加码。

准备四，制定具体的谈判策略，包括如何开局、如何掌握主动权、如何让步等。此外，要预见到可能出现的问题并制定应对措施。要做到这一点，就需要团队合作，事实上，每一场谈判都是整个团队的协作，而不是公司一两个人的事情。

准备五，与对方建立良好的人际关系，包括互相信任、尊重和友好的态度等。这有助于缓解紧张气氛、促进双方合作，并提高谈判效率。谈判的目的是达成合作，所以，对方是你未来的合作伙伴，而不是敌人。

准备六，进行适当的心理调适，保持冷静、自信和专业。不要过分焦虑或过于自信，要有一定的弹性来应对变化。就像是考试，越是焦虑，越是担心自己考不好，结果就有可能在考试中状况百出考不好。因此，每一次谈判都不要给自己、给团队施加太大压力。既然是谈判，也就是胜算只有 50%。

准备七，准备一份详细的备忘录或合同草案，在上面列出双方达成的共识和待解决的问题。这有助于引导谈判进程和确保双方达成一致意见。这个清单必须在谈判前拟定完成，在谈判过程中如果出现其他意见再修改。

总之，商务谈判前的准备工作非常关键。充分的准备工作可以增加谈判成功的概率并提升个人的专业形象。

商务谈判的过程与策略

商务谈判，是指参与方为了达成协议或取得共享利益而进行的互动过程。在商务谈判中，双方需运用一系列策略以实现自身利益最大化。谈判的过程，通常包括筹备阶段、沟通与交流、提出要求与交换信息、讨论和协商、达成共识以及最终协议的确定与实施。

1. 商务谈判的过程

商务谈判的基本过程，包含准备阶段、开始阶段、展开阶段、整合阶段、讨价还价阶段、达成协议阶段。

在谈判过程中，双方可以运用各种策略，如积极提出议价点、寻求互利、掌握信息优势、设定底线、利用时间因素、建立良好关系等，以增加自身的议价能力和达成理想的结果。

2. 商务谈判中的语言艺术

商务谈判中的语言艺术是决定谈判成功与否的关键因素之一。谈判者需要运用准确、清晰、有说服力的语言来表达自己的观点和需求，同时也要倾听对方的意见和诉求。当谈论到商务谈判中的通用语时，可以举一个关于价格协商的具体案例：

买方："我们对您的产品非常感兴趣，但是我们认为价格有些高。我们希望能够得到更好的价格。"

卖方："非常感谢您对我们的产品感兴趣。我们确实了解您对价格的关注。请问您期望的价格范围是多少？"

买方："根据我们对市场上同类产品的研究结果，我们认为与竞争对手相比，您的报价偏高。我们希望能够在价格上找到一个更具竞争力的解决方案。"

卖方："我们重视您的竞争前景，同时也要确保我们能提供高质量的产品和服务。或许我们可以共同探讨一些方式来满足双方的利益。"

买方："我们认识到质量和服务的重要性。也许我们可以考虑增加订单数量或者通过长期合作来降低价格。您对此有何想法？"

卖方："这是个很有意义的提议。我们可以进一步探讨您对产品的需求和市场规模，以了解这两个方面对于价格的影响。"

买方："非常感谢您的合作态度。我们期待深入讨论这个问题，并找到一个双方都满意的解决方案。"

在这个案例中，买方通过提出价格议题，卖方则展示了对客户需求的关注，并提出了探讨双方利益的可能方式。双方之间以礼貌和合作的方式进行沟通，找到一个双方都满意的解决方案。这种使用通用语言的沟通方式，有助于建立双方之间的合作关系，实现双赢的商务谈判结果。

在商务谈判中，准确表达自己的观点和需求至关重要。谈判者需要使用具体、明确的语言，避免模棱两可或含混不清的表达。同时，要注意语气和用词的适当性，以保持专业和友好的态度。

除了表达之外，谈判者还需要认真听取对方的观点，理解对方的立场和需求，并给予适当的反馈。这有助于营造良好的沟通氛围，促进双方的互信和理解。

另外，在商务谈判中，使用肯定语言是一种有效技巧。通过肯定对方的观点或提议，可以表达自己的认同和理解，同时也可以鼓励对方做出同样的回应。这有助于建立共同点和达成共识，促进谈判的顺利进行。

我们可以来看一下商务谈判中几种常用的开场白，具体如下：

"首先，感谢各位参加此次谈判。我们很高兴能有这个机会坐下来商讨合作的可能性。"

"在本次谈判开始之前，我先介绍一下我们的团队，确保我们都了解彼此。然后，我们进入正式的议程。"

"感谢您抽出时间来参加谈判。我期待我们能够就某些重点问题达成共识并寻求共同利益。"

谈判过程中，以下是一些常用的表达和技巧，以确保有效的沟通和交流。

解释立场："我们希望更好地了解您的需求和期望。您能详细介绍一下您的关注点吗？"

提出建议："我建议我们探讨一种合作模式，可以通过共享资源和知识来实现双赢。"

引入可行性研究："根据我们进行的市场调研和分析，我们相信这个提议是可行的。"

强调利益："这个合作模式可以为双方带来许多好处，比如提高效率、降低成本和扩大市场份额。"

尊重对方观点："我们理解您的顾虑和要求，并将竭尽全力找到解决方案，使双方都满意。"

寻求共识："我们可以考虑将一些弹性因素纳入协议中，以便在遇到挑战时能够灵活应对。"

最后，一定要记住在商务谈判中保持专业和尊重对方的态度。这些通用语言表达和技巧将有助于建立良好的合作关系，取得成功的商务谈判结果。

简而言之，商业谈判中言辞技巧的重要性在于它对交易成败的影响程度。谈判者必须利用精确、明了且具有说服力的话语去阐述他们的立场及要求，并且要认真听取对方的声音及需求，营造出和谐的谈判氛围以寻找双方都可接受的解决办法。

3.商务谈判中不同情况的有效应对

商务谈判中不同情况的有效应对是谈判者必须具备的能力。谈判者需要根据不同的情况采取相应的应对措施，以达成最有利的协议。

情况一，当对方提出不合理的要求时。谈判者可以采取强调共同利益、提供替代方案等方式应对。通过转移话题可以帮助谈判者暂时避开敏感问题，强调共同利益可以促使对方重新考虑自己的立场，提供替代方案可以为双方找到更合适的解决方案。

（1）温和地表达自己的观点。向对方解释这个要求为什么是不合理的，并以事实和数据来支持自己的说法。例如，可以指出完成任务所需的工作量和时间，并说明在这个时间段内的工作是不可能完成的。

（2）提供合理的解决方案。与对方一起讨论并提出可行的替代方案。例如，可以提议延长期限、增派人手或者重新安排优先级，以使任务能够在合理的时间范围内完成。

（3）寻求上级支持。如果对方坚持要求不合理的事情，并且无法通过沟通解决，那么可以寻求上级领导的支持。上级领导可以从整体利益出发，对请求进行评估并做出合理决策。

总之，当面对不合理的要求时，重要的是保持冷静并合理地表达自己的观点，同时寻求合理的解决方案以及在必要时寻求上级支持。

情况二，当对方情绪激动时。谈判者需要保持冷静和理性，采取安抚对方的情绪、倾听对方的意见、给予适当的反馈等方式应对。安抚对方的情绪可以缓解紧张气氛，倾听对方的意见可以了解对方的诉求，给予适当的反馈可以促进双方的沟通和理解。

在商业合作谈判中，我们遇到了对方代表由于谈判中的一些问题而变得情绪激动的情况。对方开始失去耐心，声音提高，可能会变得急躁、挑衅甚至威胁。这种情况下，建议采取以下策略来处理：

（1）保持冷静和专业。此时一定要保持冷静和专业的态度。不论对方情绪如何激动，保持理性和自信，不被对方的情绪所影响。

（2）控制语气与姿态。言语和非语言的表达方式对情绪的平静化起着重要作用。保持平和的语气和友好的姿态，不回应对方的激动，同时避免使用激烈的措辞。

（3）暂时中断和调整。如果局面变得无法控制，且情绪的影响持续存在，适时建议谈判暂时中断，给双方调整和冷静的时间。

总之，对于在谈判过程中对方情绪激动的情况，我们的处理方式是保持冷静、理性，倾听并表达理解，积极寻找共同点与解决方案，以促进和谐的谈判环境。

情况三，当谈判出现僵局时。谈判者需要采取妥协、寻找替代方案、调整谈判策略等方式应对。妥协是一种双方都能接受的解决方案，寻找替代方案可以为双方找到更合适的解决方案。

情况四，当对方不履行协议时。谈判者可以采取沟通、协商、寻求法律途径等方式应对。沟通可以了解对方不履行协议的原因，协商可以寻求双方都能接受的解决方案，寻求法律途径可以为双方提供法律保障。

在谈判中，当对方不履行协议时，有一个具体的案例是一家公司与供应商签订了一份供应合同，约定了一定数量和质量的产品以及具体的交付时间。然而，当交付期限到了，供应商未能按照合同规定的要求交付产品。在这种情况下，谈判的关键是找到解决方案以保护公司的权益。

（1）提出可行的替代方案。包括找到其他供应商以保证按时履行协议，或者与供应商协商延迟交付产品或提供相应的补偿措施。

（2）评估合同条款，并寻求法律支持。假如供应商的违约行为严重侵害了公司的权益，公司有权利考虑使用法律手段，例如提起诉讼或者进行仲裁。

（3）谈判过程中的坚持和灵活性很重要。公司应坚定地捍卫自身权益，同时也要积极寻求双方都能接受的解决方案。通过合作和妥协，可以尽量避免产生法律纠纷，实现双方的利益最大化。

情况五，当对方不诚实时。谈判者需要采取保护自己、强调诚信、拒绝不诚实的方案等方式应对。保护自己可以避免自己受到伤害，强调诚信可以促使对方重新考虑自己的行为，适当的拒绝可以为双方找到更可靠的解决方案。

总之，商务谈判中不同情况的有效应对是谈判者必须具备的能力。谈判者需要根据不同的情况采取相应的应对措施，以达成最有利的协议。同时，谈判者还需要不断地学习和积累经验，提升自己的谈判技巧和应变能力。

4. 让你的每一句话都值钱

商务谈判和普通的沟通不一样，所有的商务谈判都具有谈判目的，所以，在商务谈判中的每一句话都要有用。那么，如何做到在商务谈判中，使每一句话都值钱，需要特别注意以下几点：

（1）开场陈述需要做精心准备。在商务谈判中，开场陈述是非常重要的环节。这一阶段的主要目的是为谈判设定基调和方向。开场陈述应该简洁明了，表达出你的立场、需求和期望。同时，要注意保持礼貌和尊重，为后续的谈判营造良好的氛围。

（2）在进行商务谈判时，必须先深思熟虑再开口提问。这是一种获取信息的关键方式。通过提出问题，你能够掌握对方的需求、关注点以及谈判策略。同时，回答问题也是关键，需要慎重考虑，避免透露过多的信息，或给出不确定的答案。

（3）报价与还价要在充分评估后，报价是商务谈判中不可避免的环节。在报价时，要充分考虑自己的成本、市场需求以及竞争对手的情况。合理的报价能够为你争取到更有利的地位。还价则是对方对报价的回应，需要灵活应对，既要坚守自己的底线，又要展现出灵活性和合作意愿。

（4）让步与妥协也是一种"以退为进"的方式。在商务谈判中，有时候需要做出让步或妥协。让步能够表现出你的灵活性，而妥协则是双方达成协议的关键。但是，让步和妥协都要基于对自己利益的保护，不能轻易放弃原则。

（5）结束语需要给彼此都留"机会"。结束语是商务谈判的收尾阶段。在这个阶段，要总结双方的共识和协议，明确下一步的行动计划。同时，要表达出对对方的感谢和尊重，为未来的合作打下良好的基础。

总之，商务谈判中要让每一句话都值钱，需要结合实际情况灵活运用上述策略。

客户开发就是会说话的工作

客户开发是与客户进行沟通和建立关系的过程，它注重交流和理解客户需求、挖掘客户潜在问题，并提供解决方案。

在这个过程中，沟通和表达能力起着至关重要的作用，因为它们能够帮助我们建立信任、理解客户的痛点、解答客户的疑问、促使客户采取行动。因此，客户开发就像是一项会说话的工作，需要运用良好的沟通技巧和人际交往能力，以达成目标并满足客户的需求。

1. 客户开发就是会说话的艺术

我们先来看四个典型的客户开发案例。

案例一：

一位销售员走进了一家公司，径直走到最近的一张办公桌前，低声问道："小姐，财务部在哪里？"

回答："在对面。"

过了一会儿，财务部的出纳出来了："主管，来了个推销验钞机的，要不要？"

"不要，这种小商贩的东西不可靠。"

出纳离开后，推销员已经知道主管不同意购买，于是便怯生生地走到办公桌前，一时间竟忘了称呼对方，唯唯诺诺地说道："要不要验钞机，买一台吧？很便宜的。"他几乎是用乞求的语气重复道。

"我们不需要,就这样吧。"主管头也不抬地说。

过了一会儿,一直没人理他,最后那位推销员只好悄无声息地离开了。

案例二:

日本的推销之神原一平,在打开销售局面、取得客户信任方面,有一套独特的有效的方法:

"先生,您好!"

"你是谁啊?"

"我是明治保险公司的原一平,今天我到贵地,有两件事情来专程请教您这位附近最有名的老板。"

"附近最有名的老板?"

"是啊,根据我调查的结果,大家都说这个问题最好请教您。"

"大伙儿都说是我,真是不敢当,到底是什么问题?"

"实不相瞒,就是如何有效规避税收和风险的事。"

"站着谈话不方便,请进来谈吧!"

案例三:

一小伙子走进了一家美妆店老板办公室:"冒昧打扰一下,请问,咱们店的老板在吗?"

"我就是,你有什么事?"

"我听同行都说,您在咱们这个地区化妆品事业做得非常好,在策划和营销活动上做得很有特色,今天专程来拜访请教您,顺便和您谈一下合作事宜。"

"我们店里品牌很多,不需要。再说,我要出去,没时间。"

"知道您挺忙的,我刚看了一下,品牌是挺多的,但如果有一款产品,平均五秒钟就售出一支,总销售量加起来相当于500个珠穆朗玛峰那么高,一款产品一个月能给您带来至少5万元的利润,您感兴趣吗?"

"那当然好啦,有这么神奇的产品吗?"

"这就是我们的××隔离防晒霜。经过《化妆品观察》统计,我们这款防晒霜连续5年销量全国第一,被誉为防晒冠军产品。"

"听起来不错,那我们谈谈吧。"

案例四:

推销员小陈来到某小区,准备向他事先了解过的某个准客户推销吸尘器,

159

于是，他敲开了客户的家门，开门的是一位女士。

"太太，您好，我是××吸尘器销售公司的业务代表小陈，是这样的，一周前我和您的先生约好了……"

"我们现在不需要。"

"看得出您很忙，有您这样的人持家，您的家人一定十分幸福。"

"噢，谢谢，今天我老公不在家。"

"您先生是一位事业有成、在业界很有影响力的优秀人士，那句话说得一点没错：每一位成功男士的背后都有一位伟大的女人。"

"过奖了，我听我老公说过买吸尘器的事儿。而且我们对你们的产品还是很感兴趣的，这样，你先进来等一会儿，他马上就要回来了。"

由此可见，客户开发就是会说话的艺术。

2. 开发新客户的沟通技巧

开发新客户的沟通需要真诚，但除了真诚之外还要有一些技巧。我们将其分为不同的阶段，给出不同的沟通模板。

当你要欢迎新客户，介绍自己和公司时，可以这样说：

"您好！我是致远教育公司的销售代表林想。非常感谢您选择与我们合作。我是您的专属业务顾问，将竭诚为您服务。我们公司成立于2014年，专注于提供教育领域的解决方案，已经成功帮助众多客户实现了他们的目标。"

做完自我介绍，就要询问客户需求和背景。这时，需要这样说：

"为了更好地满足您的需求，我想了解一下您的具体情况。您目前面临的主要挑战是什么？您对所需要的产品或服务有什么特殊要求？您的预算范围是怎样的？了解这些信息后，我将能够为您提供更精确的建议。"

在了解对方的需求之后，就要给客户介绍产品或服务的特点和优势。可以这样介绍：

"根据您的需求，我为您推荐我们公司的明星产品——中考加油包。这款产品包含各科目总复习课程、强化课程等，并且，已经获得了众多客户的认可和好评。相信它能够为您的孩子带来巨大的价值。"

当对方根据产品提出疑问时，要这样解答客户疑问和对需求分析：

"我理解您可能还有一些疑问。这是很正常的。我会尽我所能为您解答。同时，为了更好地满足您的需求，我想进一步为您分析一下。根据您的情况，这款产品可以帮助您解决孩子总复习等问题,同时带来中考政策讲解等好处。"

在对方接受了产品之后,就要谈判价格和合同条款。此时,可以这样说:

"关于这款产品的价格,我们提供多种灵活的报价方案,确保我们的价格与您的预算相匹配。此外,对于合同条款,我们可以根据您的具体需求进行定制,确保双方权益都得到充分保障。"

对方已经认同产品后,应促进成交和后续服务承诺:

"现在是个好时机来达成合作。我们将为您提供优质的售后服务,确保您的满意度。同时,如果您在使用过程中遇到任何问题,我们的团队随时待命,为您解决任何问题。"

当对方被你打动,最终选择购买产品后,你要与客户建立信任关系:

"我们非常重视与您的合作,希望能够与您建立长期稳定的伙伴关系。为此,我们承诺为您提供高质量的产品和服务,并且我们会始终以您的满意度为首要任务。期待在未来的日子里与您共同成长和发展。"

以上就是在开发新客户时,每一步的沟通技巧。不过沟通技巧不是唯一标准,还需要你根据客户的性格、喜好等因素进行沟通。

3.拜访老客户的沟通技巧

现在,我们来做个小测试,检验一下你对如何拜访客户的了解程度。

(1)关于销售人员在拜访客户时的做法,表述不正确的是(   )。

A.把容易沟通的人列为拜访对象

B.商谈项目近期执行,应该抓紧拜访客户

C.不需要提前约定,突然拜访更好

D.可以先进行试探性拜访

(2)销售人员首次拜访客户的目的在于(   )。

A.建立与客户之间的信任关系　　　B.介绍产品

C.了解客户的需求　　　　　　　　D.更好地服务客户

(3)下列选项中,不属于销售人员建立客户信任感所具备的是(   )。

A.丰富的知识　　　　　　　　　　B.得体的形象

C.热情的语言　　　　　　　　　　D.诚恳的态度

(4)面访客户时,销售人员应该提前到达的时间是(   )。

A.5分钟　　　　　　　　　　　　B.10分钟

C. 15分钟　　　　　　　　　D. 半小时

（5）销售人员在面访客户时，不必要的做法是（　　）。

A. 自身修养　　　　　　　　B. 着装得体

C. 亲切称呼客户　　　　　　D. 送见面礼物

（6）关于销售人员与客户闲聊的表述，不正确的是（　　）。

A. 目的是激起客户的表达欲望

B. 可以营造友好宽松的氛围

C. 时间越长越有利于培养亲切感

D. 使客户获得自我满足感

（7）销售人员与客户从闲聊进入正题阶段时，应该采用的提问类型是（　　）。

A. 开放式问题　　　　　　　B. 选择式问题

C. 封闭式问题　　　　　　　D. 综合式问题

（8）下列选项中，不利于维持好客户表达欲望的做法是（　　）。

A. 保持良好的倾听姿势　　　B. 及时驳斥客户的异议

C. 适时打断，记录关键点　　D. 倾听客户的抱怨和期望

（9）关于销售人员的表达技巧，表述不正确的是（　　）。

A. 积极宣传公司的好事　　　B. 尽量避谈恶劣事件

C. 谈及敏感事件应先营造气氛　　D. 为表达真诚，对客户无所不谈

（10）销售人员往往最难应付的客户类型是（　　）。

A. 驾驭型　　　　　　　　　B. 平易型

C. 分析型　　　　　　　　　D. 表现型

让我们看一下答案，对照检查你都能答对了吗？（见表4-1）

表4-1　心理测试答案

1	2	3	4	5	6	7	8	9	10
C	A	C	B	D	C	C	B	D	B

拜访老客户是维系良好客户关系、开发业务和增加销售量的重要环节之一。以下是一些拜访老客户时的沟通技巧，可以帮助你有效地与客户建立联系和加强合作。

常用话术一，打招呼与建立联系。

"您好！我是通过之前的合作，对您公司非常感兴趣的销售代表。"

"很高兴再次与您取得联系，希望能继续为您的业务提供协助。"

常用话术二，表达感谢与回顾合作。

"首先，我想表达您过去对我们的支持与合作的感谢。"

"非常感谢您选择我们的产品/服务，并给予了我们这么多的机会和信任。"

常用话术三，提及新产品/服务。

"我很高兴向您介绍我们最新推出的产品/服务。它能够满足您现有业务的需求，并有助于优化您的运营效率。"

"我们团队一直在努力开发创新的产品/服务，能够为客户提供更多价值。我确信它们会给你的公司带来正面的效应。"

常用话术四，探索潜在需求。

"我想听听您目前的业务状况和面临的挑战，看看我们能否为您提供更好的解决方案或支持。"

"您是否有其他方面的需求或问题，我们可以帮助您解决？"

常用话术五，展示案例与证明价值。

"我们有一些来自其他客户的成功案例，可以与您分享。他们在使用我们的产品/服务后，取得了显著的成果和效益。"

"我可以为您提供一些实例，展示我们的解决方案是如何为其他客户带来积极的商业结果的。"

常用话术六，提供个性化建议。

"根据您的业务需求和目标，我可以为您定制适合您的解决方案。"

"我们可以针对您的具体业务情况，提供个性化的计划和建议，以实现最佳效果。"

记住，在与老客户拜访时，建立良好的关系并维持信任非常重要。做到始终倾听他们的需求，并提供相关的解决方案，以确保他们的满意度和忠诚度。总之，只要通过充分的准备、积极的沟通和关注客户的需求，你就可以提高拜访老客户的沟通效果，并建立稳固的合作关系。而且，这样不仅能够提高和维系老客户的满意度，还能为你的业务增长和发展做出贡献。

4. 新客户习惯性拒绝的经典问答

当涉及问答环节时，有些客户可能会出于习惯或其他原因对回答产生拒绝的倾向。以下是一些常见的拒绝态度及其解释：

（1）"我很忙，没时间听你讲。"

"像您这样的成功人士肯定是很忙的，时间特别宝贵。不过，我只占用您三分钟的时间，把我们公司和品牌给您分享一下，我相信这些信息对您来讲是很有商业价值的。"

（2）"你把资料留下，有需要我再联系你。"

"资料我肯定会给您留下。您公司做得这么好，方方面面需要处理的事情也非常多，我们的资料很多，看资料也会消耗您的宝贵时间，我只占用您三分钟的时间，把我们公司和品牌给您分享一下，我相信这三分钟对您来说还是值得的。"

（3）"我考虑一下。"

"您说得很对，做生意就是要慎重考虑，特别是关于选择新的合作伙伴和品牌，必须全面了解公司和品牌以及产品情况。您是要考虑哪一方面呢？是品牌、质量、价格、合作条款，还是售后服务？今天我刚好在，我一定会给您全面的解答。"

（4）"我们不需要。"

"我了解到您代理的品牌很多，假如有一个品牌，不仅能给您带来数量可观的客流量，每个月平均下来还能增加至少数万元以上的利润，您感兴趣吗？"

（5）"你们没有××品牌好。"

"××品牌确实挺好的，这说明您非常有眼光。我们公司已经成立×年了，拥有××品牌，员工多少人，年营业额达到多少元，我们的品牌质量好，售后服务好，现在代理商有××，比如××公司都在代理我们的品牌。您可以去了解一下，引进我们品牌，绝对不会让您失望。"

（6）"听人说你们的售后服务不好。"

"您这个反馈特别重要。您也知道，每一家公司都不可能做到100%让消费者满意，华为做不到，苹果做不到，当然我们也不可能完全做到。但是，我们公司的服务宗旨是'服务只有起点，满意没有终点'。我们在售后服务上肯定有做得不到位的地方，为此我们一直在改进，让客户满意是我们追求的目标。目前，我们客户满意率在95%以上。您能详细说一下售后服务信息吗？我立即反馈给公司，第一时间处理您反映的这个售后服务问题。"

（7）"你们的价格太高了。"

"价格是挺高的，但您也知道一分价钱一分货。那些国际知名的奢侈品，价格动不动就几万几十万元，但品质确实好。我们品牌之所以价格高，是因为我们的产品从来不偷工减料，原材料品质过硬，制造过程严把质量关，确保消费者买到的是一流的产品。另外，售后服务也是很重要的，我们的价格虽然高一些，但消费者得到的是超值的产品和服务。"

（8）"我们销售的是××品牌，暂时不想换。"

"我非常理解您的想法，这说明您是一位值得合作的企业家，也说明您是一位很有商业道德的好老板。但现在是一个完全竞争的商业形态，变则通，通则久，如果我们能够不断创新，超越过去，与时俱进，那么我们就能更好地把握商机。和我们公司合作，不仅有一流的产品，更有最新的商业模式和营销策略，能够让您在激烈的市场竞争中立于不败之地。"

（9）"如果合作，价格能不能再低一点。"

"我太佩服您的商务谈判能力了，真的是太强了。是这样的，我们这个价格已经没有调整空间了，对于您这样的合作伙伴，我们的供货价是统一的。我看您特别有诚意，这样吧，我向公司申请一下，在促销活动、销售返点、进货配赠等项目上给予您政策扶持，您看这样行吧？"

（10）"能不能先铺货，货卖完了再付款。"

"我非常理解您的想法，换位思考一下，我也希望先铺货。但公司的政策一直都是先款后货，因为我们的运营费用是很高的，比如制造成本、宣传费用、促销费用、员工工资、售后服务、物流运输等，这些项目需要的现金流是很大的。所以，请您理解我们公司先款后货政策，当然，如果咱们能达成合作，我会在其他方面，比如促销活动、销售返点、产品配赠等方面给您申请政策，您看这样好吧？"

当面对这些经典的拒绝问题时，关键在于理解客户的疑虑并提供明确、具体、为客户定制的解释和选项。这有助于建立信任和互动，进而推动业务关系的顺利进行。

5.门店销售应答话术

门店销售是一种传统的零售模式，通过实体门店向消费者提供商品和服务。它既是中小型企业和个体商户主要的销售渠道之一，又是消费者获取产品和体验购物的重要方式。关于零售店售卖有如下特性：顾客能够亲自体验并测试产品，从而增强其购置产品的信任感和满足感；零售店售卖模式能实现直接的人际交流与服务，使得销售员能够依据客户需求及喜好，提出定制化意见和推介；同时，零售店售卖方式还向顾客提供了便利的售后支持和退款/调换货途径。

门店销售的十大应答话术具体如下：

（1）"我随便看看。"

"您好，我们店里的品类很多，您对哪个品类感兴趣，或者您有什么需求，我可以有针对性地给您介绍一下，这样也可以节约您的时间。"

（2）"太贵了。"

"刚接触这个品牌的时候，我也觉得贵，但看到有那么多回头客，看到他们脸上洋溢着笑容的时候，我才明白产品不是贵不贵的问题，而是品牌、质量和品位更重要。宝马车贵不贵？奔驰车贵不贵？LV的包贵不贵？它们都很贵啊，但确实好。您也知道一分价钱一分货的道理，我们的产品质量好，工艺好，有品位，售后服务做得好，所以价格相对高一些，但品质绝对有保证。您看是拿这个还是拿那个？"

（3）"你们的产品真有那么好吗？"

"当然好啦！来我们店里的大多数消费者都是回头客，您今天买了，相信您下次还会来的，放心吧，我现在就帮您把这款产品包上。"

（4）"从来都没有听说过这个牌子。"

"因为我们品牌很少打广告，所以您可能真的没听说过。那些经常做广告的品牌，大量的广告费最后还是让消费者承担。我们品牌不打广告，是把打广告的费用让利给消费者，所以产品的性价比特别高，让消费者花最少的钱买到质量一流的产品，来我们店的顾客，大多数最后都成了回头客，我相信您今天买了，改天还会来的。"

（5）"这个适合我用吗？"

"刚才您已经试过了，我感觉这件特别适合您，像您这样的顾客我服务得比较多，基本上我都会推荐这个，他们都特别满意，回头再来买的也很多，我们店的顾客大多数都是回头客。"

（6）"我没有钱。"

"很多人都说自己没有钱，其实都是太低调了。看您的气质和品位，也是很有实力的。我来帮您推荐一下，这几款商品的性价比还是很高的，我建议您拿这一款。"

（7）"我再和家人商量一下。"

"不用商量了，因为我们比您的家人更专业，更了解消费者。我们见的顾客很多，都是专业的推荐，而家人并不知道什么最适合您，您说对吧？根据您的需求、气质、职业，我给您推荐这几款，尤其是这一款，性价比很高。"

（8）"我再考虑考虑。"

"买东西时考虑一下是对的，咱不能花钱买一件不好的商品，对吧？请问您是考虑品牌、质量、价格还是售后？我来帮您解答一下。"

（9）"现在打折吗？等打折后再买。"

A."不好意思，我们产品不打折，是全国统一价格。如果您确定买的话，虽然不能打折，但是我可以向我们店长给您申请再送一个礼品，您看如何？"

B."恭喜您，今天我们刚好有促销活动，在活动期间买最划算。我建议您多拿几件，像这几件都特别适合您，如果您能全部拿的话，可以享受特别优惠政策。"

（10）"我再到别的店看看。"

"可以。您在我们店已经看了也试过了，这几件也特别适合您，我建议您拿了，相信我没错的。像您这样的顾客我见得很多了，都是在我们店转完，又到别的店，转了一圈后又回来买我们店的，最后都挺开心的。您再去转转，欢迎您再回来。"

（11）"我改天再来买。"

"没问题，欢迎您经常过来。但是这款商品现在有货，您改天再过来时有可能就没库存了，到时候调货又有个周期。所以我建议您今天先下单买了，不合适的话可以随时过来调换，您看这样好吧？"

6.处理客户投诉的有效沟通技巧

面对客户投诉时，有效的沟通技巧可以帮助我们解决问题、改善客户体验，并建立积极的业务关系。以下是几种处理客户投诉的有效沟通技巧：

（1）保持冷静。在处理客户投诉时，首先要保持冷静和客观。不论客户的情绪如何激动或者态度如何强硬，我们都要保持冷静，不要被客户带偏节奏。这样才能够在沟通中保持清醒的头脑，找出解决问题的最佳方法。

（2）先倾听，后解释。面对客户投诉，我们要积极倾听他们的诉求和意见。不要打断客户的话，让客户充分表达自己的不满和诉求。通过倾听，我们可以更好地了解客户的诉求，为解决问题打下基础。

（3）表示同情和理解。在听完客户的投诉后，要表达对他们的同情和理解。让客户知道，我们很重视他们的意见，并且理解他们的不满和诉求。这样做可以稳定客户的情绪，拉近与客户的关系。

（4）详细了解情况。在表示同情和理解之后，我们要进一步详细了解客户所遇到的问题和情况。这步骤可以通过提问和引导的方式进行，以便更好地掌握问题的核心和细节。

（5）解决问题。在了解了客户的问题后，我们要尽快采取行动解决问题。这可能涉及道歉、退款、换货等措施，要表现出诚信和负责任的态度并尽可能满足客户的需求和期望。

（6）避免争辩和指责。在处理客户投诉时，要避免与客户进行争辩和指责。客户的情绪往往比较高涨，争辩只会使事情变得更加糟糕。因此，我们要尽量保持冷静，客观且理智地分析和处理问题。

（7）及时反馈。这样能够协助我们持续提升产品和服务的质量与水平，从而增强客户的满意度和忠诚度。

通过运用以上这些沟通技巧，我们可以更好地与客户进行交流，解决问题，提升客户满意度，并建立长期的、积极的业务关系。

7.客情维护的沟通原则与秘诀

在商业领域，客户感情的维持和建立是至关重要的。不仅仅是完成交易，更重要的是建立长期的合作关系。客户感情的维持涉及了解客户的需求和期望，提供个性化的服务，以及时刻保持有效沟通和互动。通过专注于客户满意度和体验，我们可以赢得客户的信任和忠诚，并与他们建立稳固的关系。客户感情的维持需要持续的投入和关注，通过及时回应客户的反馈和需求，并提供超越期望的服务，我们能够与客户之间建立起更加紧密的联系，确保与客户的关系长久稳定。

在与顾客交流时，我们需要充分尊重他们的观点和感受，理解他们的立场和需求。不轻视或忽视客户的意见，认真倾听并给予积极的回应。通过尊重和理解，建立良好的沟通基础，提升客户满意度。

积极倾听是维护客户感情的关键。要认真倾听客户的诉求，有助于了解他们的需求和期望。在倾听过程中，不要打断对方的思考，让他们能够充分阐述自己的看法和疑问。通过有效倾听，可以更好地掌握客户的需求，为客户提供更好的服务。

在沟通中，要及时向客户反馈他们的意见和诉求。让客户知道自己的声音已被听到，并且得到了关注。反馈时要具体、明确，并避免使用模糊或难以理解的语言。通过合理且有效的反馈机制，构建积极且稳定的信任关系，增强客户的忠诚度。

与客户建立情感联结是维护客户感情的重要一环。通过关注客户的情感需求，使用和表现关心、温暖的语言和积极的态度，让客户感受到真诚的关怀和尊重。同时，不定期地与客户用餐、节假日的慰问、上门拜访、客户有重大喜事时登门祝贺等，让客户感觉与你合作非常愉快。另外，为客户提供附加服务，比如利用自己的人脉帮助客户解决业务或者私人问题。常言说，工夫在诗外。销售的本质是销售自己，即售观念，卖服务。只有把自己推销出去了，客户认可了你，也就认可了你的公司和产品（服务），就有了情感的联结，从而增强了客户忠诚度和提升了客户满意度。

商务沟通的多样技巧

商务沟通，是指在商业环境下进行有效交流与信息传递的过程。在商业交流过程中，人们利用各种语言、文字、非语言以及技术工具等手段与他人进行互动，目的是达成一致意见，分享信息，并做出商业决策和交易。

有效的商务沟通对于建立信任、促进合作、解决问题和实现商业目标至关重要。它涵盖了沟通技巧、表达能力、理解他人观点的能力以及适应不同文化和背景的需求。在商务沟通中，人们应注重清晰明了地表达、积极倾听和正确理解对方需求，以便建立牢固的商业关系，并实现双方的利益最大化。

1. 用5项修炼去撬动每一场谈判

在商务谈判时，使用5项修炼方法可以助你取得更好的结果。以下是关于这些修炼方法的概述：

第一项，在谈判前做好充分的准备。在谈判之前，了解所有与谈判方相关的背景信息，包括对方的需求、利益和限制。研究市场条件、竞争对手以及相关法律法规。精心且充分的准备可以增强你的自信，并使你能够更好地应对可能发生的情况。

第二项，在谈判过程中，注重与对方建立良好的关系。建立良好的人际关系是保障谈判成功的核心。通过真诚的交流、尊重和倾听对方的观点，你可以建立信任和合作的基础。寻找共同的利益点，并着重强调合作，而不是对立。良好的关系有助于处理潜在的冲突，并促进双方共同达成协议。

第三项，做到灵活应变。在谈判中，灵活性和适应能力是非常重要的。不要坚持固有的立场，而是随时准备调整策略。倾听对方的意见，并在需要时做出妥协。寻找双方都能接受的解决方案，以实现双赢的局面。灵活应变可以帮助你避免僵局，并促进合作。

第四项，逐步强化沟通。有效的沟通是保证成功谈判的关键。清晰地表达自己的观点和利益，同时倾听对方的需求和关切点。使用有效的沟通技巧，如积极倾听、提问和概括。确保双方都明确理解对方的意思，并避免误解和纠纷。有效沟通可以促进双方的合作和理解。

第五项，坚持原则。在谈判中，保持坚守原则的立场是很重要的。明确自己的底线和目标，不轻易妥协。同时，也要理解对方的底线和限制。坚持原则可以帮助你获得更有利的交易条件，并避免被不利的协议束缚。

2.6个工具让你在谈判中左右逢源

在谈判时，有一些工具可以帮助你应对自如。这些工具的使用旨在提供支持和策略，使你能够在谈判过程中取得更好的效果。下面是6个谈判工具：

（1）数据分析工具。在谈判中，数据是非常重要的工具。使用数据分析工具可以帮助你收集、整理和分析关键数据信息，从而更好地了解谈判对手的背景、需求和限制。这样，你就能在谈判中做出更明智的决策并提出更有说服力的论点。

（2）交流和沟通工具。有效的沟通是成功谈判的关键。使用交流和沟通工具，如在线会议平台、即时通信工具和电子邮件，可以更好地与对手进行沟通，并确保信息的及时传达和理解。当然，面对面的会议也是经常被用到的，但在线工具可以为谈判提供更大的灵活性。

（3）模拟和演练工具。在谈判前进行模拟和演练，对成功谈判是非常有益的。使用一些模拟和演练工具，你可以模拟出各种谈判场景，并尝试使用不同的策略和技巧。这样，在真正的谈判中，你就能更加从容和自信地应对各种情况。

（4）时间管理工具。谈判可能需要花费很长时间，特别是在复杂的交易中。使用时间管理工具可以帮助你有效地安排和分配时间，以确保谈判进展顺利并遵守时间限制。这样，你就能够更好地控制谈判的节奏，并在有限的时间内达成最有利的协议。

（5）法律与合规工具。在谈判中，法律与合规问题至关重要。使用法律与合规工具可以帮助你了解相关法规和合同条款，并确保你的提议和协议符合法律要求。这样，你就能够更好地保护自己的权益，并在谈判中避免风险和纠纷。

（6）谈判记录和分析工具。记录和分析谈判过程很重要。使用记录和分析工具可以帮助你跟踪和回顾谈判细节，了解谈判的进展和动态，并从中提取有益的信息和总结经验。这样，你就可以在今后的谈判中应用这些经验，不断提高自己的谈判技巧和策略。

综上所述，以上这些工具可以为你提供支持和辅助，帮助你在谈判中左右逢源。然而，工具只是辅助，成功谈判的关键还是你自己的谈判能力和策略。

3. 利用7个维度打造"沟通即服务"

利用7个维度打造"沟通即服务"时，是一种基于多个方面的方法，主要适用于优化和提升沟通体验。以下是对这7个维度的简要阐述：

（1）可视化维度。利用图表、图形和可视化工具，将信息以更直观、易理解的方式传达，提高沟通的效果和有效性。

（2）多模式维度。通过结合多种媒体形式，如文字、图片、视频、声音等，满足不同人群的需求，使沟通更加全面、丰富和具有互动性。

（3）即时性维度。强调实时性。通过高效的通信工具和实时沟通渠道，实现即时的沟通和反馈，提高工作效率和快速决策。

（4）个性化维度。通过了解每个个体的特点和偏好，提供定制的沟通方式和内容，使沟通更加精准、个性化，增加信息的吸引力和可读性。

（5）多渠道维度。通过多种渠道和平台进行沟通，包括手机、邮件、社交媒体等，确保信息可以多角度、全方位地传播和接收。

（6）双向性维度。强调互动和反馈。通过建立双向沟通的机制，鼓励参与和合作，帮助双方更好地理解和表达意见、需求和想法。

（7）安全性维度。注重信息的保密性和安全性。通过采取相应的加密和控制措施，防止信息泄露和被不当使用，增加沟通信任和可靠性。

通过综合利用这7个维度，可以构建一个完善的"沟通即服务"系统，有助于使沟通更加高效、有效和个性化，满足不同背景、需求和情境下的沟通需求。

4. 8个秘籍让你在沟通时如鱼得水

以下是8个秘籍，可以帮助你在沟通过程中更加自如和有效。具体内容如下：

秘籍一，倾听为先。在我们准备开口说话之前，最重要的就是先听对方怎么说。无论是在任何对话情境里，我们都必须先掌握"倾听"的能力。有效沟通并不仅限于言语表达，还包含了对他人的意见、需要及情感的关注与理解，这样才能够更为恰当地做出反应并且构建关系。

秘籍二，在开口前一定要三思，注意言辞得体。使用尊重、礼貌和恰当的言辞，避免攻击性、贬低性或模糊不清的表达。这样可以让对方感到被尊重，更愿意与你交流。特别是不要为自己不当的言辞找借口，比如，"我这个人说话直"，这只能说明你不会说话。

秘籍三，懂得察言观色，掌握非语言沟通技巧。除了利用言语表达，非语言沟通也很重要。注意自己的肢体语言、面部表情和语气，确保它们与你的言语一致，有助于增强沟通效果。有的人可能并不想跟你交谈，但是出于某种原因不得不与你交谈，这时候，你听的不是他说了什么，而是看他在做什么表情和动作。

秘籍四，学会适应不同的沟通风格。每个人都有自己的沟通风格。了解并适应对方的风格，可以让沟通更加顺畅。例如，有些人更喜欢直接、明确的方式，而有些人更喜欢委婉、含蓄的表达。

秘籍五，要主动表达。不要害怕表达自己的观点和需求。清晰、直接地表达有助于对方理解你的立场，减少误解和冲突的发生。你主动说出来的话和你被迫说出来的话，可能是两种意思，尤其是在你想拒绝别人的时候，直接表达出自己的主观要求就行。

秘籍六，要会回应与确认。在沟通过程中，及时回应对方并确认理解对方的观点，可以加强互动和建立信任。

秘籍七，保持开放心态。尽量避免预设判断结果或立场，保持开放的心态去倾听和接受不同的观点。这有助于促进建设性对话和解决问题。有一句话说得好，"我不赞成你的观点，但我允许你阐述你的观点"。

秘籍八，持续学习和反思。掌握沟通技巧不是一蹴而就的，需要不断地学习和反思。通过观察自己的沟通表现，找出不足之处并寻求改进，可以提高沟通效果。

遵循以上这些秘籍，你可以在沟通中更加自如、自信和有效。记住，沟通是一门艺术，需要不断地积累经验和练习。

5. 深度剖析9个最常用的沟通场景

当你遇到各种沟通场景时，深入探讨并了解其内涵和应对方法是至关重要的。下面将深度解析9个最常见的沟通场景，以帮助你更好地应对挑战。

场景一，商务会议。

目的：传达信息、达成共识、解决问题。

技巧：明确会议目标、提前准备、主动发言、倾听他人观点、提问与回答。

挑战：时间控制、跑题、信息过载。

场景二，工作汇报。

目的：提供工作进展、存在的问题及建议。

技巧：重点突出、客观准确、给出解决方案。

挑战：如何有效地总结与提炼观点。

当我们进行工作汇报时，沟通场景可以分为以下三种情况，分别是个别沟通、小组会议和大型会议或展示。其中，个别沟通，就是与他人进行一对一的对话，帮助他们准备工作汇报。即我可以提供数据分析信息、报告撰写和演示技巧方面的建议，并回答问题和解决疑惑；小组会议，指的是在小组会议中，帮助整理汇报内容，提供相关数据信息和图表，并在需要的时候进行实时翻译和注释；大型会议或演示，在这个过程中可以帮助制作幻灯片、整理文档内容，并根据听众反馈调整演讲风格和语言。

场景三，面试沟通。

目的：了解候选人、评估其能力和适合度。

技巧：开放性问题、了解背景、反馈与提问。

挑战：如何判断信息的真实性与可信度。

场景四，客户沟通。

目的：了解需求、提供解决方案、建立联系。

技巧：倾听优先、针对性回应、保持专业。

挑战：处理投诉与异议。

场景五，团队内部沟通。

目的：协同工作、知识分享、建立团队精神。

技巧：及时交流、互相尊重、明确分工。

挑战：如何处理不同意见与冲突。

场景六，社交沟通。

目的：建立关系、信息交流、娱乐休闲。

技巧：寻找共同话题、展现个人魅力、适度分享。

挑战：避免过度倾诉或冷淡回应。

场景七，家庭沟通。

目的：增进感情、解决问题、共同决策。

技巧：情绪管理、坦诚表达、尊重个人空间。

挑战：避免争吵与冷战。

场景八，危机沟通。它是一种特殊形式的沟通，涉及应对紧急、紧张和不确定的情况。它在各种领域都存在，包括公共危机、组织危机、个人危机等。而且，危机沟通是一项复杂的任务，需要具备高度的敏感性、透明度和应变能力。有效沟通可以减少焦虑和恐慌，增强公众和相关方的信任，并最大限度地降低危机带来的负面影响。

目的：控制事态、缓解紧张氛围、恢复形象。

技巧：及时响应、保持透明度、提供解决方案。

挑战：如何避免信息误传或隐瞒真相。

场景九，媒体沟通。它在现代社会中扮演着重要的角色。它不仅是信息传播的重要方式，还是推动社会发展和引导公共舆论的重要工具。有效地与媒体沟通，可以帮助个体和组织更好地传达信息，增强影响力。

目的：传达信息、塑造形象、宣传品牌。

技巧：准备充分、简明扼要、注意措辞。

挑战：应对突发事件和避免敏感话题。

通过深入了解和熟练运用这些沟通场景的技巧，你将能够在各种情况下更加自信和有效地进行沟通。

第五章
共情沟通：沟通的最高境界

共情沟通是一种理解和关心他人感受的沟通方式。它是通过积极倾听、感同身受和坚持以他人为中心的理念，实现与他人建立真实的情感联结。

共情沟通能够帮助我们更好地理解他人的需求、情绪和思维方式，从而更有效地回应他们的情感和需求。通过共情沟通，我们能够建立更深层次的人际关系，增进互相理解和信任，营造良好的沟通氛围，从而达到更好的交流和合作的效果。

自以为是的沟通只是一个人的自嗨

自以为是的沟通方式,是一种表现出对自己观点的过度自信并且不愿意倾听他人意见的沟通方式。这种沟通方式通常忽视他人的观点和感受,并且以自己的观点为唯一正确的立场。这种沟通方式缺乏真正的双向交流和相互理解,可能导致冲突和误解的产生。在良好的沟通中,我们应该尊重他人的观点、倾听他人的意见,并且愿意接受不同的观点和观念。

要想别人能够理解并听懂我们的意思,我们自己首先要将想要表达的内容说得清楚明白。这一点在沟通和交流中至关重要。

说得清,意味着我们需要对自己想要表达的内容进行充分的思考和准备。在表达之前,我们应该明确自己的观点、想法与情感,并有条理地组织我们要传达的信息。我们可以通过列出要点,提供例子或者事实,以及用简洁明了的语言来表达自己的观点。

我们先来做一个小测试,在你认为正确的选项前面打钩。

(1)你的一位朋友习惯不修边幅,在你给他介绍新朋友的时候,他却穿得很邋遢。此时,你会对他说:

A.你就不能稍微打扮一下吗?你这样子也就是我能接受,是个人都无法接受。

B.你怎可穿成这样?我觉得你还是换件衣服比较好,毕竟第一次见面要留个好印象。

C.你这样子打扮,真的很可爱,能够展现出真实的自己。

(2)你的朋友兴致勃勃地做了个新发型,她回来后问你这个造型好看吗?你是如何回答的呢?

A.看一下她,然后笑笑,不予置评。

B.笑着说道:"若喷上定型水,一定迷死人。"

C. 你这个新发型很适合你。

（3）你如何向熟悉的按摩师解释，他虽然用新手势为你推拿，但你却感到不舒服。

A. 很有礼貌地说："这个力度有些大，请轻一点。"

B. 只懂大叫："我去！我去！"

C. 不客气地说："你到底行不行啊，太大力了，想弄死我啊！"

（4）你认为自己说话有多诚实？

A. 说话的时候总是多想，从不轻易得罪人。

B. 有时出于避免他人感到不满的考虑，我会讲一些无害的小谎话。

C. 有话直说，不管对方表情。

（5）你将新交的女朋友介绍给你的发小，回家路上女朋友说你的发小不喜欢她，你听了会怎么说？

A. 是啊，她确实不喜欢你，我跟她认识好多年了。没事儿，你是跟我谈恋爱，又不是跟她。

B. 别介意，她这个人慢热，不喜欢的话我们以后就不叫她。

C. 小傻瓜，你太敏感了，她哪有不喜欢你啊。

（6）一位有商业来往的顾客对你抱有好感，并向你索要微信号，你会如何应对？

A. 直接跟他说你们只是合作关系，对他没有任何感觉。

B. 把微信号给他，但已经打定主意就算他发微信也不理。

C. 尽管你对他的评价很高，但你从未与通过工作结识的异性有过任何约会经历。

（7）请完成以下句子：假如事实真相会对他人产生伤害……

A. 那也没办法。

B. 那就不说出来。

C. 把话说得好听一点。

（8）他对音乐充满热爱，为你演奏了一首歌曲。然而，听完后，你觉得他并非专业的音乐人才。当他向你询问观点时，你回答说：

A. 这不是我喜欢的音乐类型，听不出来有多好听。

B. 很好，我觉得你就是未来的歌星。

C. 亲爱的，你这水平根本就是业余，还是要好好上班。

（9）你如何应对上级听说有人对公司产生不满，因此向你询问事实真相的反馈？

A. 有谁会想离开公司。

B. 最近有人频频罢工。

C. 虽然我不确定具体情况如何，但确实存在一些同事对新领导团队表示不满。

（10）如果你是一位时装店售货员，遇到一位肚子很大的顾客，你会怎么表达？

A. 给您介绍两款带有松紧设计的裤子。

B. 很好看，不过没有松紧设计我觉得您会不舒服。

C. 我们这里可没有你这么胖的尺寸，太胖了，再不瘦瘦买不到裤子了。

测试题的评分标准如下。（见表5-1）

表5-1　心理测试评分标准

	A	B	C
（1）	2	1	0
（2）	2	1	0
（3）	1	0	2
（4）	0	1	2
（5）	2	1	0
（6）	2	0	1
（7）	2	0	1
（8）	1	0	2
（9）	0	2	1
（10）	0	1	2

我们来分析一下你的最终得分所传达出来的信息。

16分及以上：你是"诚实"的，但这并不是你为人处世的策略，而是你的性格所致。但是，你的诚实有时候可能会引起身边朋友、同事的尴尬，甚至是伤了对方的心。你需要分清楚直率和鲁莽是两回事，你需要知道，诚实不代表说话直来直往。因此，你要多学习说话的技巧，在沟通中要顾及别人的感受。这样就不会"好心惹人厌"了。

8~15分：你很圆滑，算得上是位外交高手。你懂得如何把话说到别人心里去，你也懂得如何为别人着想，因此，很多人都喜欢听你说话。因为你既具有诚实的特质，又能够拿捏住直爽的尺度，让说出的话都成为艺术，让自己成为坦白而善解人意的人。

7分及以下：为了让别人喜欢你，你说的话带有几分夸张，几分虚假。可能跟你刚认识的人还挺喜欢你，但只要与你相处时间长了，别人就不会喜欢你。所以，你需要让自己不那么圆滑，也别说那么多虚伪的话。

经过上述测试，相信你对自己的沟通能力已经有了一定的了解。在未来的社交活动中，我们应该通过学习来提升自己的交流技巧，并补齐自己的短板。

另外，在沟通时，要注意语言的选择和表达方式。使用清晰、准确的词语和句子结构，避免使用含混不清或者模糊的词汇。并且，要针对不同的受众和场合，选择合适的语言和表达方式。例如，对于专业人士，可以使用行业术语，但如果沟通对象是非专业人士或普通大众，我们需要使用更加通俗易懂的语言。

总而言之，要想别人能够听懂我们的意思，我们需要认真思考并清晰地表达自己的观点，选择恰当的语言和表达方式。并且，关注听众的理解和回应。只有这样，我们才能实现有效的沟通和交流。

好的结果是"我愿意听你说"

有效沟通能达成的最好结果是："我愿意听你说。"最坏的结果是："对方拒绝与你沟通。"

怎样才能让对方愿意听你说的话呢？

沟通最好的结果是各方愿意主动参与和交流。当参与者都有开放的心态，愿意倾听他人的观点并表达自己的想法时，沟通就能达到最好的结果。

在这种情况下，人们能够建立起相互间的信任和尊重，这种信任和尊重是有效沟通的基础。他们会积极倾听对方的意见，理解彼此的立场，对提出的问题积极寻求解决方案。他们愿意共享信息，考虑到对方的需求和利益，以达成双方共同的目标。

然而，要实现有效沟通需要注意一些关键要素。首先是积极倾听，即真正倾听对方的观点和意见，而不是自说自话。其次是尊重和包容。要尊重理解和接纳不同的意见和看法。此外，清晰的表达和有效的沟通技巧也是实现良好沟通的重要因素。

总而言之，当所有参与者都愿意倾听和交流时，沟通就能够达到最佳结果。有效沟通不仅能够促进更好的理解和合作，还能够建立良好的人际关系和解决问题。

1. 很多事情没有对错，只是立场不同

正如一百个人看《哈姆雷特》，就会有一百个哈姆雷特一样，因为个人经历不同、站位不同、看问题的角度不同、身份不同，所以在面对同一件事情的时候，就会有不同的看法。

很多时候，看法并没有对错之分，只是因为立场不同而已。

我们会发现在许多情况下，许多事情并不能简单地分为对与错。实际上，对很多事情的判断和观点，往往是因为他人或团体有不同的立场和角度而产生的。这是因为每个人都有自己的价值观、经验、背景和信念系统，这些因素会影响我们对事物的看法和判断。

例如，在伦理或道德问题上，不同的文化、宗教信仰或哲学观点可能会产生不同的立场。一个行为可能在某些文化中被看作正确的，而在另一种文化中则被视为错误。但这并不意味着其中一方的观点是错误的，原因是我们对同一个问题有着不同的背景和立场。

此外，在一些复杂的社会、政治和经济问题中，也存在着不同的立场。例如，对于一项政策的利与弊，不同的利益相关方可能会有不同的观点。一方面，政策可能有助于经济的增长和发展；另一方面，它也可能对环境造成负面影响。在这种情况下，没有绝对的对与错，而是需要权衡和平衡各种因素。

因此，我们需要尊重理解和接纳不同立场的存在。通过倾听、对话和尊重他人的观点，我们可以促进理解和共识的形成。这种意识有助于建立包容性的社会和促进和谐的人际关系。尽管每个人可能持有不同的立场，但我们可以在其中找到共同点，以解决问题并取得进展。

2. 轻易下结论只会暴露浅薄

我总是跟学员们强调，不要轻易下结论。为什么要强调不要轻易下结论呢？因为很多时候你了解的可能不是整个事件，或者说事件最后发生了一些反转。这就让你之前下的结论显得浅薄而无理。

当我们遇到一个问题或者面临一个复杂的情况时，我们需要花时间去收集

信息、分析各种因素和进行深度思考。轻易下结论，意味着是在没有足够了解事实和考虑相关因素的情况下，仓促地得出结论或者做出决策。

这种行为的产生，往往是基于缺乏全面的知识、经验和深入思考，过分依赖个人情感、主观偏见或者表面的事实。这样的结论往往是片面的、局限的，不能完整地反映出问题的本质和复杂性。

相反，通过深入思考和充分了解问题的各个方面，能够帮助我们获得更全面、准确的信息，提高我们的判断力和决策能力。这种方式可以防止我们轻易被误导或者陷入思维定式，使我们能够更好地理解和解决问题。

因此，从一个更深入和全面的角度去分析和思考问题，而非匆忙干预，有助于避免由于缺乏知识和思考而导致得出浅薄结论。同时，这种方法有助于得出更有智慧、客观和准确的结论。

共情沟通，七分情绪，三分内容

共情沟通是一种理解和表达情感的方式，它注重在交流中与他人建立情感联结。在共情沟通中，情绪占据了七成的比重，而内容则只占据了三成。

这意味着，我们在与他人沟通时，更应注重情感共鸣和情绪的传递，而不仅仅关注于陈述和传达事实和信息。通过共情沟通，我们能够更好地理解对方的感受和需求，并能够更有同理心地回应和支持他们。

1. 没有人会被说服，除非他愿意

人的观点和立场往往是基于个人经验、信仰、教育背景等多种因素形成的，这使得人们在争论或辩论中很难被简单的事实或逻辑说服。关于"没有人会被说服，除非对方愿意被说服"的说法，可以理解为，在对方没有真正愿意改变自己观点的情况下，单纯地用言辞或论证很难实现说服。

人们对自己的价值观和信念通常有一种情感上的执着。因此，在面对不同的观点时，可能更多地寻求方法以巩固自己的立场，而不是愿意接受新的观点。这意味着，即使我们提供了充分的事实、逻辑或证据，只有当对方在内心接受并愿意改变自己的观点时，才能实现真正的说服。

然而，这并不意味着说服是不可能的。当我们在交流和争论中采取一种理性和尊重的方式时，我们就有机会影响他人，并在某些情况下改变他们的观点。这需要我们倾听对方的观点，与其建立共情，寻找共同点，并提供有力的论据和证据。同时，给予对方足够的时间和空间，让其自行思考和反思。

在沟通过程中，关键是要在建立互信和尊重的基础上，以理智和情感的双重因素来引导对方思考和接受新观点。这可能需要反复地交流和沟通，以便让对方感受到我们的真诚。最终，是否被说服还是取决于对方是否愿意接受新的观点，这个决定过程，可能受到多种因素的影响。

总而言之，虽然说服他人并非易事，但通过建立互信、倾听对方观点、提供有力的论证和证据，以及以理性和尊重的方式去引导对方思考，我们仍然有可能影响他人，并实现说服。

2. 沟通的本质就是影响和感召，终极目标是解决问题

我们说为什么离不开沟通，因为沟通是为了解决问题。

我们跟客户沟通，是为了拿到订单，解决公司发展的问题。

我们跟父母沟通，是为了让他们知道我们的真实想法，并促进家人之间的交流和加深情感。

我们跟同事沟通，是为了更好地合作，解决职场上的各类工作问题。

由此可见，沟通是为了解决问题。通过沟通，人们可以交流信息、分享意见，并寻求解决困难的方法和达成共识。

在沟通过程中，人们可以通过言语、文字、肢体语言和非语言交流来传达信息和意思。问题的解决通常是沟通的最终目的之一，因为人们往往希望通过交流来克服障碍、解决矛盾、取得进展或达成共同目标。

通过有效的沟通，人们可以更好地理解彼此的观点和需求，发现问题的根源，寻找创新的解决方案，并建立更强大的合作关系。沟通不仅有助于提高工作效率和生活质量，还可以促进个人和社会的发展。

因此，沟通的目标就是，通过交流、表达和理解来解决问题，以实现个体和集体的共同利益。

3. 培养具有共情力的沟通能力

培养具有共情力的沟通能力，是指通过理解、关注和认同他人的感受、观点和需求，以建立有意义的沟通关系。这种能力要求我们具备敏锐的洞察力，能够感知和理解他人的情感状态和内在需求。在沟通的过程中，共情力使我们能够更好地倾听和体验对方的感受，以便更好地回应和支持他们。

培养具有共情力的沟通能力，首先，需要培养起对他人感受的敏感性和关注度。这就意味着我们要学会放下自身的立场和偏见，真正倾听和理解他人所说的话语和表达的情感。通过积极倾听并询问问题，我们能够更深入地了解对方的需求和意图，以便更好地回应他们。

其次，培养具有共情力的沟通能力，需要我们学会放下自我，与他人建立联结。我们应该努力体会对方的感受和情绪，并以一种温和和支持的方式回应。要做到这一点，关键是要表达我们的理解、共鸣和支持，这有助于建立信任和实现情感联结。

最后，培养具有共情力的沟通能力，需要我们具备自我意识和情绪管理的能力。我们需要自我反省和调整情绪，以确保我们的回应是准确、尊重和有效的。通过意识到我们自身的情绪和反应，并学会适应不同的沟通场景，我们可以更好地利用共情力来实现有效沟通。

总而言之，培养具有共情力的沟通能力是建立良好人际关系、解决问题和达成共识的重要基础。通过积极倾听、关注对方的感受和需求，并以真诚和支持的方式回应，我们可以建立更深入、更有意义的沟通关系。这种能力在个人、职场及社会层面中都是非常宝贵和重要的。

共情沟通，让沟通具有超级穿透力

共情沟通是一种极具洞察力的交流方法。借助共情，我们能够深度理解他人的感受、需求和愿望，从而构建更为真实和深远的联系。当我们能够以同理心对待他人时，我们的表达会更为温暖，我们的倾听会更为敏锐，我们的反应会更为恰当。

共情沟通不仅能够让我们更好地理解对方，还能够使我们被理解的程度大大提升。这种沟通方式超越了表面的言语，能够感知到他人的情感和内心更深层的需求，从而实现更有效、更有意义的交流和互动。因此，共情沟通具有超级穿透力，能够将人们的心灵紧密地联系在一起。

1. 消融对方的抵触情绪

消融对方的抵触情绪，是指通过一系列措施和技巧，减弱或消除他人对某个观点、行为或决策的不满、反对或抵抗情绪。这是一种非常有用的沟通技巧，可以促进有效的交流和建立积极的人际关系。

假设一支团队正在考虑实施一项新的工作流程，但某些成员对此感到抵触，担心这会增加他们的工作量或改变他们熟悉的策略。在这种情况下，可以使用以下步骤来消融对方的抵触情绪：

（1）虚心倾听。首先，展示出你对他们的担心和抵触情绪的理解；其次，真诚地倾听他们的意见和担忧。这样能够让对方感受到被尊重和重视。

（2）解释动机和目标。明确地解释实施新工作流程的动机和目标，强调这将带来的益处和改进。让成员明白，新工作流程的引入是为了提高效率、减少错误或提升整体团队绩效。

（3）个人参与。鼓励成员积极参与决策过程，让他们感到自己的声音被听到和重视。可以邀请他们提供改进意见或给出具体建议，以确保新工作流程能够更好地适应团队的需求。

（4）提供培训和支持。承诺提供适当的培训和支持，以帮助成员适应新的工作流程。解释他们将如何受益于新技能和知识，以及如何以此作为个人发展和学习的机会。

（5）逐步实施。如果对方仍然担心，那么可以建议逐步实施新工作流程，以便他们能够逐渐习惯和适应变化。这为他们提供了一个平稳过渡的机会，减少了不确定性和消除抵触情绪。

通过以上方法，可以帮助消融对方的抵触情绪，促进团队更好的合作和共同目标的实现。

由此可见，要消融对方的抵触情绪，通过积极倾听并尊重、探寻共同点、使用合理的论证和实施、表达理解和共情，再加上耐心、理解和善意的沟通可以实现。通过有效的沟通技巧和遵守平等互利的原则，我们可以改善双方关系，增进协作，并达成相互理解与共识。

2. 快速让别人倾吐内心的真实想法

在倾听他人的同时引导对话节奏，帮助他人倾吐内心的真实想法。通过专注倾听、恰当的问题引导和善于表达，能够创造一个温暖、宽容的对话环境，让对方感到舒适和安全。

当与他人互动时，可以使用以下话术来快速让他们倾吐内心的真实想法：

你觉得这种情况怎么样？

你认为我们应该如何处理这个问题？

你对这件事有什么看法？

如果没有任何限制，你希望这个情况变成什么样？

你真实的感受是什么？

你可以告诉我更多关于你的想法吗？

你觉得这个问题对你有什么影响？

你有什么担忧或困扰的地方吗？

你能详细解释一下你所提到的那个观点吗？

你是否有任何不同的观点或建议？

这些问题旨在打开对话，并鼓励对方表达更真实、深入的想法和情感。请记住，倾听是关键，要尊重对方的感受，并给予积极的回应和支持。

当然，也可以通过以下做法让对方看到你的诚心诚意：

以积极的姿态倾听对方的话语。通过传达关心和尊重，让对方感到被理解和重视。专注于对方的言语和身体语言，及时捕捉所需信息并回应其中的情感线索，展示出对其内心世界的关注。

适时提出开放性问题。积极鼓励对方更深入地表达感受和想法。通过问询和澄清疑问，帮助对方更清楚地表达自己，甚至是一些他们可能尚未意识到的想法。为对方提供情感支持，鼓励对方探索和分享自己的情感和观点。

运用语言能力和表达技巧。在对话中灵活运用各种技巧，比如重述、总结和反思，以便更好地理解对方并激发进一步的交流。通过给予肯定和鼓励，让对方感受到自己的真正想法得到了接纳和认可，并帮助对方更好地理解和处理自己的情感。

综上所述，通过敏锐的观察力、善于引导和积极的沟通技巧，我们可以帮助他人快速地倾吐内心的真实想法，创造一个开放、关爱和有意义的对话环境。

3. 让自己充满感染力

感染力是一种吸引力，能够让我们与他人建立深层次的联结，激发他人的情感和动力。当与他人交流时，你可以尝试以下话术，它们能够帮助你充满感染力：

我真的相信你有巨大的潜力，你可以做出令人惊叹的成就！

你的想法非常独特和创新，我真的很期待看到你的表现！

你的毅力和努力是非常值得钦佩的，在困难面前从不退缩，这将会带领你走向成功！

你的热情和活力感染了我，我现在也感到充满动力！

与你交谈总是如此受启发，你的智慧和见识让我深受鼓舞！

你不仅拥有出色的技能和知识，而且你的善良和同情心让你成为一个非常令人钦佩的人！

你的坚持和毅力可以为许多人树立榜样，你是一个真正的领导者！

你的思维方式非常独特，你总是能够给出不同角度的见解，我真的很享受与你的交流！

你的创造力和想象力无限，我相信你能够创造出一些了不起的东西！

你的能力和决心让我确信，你将会取得巨大成功！

这些话术旨在肯定和鼓励对方，传递积极的能量，激发对方的潜力，并让对方感到被重视和支持。记住，真诚和表达出自内心的赞美是与他人建立联结的关键。

除此之外，通过积极的方式表达自己的情感，认真倾听他人的想法和感受，可以让你与他人建立真诚的关系。

保持积极向上的乐观态度。积极的态度是展现感染力的关键。保持乐观和积极的心态，传递出正能量和对未来的希望，这会吸引并激励他人。

此外，应该将有效的沟通视为建立感染力的重要基石。学会倾听他人，用肯定和鼓励的语言与他们交流，清晰地表达自己的想法和观点，同时尊重他人的意见。

最后，展现自信和自尊。自信是具有吸引力的表现。相信自己的能力，展现出坚定和自尊的态度。这种自信和自尊会让他人感受到你的力量和魅力。

这些方法的结合可以帮助你成为一个充满感染力的人。其实，每个人都有自己独特的方法，找到适合自己的方法是关键。

4.明确地表达自己的想法

明确地表达自己的想法，是指能够清晰、准确地表达自己的观点、看法或意见，使对方能够理解并接受。以下是一些有助于明确表达自己想法的话术技巧：

（1）直接告诉对方你的需求和期望，避免使用含混不清的语言。

（2）使用肯定的语言，以增加你的说服力和清晰度。

（3）尽可能地使用清晰易懂的词汇，避免使用冗长且复杂的句子结构。

（4）避免使用攻击性的言辞或语气，保持冷静和理性。

（5）如果有必要，使用例子或比喻来解释你的想法，以使对方更好地理解。

（6）给予对方足够的信息，包括相关的事实和背景，以帮助对方理解你的观点。

（7）确认对方是否理解你的想法，可以问一些问题或让对方重复你的观点。

（8）如果对方不同意你的观点，尊重对方的意见并尝试理解其立场。

以上建议仅供参考，可结合个人表达习惯进行调整。

同时，需要注意以下几个方面：

在沟通中选择恰当的词语和语气，使用简明扼要的语言，避免使用模糊、含混不清的表达方式。同时，语气要具备明确的决断力，以确保意思能够准确传达。

要学会用结构化表达方式进行表达。在表达自己的观点时，要遵循逻辑顺序，采用有层次、有条理的结构，使对方能够清晰地理解你的主旨思想。

对于自己所阐述的观点，应该提供明确的支持和解释。尽量提供具体的例子、数据、事实等，来支持和解释自己的观点。这样可以提升自我说服力，助力他人更深入地理解你的立场。

要做到耐心倾听和回应他人的意见，让沟通成为互动而不是一个人的独白。在与他人交流时，要耐心倾听对方的观点，并做出有针对性的回应。这样可以展示你对对方观点的理解，并有助于更好地交流与沟通。

总之，明确地表达自己的想法是通过使用清晰、准确的语言和结构，以及提供支持和解释来传达明确的观点和意见，以促进有效的沟通与交流。

懂得共情的人，更受人欢迎

那些具备共情能力的人，总能在人际关系中赢得更多的欢迎和好感。他们能够真正理解他人的情感和处境，不仅仅是表面上的了解，更是能够感同身受。

通过共情，他们能够与他人建立起更加紧密的联结，并且能够给予他人温暖、支持和理解。这种能力使人们感觉到自己被听见和重视，进而增强彼此之间的信任和亲近感。因此，懂得共情的人往往能够在人际交往中获得更多的认同和喜爱。

共情沟通是一种基于对他人的理解和共鸣的沟通方式，能够有效地增进人际关系和解决冲突。

以下是十个共情沟通方法：

方法一，倾听非言语信息。除了听对方的言语内容，还要注意其非言语信息，如表情、肢体动作和语调等。非言语信息通常更能反映对方的真实情感和意图。

方法二，感受对方的情绪。用心感受对方的情绪，理解其情感状态。要注意对方的情感变化，并尝试将自己置于对方的位置上，以便更好地理解其感受。

方法三，避免打断对方。打断对方是不尊重他人的表现，也会干扰对方的思路。在对方表达过程中，除非必要，否则不要打断，让对方充分表达自己的观点和情感。

方法四，回应对方的感受。在回应对方时，要针对其情感内容进行回应，而不是仅仅针对其言语内容。例如，你可以说"我理解你的感受"或"你看起来很生气"，以表达对对方情感的共鸣和理解。

方法五，表达共鸣和理解。在沟通中，表达对对方的理解和共鸣能够增强双方之间的情感联系。要尝试从对方的角度思考问题，并表达出对对方情感的理解和认同。

方法六，避免指责和判断。指责和判断容易引发对方的反感和产生防御心理。在沟通中，要避免对对方进行指责和评价，而是以理解和支持的态度与对方交流。

方法七，使用肯定性语言。使用肯定性语言可以增强对方的自信心，并促进双方之间的合作。要学会发现对方的优点和进步，并及时给予肯定和鼓励。

方法八，精通提问技巧。这是推动双方沟通的关键策略，需要掌握提出开放性问题的技巧，避免只有答案或含否定意义的封闭性问题。同时，需要注意提问的语气和方式，以防止让对方感到压力和不适。

方法九，提供支持和建议。在沟通中，提供对方所需的支持和建议是很有必要的。要学会倾听对方的困难和需求，并提供切实可行的建议和支持，帮助对方解决问题。

方法十，保持开放和尊重的态度。这种方法是共情沟通的核心。要尊重对方的观点和感受，接纳不同的意见和文化差异，以促进双方的交流和理解。

共情沟通确实需要掌握一些方法和技巧。通过倾听、表达理解和关切、提出开放性问题以及提供积极的反馈和支持，我们可以更有效地实现共情，并建立更深层次的人际关系。

共情式沟通，是处理人际关系的必备技巧

共情式沟通是建立在情感理解和情感共鸣基础上的沟通方式，它对于构建良好的人际关系起着重要的作用。共情式沟通强调的是倾听、理解和关注他人的感受与需求，而不仅仅是传递信息或表达自己的观点。

以下是十个共情式沟通的例子：

场景一，在工作中，你的同事因为某件事情感到非常沮丧，你主动找他聊天，倾听他的抱怨，并试图理解他的处境和感受。通过你的倾听和理解，他感到你关心他，并且得到了一些解决问题的建议，他的情绪也逐渐好转。

场景二，你的朋友最近失去了工作，他感到非常失落和焦虑。你在聚会上主动找到他，表达你的关心和支持，并提供一些建议和资源来帮助他重新找到工作。你的行为使他感到被理解和支持，他也更加有勇气面对困难。

场景三，你的家人最近经历了一场重大变故，他们感到非常沮丧和无助。

你来到他们身边，倾听他们的痛苦和困惑，并提供你的理解和支持。你的陪伴和鼓励使他们感到被关心和理解，他们也渐渐走出了困境。

场景四，你的朋友在学习上遇到了困难，他感到非常沮丧和无助。你陪伴在他身边，耐心地听他倾诉，并试图理解他的困惑和挫折。通过你的共情和鼓励，他感到被理解和支持，并找到了解决问题的方法，最终取得了进步。

场景五，你是一个管理者，一位员工因为个人原因工作表现不佳，他情绪低落，工作效率下降。你主动找他谈心，倾听他的困扰，表示理解并给予一定的支持。通过你的共情和关怀，他感到被重视和关心，他的情绪逐渐好转，工作表现也有所提升。

场景六，你的朋友最近遭遇了一次车祸，他受伤住院，情绪非常低落。你去医院看望他，表达你的关心和祝福，并试图理解他的痛苦和困扰。通过你的陪伴和鼓励，他感到被关心和理解，并且更有勇气面对康复过程。

场景七，你的同事最近经历了一些家庭问题，她的心情非常糟糕，工作效率也下降了。你主动找她聊天，倾听她的困扰，并试图理解她的处境和感受。通过你的倾听和关心，她感到被理解和支持，她的情绪逐渐稳定，工作状态也有所好转。

场景八，你的朋友最近失恋了，他情绪非常低落。你主动找他聊天，倾听他的痛苦和困扰，并试图理解他的感受。通过你的共情和关怀，他感到被关心和理解，并逐渐从失恋的阴影中走出来。

场景九，你的同事在工作中遇到了一些挫折和困难，她感到非常沮丧和无助。你主动帮助她解决问题，并在聊天中表达你的理解和支持。通过你的行动和共情，她感到被理解和支持，并取得了一些进步。

场景十，你的家人最近经历了一次重大挑战，他们感到非常焦虑和担忧。你陪伴在他们身边，倾听他们的困扰，并试图理解他们的感受和需求。通过你的陪伴和关怀，他们感到被关心和支持，并逐渐克服困难。

共情式沟通是人际交往中的一种高级技巧，它能够以更深入、更真实的方式与他人进行沟通。通过共情，我们可以更好地理解他人的思想、情感和动机，从而建立起更加紧密的联系和信任。

因此，共情式沟通可以说是人际关系高手的法宝。它能够帮助我们建立更深入、更真实的人际关系，解决冲突和问题，提高沟通效果，同时也促进了个人的发展和成长。无论在个人生活还是工作领域，共情式沟通都是一种非常重要且强大的工具。

第六章
幽默沟通：幽默是金，让沟通熠熠生辉

幽默沟通是一种巧妙运用幽默、诙谐和风趣的方式来交流和表达的方式。它能够轻松化解紧张氛围，加强人际关系，并促进沟通的效果。通过巧妙使用幽默和逗趣的语言、笑话或妙语，能够打破僵局，营造出轻松和愉快的氛围。

幽默不仅能使人快乐，还能够在交流中增添亲和力，让人更有共鸣和联结感。通过幽默沟通，我们能够更好地表达自己，理解他人，并且更有效地解决问题和处理冲突。

沟通，别输在不懂幽默上

在沟通中，幽默是一种宝贵且有效的工具，可以增进人与人之间的联系和理解。它能够轻松化解紧张气氛，促进交流的融洽和提升亲近感。因此，我们需要理解并掌握幽默的力量，确保我们不会在沟通中因为不懂幽默而陷于被动。

1. 幽默是一种心理体验

在开始阐述这一章内容之前，我们来做一个小小的测试，测一测你是不是一个具有幽默感的人。

（1）你看到一本有趣的书，你会：

A.把它放在一边，不会花太多时间去读它。

B.开始阅读，并从中获得乐趣。

C.把它推荐给朋友或家人，一起分享乐趣。

（2）在社交场合中，你更喜欢：

A.保持安静，观察周围的人和事。

B.与他人交流，分享自己的想法和经验。

C.逗趣别人，使气氛变得更加轻松愉快。

（3）当你的朋友给你讲了一个好笑的笑话时，你会：

A.礼貌地笑一下，但内心并不觉得好笑。

B.真的觉得好笑，并与朋友一起分享欢乐。

C.马上想到一个更好笑的笑话，回应给朋友。

（4）在电视上看到一段搞笑的广告时，你会：

A.只是扫一眼，并没有太注意。

B.会被广告中的内容吸引，并会多看几遍。

C.觉得非常有趣，与家人或朋友一起分享并讨论它。

（5）当你在路上看到一只可爱的狗狗时，你会：

A. 只是看一眼，然后继续走路。

B. 会停下来，多看一会儿这只可爱的狗狗。

C. 觉得这只狗狗非常可爱，并想和它玩耍。

答案及解释：

如果你选择的答案是 B 和 C 选项，且频次≥3 题，那么你很可能是一个具有幽默感的人。你懂得欣赏生活中的乐趣，能够使周围的人感到轻松愉快。你对幽默的理解和表达方式可以让人们感到快乐和满足。

如果你选择的答案是 A 选项，且频次≥3 题，那么你可能是一个比较严肃或内向的人。你可能觉得幽默感并不太适合你，或者你不太善于表达自己的幽默感。这并不是说你没有幽默感，只是你可能更倾向于保持低调，不愿意在公共场合展现自己的幽默感。

所以，幽默实质上是一种心理体验，它涉及人们的情感、认知和人际交流。在面对各种情境和困境时，幽默能够引发我们的欢乐和笑声，给我们带来一种愉悦的情感体验。

幽默能够唤起人们内心深处的快乐和愉悦。当我们面对、接触或听到一些滑稽、荒唐或出人意料的情境、事件或言语时，幽默能够激发我们的笑感和喜悦情绪。这种情感体验让我们感到轻松、愉快，有益于释放紧张和压力。

幽默除了能够给我们的内心带来愉悦之外，幽默还常常涉及突破常规、打破预期、产生意想不到的联系或扭曲现实的方式来触发笑声。这种认知使我们产生出一种"哈哈"的表达，感受到思维的活跃和创造力的乐趣。

最重要的一点是，幽默是一种社交体验，它具有联结人与人之间情感的能力。作为一种跨文化的交流工具，幽默有助于加强沟通和交流，消除紧张和隔阂，缩短人与人之间的距离。共同分享笑声和幽默的时刻有助于建立友谊、增强社会联系，并带来群体的凝聚力和向心力。

总的来说，幽默是一种折射人们内心体验的珍贵财富。它不仅让我们快乐、活跃思维，还能促进社交互动和增强人际关系。在日常生活中，我们可以运用幽默的力量来调节情绪、化解冲突，并创造更加轻松愉快的环境。

2. 善谈的人大多幽默

我们说善谈的人大多幽默，那么，是不是不善谈的人就没有幽默感了呢？

不是，无论善不善谈的人，都会具有幽默感。只不过，有的人因为不善谈，所以不像善谈的人能够把幽默感体现出来。

当然了,"善谈的人必定幽默"这个说法并不是绝对的,但它有一定的道理。幽默是一种表达方式,而善谈的人通常具备良好的语言表达能力和思维敏捷性,这些素质可以帮助他们更自然、更生动地表达自己的想法和感受,从而更容易引起听众的共鸣和笑声。

此外,幽默往往需要一种轻松、戏谑的态度,而善谈的人通常比较自信、开放,能够灵活地运用语言和修辞手法来表达自己的观点,这种特质也更容易引发幽默感。

然而,也有一些人虽然不善言辞,但内心充满幽默感,他们可能更倾向于通过其他方式来表达自己的幽默感,比如写幽默的文字、创作幽默的作品或者用肢体语言展示幽默等。

不过,善谈的人往往具备幽默的特质。比如,在一个大家彼此陌生的社交氛围中,幽默能够打破僵局和紧张气氛。当沟通陷入僵局时,一点幽默可以缓解紧张氛围,让气氛轻松一些。

以下是一些打破僵局的幽默话术:

"这局面真像是在等公交车一样,都不知道谁先动一步。"

"看来我们陷入了僵持战,要不要用剪刀、石头、布来解决呢?"

"我们这是在下国际象棋,还是在玩剪刀、石头、布呀?"

"这个僵局让我开始怀念小时候玩的躲猫猫游戏了。"

"这情况像是在看一场对弈,我一步一步地在思考怎么把你赶出去。"

"不如我们来玩抓黑猫游戏吧,看谁先摸到答案!"

"这局面好像是故事里的剧情转折点,要不要给它一个惊喜结局?"

"哎呀,现在的情况好像是个不解之谜,我不禁想起了福尔摩斯要来破案了!"

"这个僵局就像是在下一场围棋,每一步都关键,我希望我的下一步能让你大吃一惊!"

"看来我们陷入了僵持战,你愿意和我一起打破这个僵局吗?拿出你的超能力吧!"

"这个僵局有点像演戏,只差一个导演喊'卡'了,不如我们自己来扮演主角,赋予这局面新的戏剧性!"

以上只是一些幽默的说法。在现实生活中,需要根据实际情况和对方的感受有所调整。记得用适度的幽默带来活力,同时要确保不冒犯他人。

记得有一次给一个国企班组长培训班讲课,学员没有纪律性,大家出出进进的,就像逛菜市场一样。一会儿去接电话,一会儿去倒水喝,一会儿去吃东西,这样的场景老师是很难聚精会神地讲课的。于是,我说:"我发现咱们这个班的同学特别爱岗敬业,听课还不忘工作,用电话给下属指导工作,大部分的同学特别注重养生,随时给自己倒水喝,还不忘补充一点小零食,看来马老师在这方面还得改进。"学员们听后哈哈大笑,他们知道我说的是他们的纪律性不好,随后就没有人随意走动了,培训课程顺利完成。试想,如果当时我说"你们纪律性太差了""你们太没有职业素养""不许打电话"或者"不许倒水喝",效果就会适得其反。

还有一次是给一家企业讲课,教室后面摆了一排水果和零食,有位50多岁的员工在课程进行中旁若无人地走到后面,吃起了水果,大约吃了5分钟的样子。我说:"这位吃水果的同学,水果味道不错吧,看你吃得津津有味的。"他听了后脸红了,回到了自己的座位上。事后听别的学员讲,这个学员是单位的老油条,混退休,和领导对着干,上级拿他也没办法。试想如果当时我说"上课时间吃什么水果"或者"不要吃水果了,赶紧回到座位上",可能这位学员就会反驳我,大庭广众之下我也会颜面尽失。

善谈的人拥有一种令人愉悦的沟通技巧,他们懂得用幽默的方式表达自己的观点和引起他人的共鸣。他们巧妙地运用语言的力量,将普通的对话变得有趣和生动,以吸引他人的注意力和参与。幽默是他们的武器和工具,通过善用幽默,他们能够轻松地建立联系、缓解紧张气氛、增强人际关系,并且在社交场合中脱颖而出。因此,善谈的人往往带有幽默的特质,这是他们与他人愉快交流的必备要素。

综上所述,善谈的人利用幽默能够打破僵局、增强沟通效果,同时还展现了一个人的智慧和才智。这些因素使得幽默成为善谈者不可或缺的特质。

3. 幽默要看人看时看场合

幽默是一种特殊的沟通方式,能够引发人们的笑声和愉悦感。然而,幽默产生的效果却取决于人、时间和场合。这是因为不同人对幽默的理解和感受是不同的,而且幽默的表达方式也要考虑到当时的情景和环境。

看人。不同的人笑点不同,同样的笑话对不同的人可能会有不同的反应。

比如说，有些笑话可能只适合年轻人听，而对于老年人来说可能会觉得不适合。因此，在选择幽默的话题或表达方式时，需要考虑听众的背景和喜好。

例如，昨天的一个同事去了拍摄婚礼照片的地方，在挑选完照片之后就直接拷贝一份带回来了。当她进入办公区域时，所有人都围绕着她，争先恐后地要求观看。由于没有经过任何的后期加工，起初她是坚决拒绝展示给大家的。然而，同事们都无法抑制好奇心，不断地劝说她，最终她被迫同意让大家欣赏一下。

一位同事看了几张照片后便感叹道："你怎么能拍出这么丰满的画面啊！我第一次注意到，你的脸庞看上去仿佛老去之后的斯琴高娃。"说完后，她就开始咯咯笑了起来。

但是，在场的所有人都很尴尬，另一位同事提醒她不应该这样，她却一脸无所谓地说："我这人就是幽默。"

然而，大凡一个思维正常的人都知道，这不是幽默，这是没教养。

看时。就是要看时机。时机不对，幽默白费。升职、加薪、结婚、生子、孩子考上大学等这些比较喜庆的时机，表达幽默就比较合适，在对方情绪好的时候表达幽默也会锦上添花。但是，在对方情绪低落并且家庭出现变故及工作不顺等前提下，不太适合使用幽默的表达方式。

看场合。不同的场合需要使用不同的幽默方式。在正式场合中，表达幽默应该更为慎重，避免出现冒犯或不适当的言辞；在轻松愉快的场合中，幽默的表达可以更加生动、有趣；而在庄重、严肃的场合中，幽默的表达应该更加慎重，避免过度调侃或嘲讽。

分享一则较为严肃的故事。我好友的女儿目前正在读初中二年级，班主任是一位年约40岁的女性，身材略显消瘦且佩戴无边框眼镜，性格尖锐苛刻。她在与学生交流时，始终用各种方式激起学生的竞争意识和求知欲望，从而提升他们的学业表现。

小凡是这个班级的学生，初中时期她的成绩相当不错。然而，随着时间的推移，她的体重却在逐渐增加，有一段时间，她总是面带忧郁。朋友的女儿曾经说过，因为小凡的父母闹离婚，她根本没心思学习，而且由于心情不好导致她暴饮暴食。

但是，班主任没有了解自己的学生到底出了什么事情。在一堂由班主任主讲的数学课上，小凡因为犯了一个简单错误受到了老师的奚落："作为一名优秀的教育者，却因你的缘故变成了一名饲养员。"

当她讲完之后，全班瞬间爆发出欢笑声。一些同学甚至差点从椅子上摔下来。然而，小凡却将头深深地埋进了课本里，脸色通红。朋友的女儿说，小凡在期末考试前就退学了。

我不知道小凡还有没有机会再重返学校，这个"机会"不是客观外在的，而是内在的，是心理上的"机会"。所以，这位老师一句自以为是的幽默，最终可能伤害了一个女孩子的一辈子。

"幽默要看人、看时、看场合"这句话提醒我们在运用幽默表达方式时需要慎重考虑各种因素，避免出现不必要的误会或冒犯。理解和使用幽默需要具备一定的敏锐度和判断力。在交流中，我们应该尊重他人的幽默偏好，尽量选择适合的时间和场合，避免对他人造成伤害。幽默应该成为增进人际关系和促进和谐氛围的工具，而不能给他人带来不适或困扰。

4. 幽默说出严肃的事

幽默说出严肃的事，可以被看作一种巧妙和有趣的传达方式。它的核心在于用幽默的语言和形式去处理或讨论一些严肃的主题，以吸引人们的注意力和兴趣，同时让人思考其中的深层意义。

例如，有一位演讲者在讲述环境污染的问题时，没有采用传统的严肃口吻，而是以一种幽默风趣的方式，将环境污染比喻为"地球的洗澡水被人类弄脏了"，引发听众的笑声。进而就会有听众去思考，如果自己的洗澡水被弄脏了，自己会是一种什么样的情景，从而引发了反思。

这个例子中的幽默说出严肃的事，是因为演讲者巧妙地运用比喻和幽默的表达方式，将一个严肃的环境问题以轻松有趣的方式呈现出来，让听众更容易接受和理解。这样的表达方式不仅能够吸引听众的注意力，还能够引起他们的共鸣和思考。

因此，在讲述严肃的话题时，我们可以尝试运用幽默的表达方式，以更生动、有趣的方式呈现信息，让听众更容易接受和理解。当然，在运用幽默时需要注意适度，不要过分夸张或嘲讽，以免造成不必要的误会或冒犯。

通过幽默说出严肃的事，我们能够打破常规的思维模式，引发思考，甚至改变观点。幽默的力量在于它能够打破沉闷和紧张的气氛，让人们更轻松地接受和理解复杂和敏感的话题。

此外，幽默说出严肃的事，也可以用来缓解紧张或尴尬的气氛，以促进更加轻松和有效的沟通。它可以被用来表达一种观点、讲述一个故事、解释一个复杂的概念或者揭示某些困境。

不过，我们也需要注意，在适当的场合和对应的话题下使用幽默说出严肃的事。有些话题可能对某些人来说是敏感或不合适的，因此我们应该选择恰当的方式和言辞来表达我们的观点，避免冒犯或引起争议。

总的来说，幽默说出严肃的事是一种有趣而有效的沟通方式，它能够引起人们的共鸣，激发思考，并在一定程度上改变人们对世界的看法。

职场幽默，处处受欢迎

在职场中，幽默是一种极具魅力和影响力的特质。具备职场幽默的人往往能够轻松化解紧张氛围，增加团队凝聚力，促进沟通和合作。他们通常更容易得到同事们的喜爱，并能够获得更多的信任和支持。因此，职场中懂得运用幽默的人往往能够得到更多的机会和成功。

1. 富有创意的幽默能推销自己

幽默不仅仅是一个用于娱乐和让人开怀的沟通工具，它在推销自己方面也发挥着非常重要的作用。

手机助手小强的自我介绍：

我是你的手机助手小强。我是一个极其优秀的手机助手，经过精心训练并来自一种非常强大的开源大模型。我被设计用来提供各种领域的信息和解答问题。无论是在学术知识、实用技能还是日常生活中，我都可以为用户提供准确、及时的帮助和指导。我能与用户进行交流和对话，并尽力满足他们的需求。希望我能为您提供满意的服务！

手机助手小明的自我介绍：

嘿，朋友，我是手机助手小明。我就像一个魔术师，能迅速回答你的问题，提供准确的信息，还可以帮你解决各种难题。我是那种说话没废话、总是知道你想什么的聪明助手。可以说，我比那些有绣花枕头脑的助手好一百倍。如果你觉得自己需要一位能聊天、提供信息并且带有幽默感的朋友，那就快快来找我吧！和我在一起，绝对不会无聊，每次交流都会让你开怀大笑！

上面两个自我介绍，单从风格上，第二种更能够引起大家的注意。在一个快节奏的世界中，人们往往被琐事和压力困扰。然而，一句幽默的笑话或者一句讽刺的评论，能够打破常规，吸引人们的关注。通过运用幽默，一个人能够在社交场合中脱颖而出，快速抓住别人的眼球，从而在人群中更容易被注意到。

幽默具有让人愉悦和放松的能力。当人们感到开心和轻松时，他们更容易接受别人的意见和建议。因此，如果一个人能够把自己的个人特点或产品以幽默的方式呈现给目标受众，就有更大的机会赢得他们的好感和信任。这种信任和好感的建立，对于成功的自我推销是至关重要的。

富有创意的幽默能够让人印象深刻。人们通常更容易记住令他们发笑或感到愉悦的事物。如果一个人能够以一种独特、有创意的方式使用幽默，他们就能脱颖而出，树立一个与众不同的形象。这样的印象留在目标受众心中，能够帮助自己在他们的记忆中长久存在并为他们提供服务。

总而言之，富有创意的幽默在自我推销中起到了极其重要的作用。它能够引起注意、赢得好感和信任，并且留下深刻的印象。因此，如果你想在自我推销中取得成功，运用幽默是一个必不可少的技巧。

2. 靠幽默拉近与上级的距离

在职场上，幽默的作用是调节工作中的紧张情绪，改善与上下级、同事之间的关系。与上级拉近距离的幽默技巧很多，下面总结了几点给大家作参考：

技巧一，善于发现笑点。

在和上级交流时，要有一双敏锐的眼睛，善于发现周围有趣的事情，并巧妙地插入谈话中，使谈话氛围更加轻松愉快。同时，也能够展示你的观察力和幽默感，从而拉近你和上级之间的距离。

例如，在公司会议上，大家都很严肃。此时，你注意到窗外的云彩形状奇特，于是你说："看那朵云，它像极了一只奔跑的恐龙，好像它正在追赶我们公司的发展速度呢！"这个笑点打破了严肃的气氛，上级也笑了，并顺着你的话题轻松地展开讨论。

技巧二，幽默地回应上级。

当上级说出一句幽默的话时，你要及时地回应，并使用幽默的方式，让对话更加有趣。例如，上级说："今天的项目完成得不错，看来你们团队可以提前庆祝了。"你回应："那我们得赶紧，免得夜长梦多。"这样的回应不仅呼应了上级的幽默，还添加了自己的观点，使对话更为丰富和有趣。

技巧三，适时地开玩笑。

在工作场合中，适当地开玩笑可以缓解紧张的气氛，也能够展示你的幽默感和团队意识。例如，团队在开会时，气氛有些紧张。你注意到上级的领带颜色很特别，于是你说："看来我们的领导今天搭配得很用心，领带颜色如此独特，是在向我们展示他的时尚品位吗？"这句话立刻引起了大家的笑声，缓解了紧张的氛围。上级也笑了起来，并感谢你的幽默感。

通过适时地开玩笑，你成功地缓解了紧张的气氛，并展现了你的团队意识和幽默感，拉近了你与上级和其他团队成员的距离。当然，开玩笑一定要掌握好分寸，不要过分，以免造成不必要的误会。

技巧四，正面肯定上级。

在和上级交流时，要适时地肯定上级的观点或建议，并给出具体的理由。例如，在一次项目讨论中，上级提出了一个新的方案。你认真听完之后，表示："我觉得这个方案简直就是为我们量身定做的！就像是我们一直在寻找的那把神奇的钥匙，一下子就打开了解决问题的大门。我完全相信，这个方案会引领我们走向胜利的彼岸！"这样的肯定不仅是对上级的认同，还给出了具体的理由，使你的肯定更具说服力。

技巧五，适度赞美上级。

赞美是一种有效的表达方式，但要注意适度原则。在与上级交流时，可以适当赞美上级的成就或能力，但不要过分夸大或虚假。

例如，在项目汇报会上，你讲道："在您的英明领导下，我们的项目就像坐上了火箭，一路飙升！您的指引就像北斗星，让我们始终保持正确的方向。您的建议和指导，简直就是我们的武功秘籍，让我们不断进步，受益无穷！"这样的赞美既有事实依据，又不过分夸张，让上级感受到你的认可和尊重。

通过适度的赞美，你表达了对上级的尊重和认可，同时也让上级感受到你的诚恳和关注。这样的交流有助于拉近与上级的距离，建立良好的工作关系。

由此可见，在职场上展现自己的幽默感可以为自己赢得上级的赏识与关注。

（1）幽默能够调节工作中的紧张情绪。工作场景常常充满压力和紧迫感，但通过适当的幽默，我们可以缓解这种紧张感，让每个人更轻松地面对工作挑战。

（2）幽默有助于改善上级与下属之间的关系。当你以幽默的方式与上级交流时，可以拉近彼此之间的距离，打破严肃的领导者形象，使交流更加平等和友好。这种亲和力能够建立更强大的团队合作和信任关系。

（3）幽默能够提升和促进创造力和创新。通过诙谐的方式，我们能够激活团队成员的创造力，鼓舞他们从各种不同的视角去思考问题，寻找新颖的解决策略。幽默创造了轻松的氛围，让人们更容易自由表达和分享想法。

（4）幽默有助于提升工作场所的整体氛围。一个充满笑声和幽默的环境将使人们更愿意工作，增进员工的快乐感和满意度。这种积极的氛围会对工作绩效和员工福利产生积极的影响。

综上所述，通过运用幽默与上级建立联结，可以改善工作场所的氛围，促进团队合作和创新，增进人际关系，还能够让工作更加快乐和有趣。需要注意的是，在适当的时候使用幽默，但也要谨慎避免冒犯他人。

3. 利用幽默获取同事的好感

幽默是一种非常有效的交际工具，它能够缓解压力、改善氛围，同时也能够建立和加强人际关系。要获取同事的好感，使用幽默是一个非常有效的方法。以下是一些话术，可以帮助你在工作中融洽关系：

（1）自嘲幽默。在适当的时候，你可以开玩笑地自嘲一下。例如，如果你在做某件事情时犯了错，可以说："嘿，我只是来这里增加一点娱乐因素而已。"

（2）触动共鸣。通过分享一个有趣的与办公室或行业相关的趣事，可以引起大家的共鸣和笑声。例如，你可以这样说："我们的办公室就像是一个微型剧场，每天都上演着各种有趣的剧情。"

（3）双关语。运用双关语可以增添一些调侃的效果。例如，当同事问你最近是否有什么进展时，你可以这样回答："是的，我现在进展得很慢，好像在演化成一只乌龟。"

（4）奇怪的类比。将不同的事物进行对比，可以带来一些意想不到的幽默效果。例如，你可以这样说："这个项目就像养鱼一样，不经意间就会发现自己陷入了一片混乱。"

记住，幽默要适度，并且要注意场合和对方的感受。带着轻松和友好的心态使用幽默，可以有效地拉近彼此的距离，让工作环境更加愉快和融洽。

所以，在工作中，你可以通过观察同事在工作和日常生活中的表现，了解他们的爱好、乐趣和喜好。这有助于你选择合适的幽默方式，例如涉及他们关注的话题或共同经历的笑话。

而且，职场中的幽默，常用的一种方式就是自嘲。自嘲是一种比较安全的幽默形式，它可以在适当的场合展现你的幽默感。你可以轻松地开玩笑说自己的工作失误或者愚笨的一面，这样既能够逗得同事开心，又可以在一定程度上表现出你的自信和幽默感。

另外一定要记住，不可伤及他人感情。之前我讲过一个例子，看同事结婚照还嘲笑同事胖，这就不是幽默而是没教养了。幽默应该是令人愉快和轻松的，但需要注意不要以讽刺、侮辱或伤害他人感情为基础。确保幽默表达不会引起误会或冒犯别人，提前衡量一下效果是很重要的。

所以，幽默应该根据场合和情境来决定使用的时机和程度。不要过度使用幽默，否则会让人感到过分轻浮或不专业。而且，要注意在工作场合中，幽默只是建立人际关系的一种手段，不应该成为你唯一的沟通方式。

4. 借幽默争取与客户的合作

当面临与他人合作的情况时，用幽默的态度可以起到积极的作用。幽默可以打破僵硬的气氛，缓解紧张感，并增进人际关系。但是，幽默的使用需要具备一定的技巧和敏感度，以便与客户建立良好的合作关系。

例如，当客户提出问题或者需要帮助时，你可以尝试使用一些幽默和诙谐的话语来缓和紧张的气氛。以下是一些例子：

例一，关于价格。

客户："你们的价格比竞争对手贵太多了！"

销售："是的，我们的价格确实不便宜，但我们提供的是'贵到离谱'的服务。其实，我们的价格是物超所值的，您买到的不仅仅是产品，还有我们的专业知识和优质服务。"

例二，关于合作方式。

客户："我们希望以更灵活的方式合作。"

销售："当然可以！我们欢迎各种'软'合作方式，无论是'坐'着谈还是'躺'着谈。我们的目标是找到最适合您的合作方式，确保双方都感到'舒坦'。"

例三，关于产品技术。

客户："你们的产品技术先进吗？"

销售："我们的产品技术就像科幻电影里的外星科技一样先进。当然，我们是很认真的，我们的产品采用了最先进的技术，会让您的业务运行得更顺畅。"

例四，关于物流费用。

客户："你们的物流费用太高了。"

销售："我们的物流费用是有些高，但是我们提供了高效的物流服务，确保您的货物安全、快速地到达目的地。如果您愿意支付昂贵的'火箭费用'，我们当然也可以考虑提供'太空物流'服务！"

例五，关于售后服务。

客户："你们的售后服务能保证吗？"

销售："当然可以！我们的售后服务就像医院一样可靠。不管您有什么问题，只要打个电话，我们就会像救护车一样迅速赶到，为您解决问题。"

总而言之，幽默的话术可以有效地缓解紧张的气氛，增加与客户之间的亲近感，但要确保使用的幽默语言在适当的场合和文化背景下不会冒犯到任何人。同时记住，与客户交流时始终保持尊重和专业。

我们具体来说一下，在我们对客户运用幽默的方式进行沟通时，要注意的事项：

（1）确保你的幽默不会冒犯或伤害到客户的感情。关注客户的反应，并随时准备做出调整，以避免产生误解或引发不必要的争议。

（2）幽默是与文化相关的，不同的人群对幽默的理解和接受程度有所不同。因此，避免使用依赖于特定文化或背景的幽默，以免引起误解或冲突。

（3）确保你的幽默与所讨论的话题相关，并在合适的时机运用。幽默可以为沟通增添活力，但不能成为转移注意力或误导话题的方式。

（4）幽默可以为合作建立融洽和友好的氛围，但仍然需要专业的知识和解决问题的能力来实现客户的需求并达成共同目标。

综上所述，接纳幽默的沟通方式并巧妙运用，可以在与客户的合作中起到积极的作用。通过运用友善和尊重的幽默沟通方式，了解客户的文化差异，将幽默与合作目标相结合，我们可以创造一个有利于建立良好合作关系的环境。

交际幽默，使你游刃于社交场

交际幽默是一种通过幽默和风趣的方式与他人进行交流和互动的能力。它不仅仅是简单的笑话或搞笑的言语表达，更是一种智慧和创造力的展示。通过使用巧妙而诙谐的言辞、姿态或表情，可以轻松地缓解紧张的氛围，促进友好关系的建立。它具有跨越文化和语言障碍的力量，能够带来欢乐和娱乐，同时促进彼此之间的理解和共鸣。交际幽默不仅让人们笑声不断，还可以加强互动、减轻压力并促进沟通的融洽。

1. 善用幽默可以广交朋友

当我们以轻松的方式与他人互动时，往往能够打破冷漠的气氛，缩短彼此之间的距离。幽默有着独特的魔力，它可以缓解紧张和压力，让人感到愉悦和轻松。因此，善于运用幽默的能力可以帮助我们广交朋友。我们先来看一些幽默话术：

你听说过什么时间数学家去旅行才是最合适的吗？答案是在圆周率日！因为那天他们可以放松一下，不用太注重小数点了，哈哈！

我最近把瑜伽当成了一项极端运动，每次想要摆个奇怪的姿势，结果我都搞不清楚自己是在做瑜伽还是在做泥雕。

你知道吗？我最近在学习外星语言，结果我想，如果他们能听懂我讲英文，对他们来说这就是外语了吧！

别人说爱情是一门生物学课程，可是对我来说，那就像是一门化学课，总是发生反应，结果变成了爆炸！

有人问我为什么总是在笑，我说笑不是为了别人开心，而是因为我的嘴巴自带了一个外观感应器，看到搞笑的事情就无法自控！

我最近去参加了一个幽默讲座，想学习怎么成为一个笑话之王，结果我去的时候居然忘记了讲座的地址，就在大街上随机找了一个人笑了一声，结果我被警察追了好一阵子!

由此可见幽默是一种艺术。因为不同的人有不同的喜好,所以要根据自己与对方的关系和相处的舒适度来运用幽默话术。

比如,幽默能够打破沉闷的气氛,让人们在交流中感到更加轻松和自在。当我们运用一些幽默的笑话、俏皮的言辞或风趣的表情时,常常能够引起他人的笑声和兴趣。笑声具有感染力,它能够使人们在心情愉快的状态下进行交流,让人们更加愿意与我们相处和交往。

合理地运用幽默,可以展现我们的智慧、机智和幽默感,这是吸引人们关注的重要因素之一。当我们能够在适当的时机运用幽默,让人们感受到我们的智慧和幽默感时,常常能够赢得他人的青睐和喜爱。幽默能够促进交流的畅通和互动,让我们与他人之间的关系更加紧密和深入。

2. 幽默能够获得他人同情和谅解

幽默是一种强大的沟通手段,可以带来快乐和舒适的心境。在人际交往中,幽默有助于获得他人的同情和理解。下面将介绍一些语言技巧,利用幽默实现目标。

(1)使用自嘲的方式来表达自己的困境或错误。比如说:"我真是个天生的胆小鬼,连蜘蛛都能把我吓得跳起来,你能理解吗?"

(2)利用幽默的比喻来描述自己的状况,使对方更容易产生共鸣。例如,"我每次尝试做菜都像是一个创意炸弹,从中可以预见我的灾难性结果"。

(3)用一种戏谑的方式来概括自己的问题或错误。例如,"嘿,至少我可以肯定我的迷迷糊糊会让人觉得我真的很可爱吧"。

(4)利用幽默来转移注意力并缓和尴尬的气氛。比如说,"对不起,我在表达我的意见之前有必要先和我的舌头协商一下"。

幽默是一门艺术,适用于不同的情境和人际关系。理解对方的感受和态度,遵循适度和尊重的原则,才能更好地利用幽默获得他人的同情和谅解。

所以,运用幽默的方式能够缓解和打破紧张和尴尬的局面。当人们处于紧张或尴尬的情境中时,一个巧妙的笑话或幽默的说话方式往往能够缓解紧张氛围,让大家感到放松和舒适。这种能力使得幽默成为改善人际交往的有效工具,同时获得他人的同情和谅解。

另外,用幽默的方式也可以促进情感共鸣。当一个人以幽默的方式表达自己的情感或经历时，其他人往往能够感同身受，因为幽默能够打开人们的心扉，让人们更容易理解和接纳他人的情感。通过幽默，一个人可以以一种轻松活泼的方式表达自己的内心世界，从而引起他人的共鸣并获得同情和谅解。

当人们能够以幽默的方式互相娱乐和开怀大笑时，彼此之间的亲密度往往会加深。这是因为幽默能够创造更多的积极情绪和快乐体验，使得人们更倾向于与那些善于幽默的人建立亲密的关系。在这种情况下，他人会更容易与你产生共情，因为他们在享受和欣赏你的幽默的同时，也会感受到你对他们的关怀和友善。

综上所述，幽默能够获得他人的同情和谅解，因为它可以打破紧张和尴尬的局面，引发情感共鸣，并增强人际关系中的亲密感。通过巧妙地运用幽默，我们可以更好地与他人建立联系并获得他们的支持和理解。

3. 幽默化解人际交往的尴尬

幽默是一种独特的社交技巧，它可以化解人际交往中的尴尬情况。当我们面对尴尬时，幽默可以帮助我们放松紧张的氛围，缓解尴尬的局面，让沉默的气氛变得轻松活泼。以下是一些可以用来化解尴尬的幽默话术：

你知道吗？迷迷糊糊的尴尬时刻，其实是让人忘记刚才尴尬的最佳良药。所以，让我们迷迷糊糊地笑一笑吧！

我以前参加一个尴尬的比赛，结果我赢了第二名，因为第一名没出现。

现在的尴尬场景可以搞成电视剧啊！你觉得我们可以给它起个名字叫《尴尬生活大爆炸》吗？

尴尬的时刻是人生的必修课程，而我们正努力研究出如何优雅地跳过这门课程，但似乎成绩并不理想。

其实尴尬和搞笑是最好的朋友，才不管谁先登场。所以，让我们把这一幕当作我们今天的喜剧演出吧！

但是需要注意，幽默只是化解尴尬的方式之一，重要的是要适应场合，注重尊重他人的感受。如果他人不愿意开玩笑或希望保持严肃，我们也要尊重他们的选择。

当人们处于不熟悉或紧张的环境中时，往往会感到不自在，交流变得困难且尴尬。在这种情况下，适当的幽默可以起到"破冰"的作用，帮助大家放松心情，减少紧张感。通过幽默化解尴尬，人们会更愿意参与到对话中，从而促进更好的交流和互动。

另外，当你将幽默技巧运用熟练之后，你会发现幽默往往源于人们对生活中滑稽、荒谬或令人困惑的事物的感知和理解。当我们能够巧妙地运用幽默，将这些观点以诙谐有趣的方式表达出来，很多人会觉得有趣，并从中找到共鸣。这样的幽默交流可以在人们之间建立情感联结，让彼此更加亲近。

尤其是当人际关系中发生冲突或尴尬的时候，幽默可以作为一个"缓冲器"，化解紧张的局势。通过幽默的方式，我们可以缓和紧张的气氛，让各方更容易接受别人的观点，从而达到冲突解决或尴尬化解的效果。

总而言之，幽默在人际交往中起到了重要的作用。它不仅可以化解尴尬，也可以促进亲近和良好的交往。然而，我们需要注意的是，幽默应该是适度和尊重他人的，避免使用可能引起误会或冒犯他人的幽默方式。

4.幽默让你轻松面对人际关系

当你能够理解和运用幽默，它能在人际关系中起到非常积极的作用。幽默可以缓解紧张和尴尬的气氛，在交流中创造一个轻松愉快的氛围。通过运用幽默，我们可以缓和紧张的氛围，让人们感到更舒适和放松，从而更容易建立起积极的关系。

幽默能够破除隔阂，增进友谊和亲密度。当我们使用幽默来调侃自己或者与他人开玩笑时，表达了一种自我接受和自信的态度，使得别人更容易接近我们。幽默还可以增进共鸣和理解，促进沟通和交流，从而增强人际关系。

幽默有助于解决冲突和化解尴尬。在冲突或者误解发生时，通过巧妙的幽默引导，可以减轻紧张和敌对情绪，打破僵局，为解决问题提供新的视角。同时，幽默还可以在尴尬的场合中调剂气氛，使得人们更容易从尴尬中走出来，找到和谐和轻松的方式来应对。

马克·吐温就是一位幽默大师，他在社交和工作中总能表现出他的风趣与幽默，这里给大家分享几则他的幽默故事。

（1）赴宴。

一次，马克·吐温应邀赴宴。席间，他对一位贵妇说："夫人，你太美丽了！"不料那妇人却说："先生，可是遗憾得很，我不能用同样的话回答你。"马克·吐温笑着回答："那没关系，你也可以像我一样说假话。"

（2）吃鱼。

有一天，马克·吐温收到一位初学写作的青年的来信。信中说："听说鱼骨头里含有大量的磷质，而磷质有助于补脑子。那么，要想成为一个作家，就必须吃很多很多的鱼才行吧？您是否吃了很多的鱼？吃的是哪种鱼呢？"马克·吐温在回信中告诉他："看来你要吃一对鲸鱼才行。"

（3）演讲。

马克·吐温来到法国旅游。一天，他独自去理发店理发。

"先生，您像刚从外国来的？"

"是的。"

"您真走运，因为马克·吐温先生也在这里，今晚您可以去听他演讲。"

"我不得不去。"

"先生，您有入场券吗？"

"没有。"

"这太遗憾了！"理发师耸耸肩，"那您只好从头到尾站着听了，因为那里不会有空座位。"

"对！和马克·吐温在一起可真糟糕，他一演讲我就得站着。"

总体而言，幽默作为一种积极的情感表达方式，能够让人轻松面对人际关系。它能够缓解紧张与尴尬，增进友谊与理解，化解冲突和摆脱困扰。通过运用幽默，我们可以在人际交往中建立更健康、积极的关系。

成为顶级幽默大师的必要"装备"

想要成为顶级幽默大师，意味着拥有绝佳的创造力和独特的思维方式，能够以巧妙而幽默的方式带给人们欢乐。这需要具备敏锐的观察力，以捕捉诙谐的细节，并将它们转化为笑点。顶级幽默大师还需要追求卓越的表达能力，能够运用语言、肢体语言和表情，使笑声在整个场景中扩散开来。

1. 你的幽默需要10种表达方式

幽默是一种通过巧妙运用语言和情感来引发笑声和愉悦感的艺术。要创造幽默，我们需要10种或更多的表达方式来展现它。以下是一些创造幽默的技巧和表达方式：

（1）夸张。形容某个人或事物非常小或非常大的修辞手法。例如："她长得好漂亮，我还以为是×××！"

（2）巧用反语。它是一种修辞技巧，通过使用与原意不符的词汇或句子来传达信息。例如："他是一个很懒的人，每天除了吃饭和睡觉，什么也不做。"

（3）提问。故意提出问题并自己回答的方式。比如："谁创造出了如此糟糕的食物？答：我。"

（4）替代。不直接表达想要描述的事物，而是用与该事物相关的元素来替换的修辞方式。例如："你真是比诸葛亮还神机妙算！"

（5）拟人。把事物人格化的修辞手法。例如："春风轻轻地抚摸着花朵，像母亲抚摸着孩子的脸。"

（6）排比。用一串结构相似、内容相关、语气一致的句子或段落来加强语言气势的修辞手法。比如："人的生活就像一支曲子，我们需要更多的积极和振奋的部分，而非消极与颓废的一面；同样地，我们的生命也像一本著作，我们要有更多引人入胜的内容，而不是枯燥无味的部分。"

（7）象征。通过具体形象暗示抽象的形象或概念的修辞手法。例如："他是我的知己，在我失意的时候他总是默默地陪在我身边。"

（8）重复。为了突出某个观念或表达某种情绪，有意识地使用某个词汇或句子的修辞技巧。例如："为什么我们的学校总是培养不出杰出人才？"

（9）对偶。它是一种修辞手法，指的是将长度相等、结构相同或相似、内容相关、语气一致的两个句子或短语进行对比。

（10）引用。是一种在言谈或创作过程中，借鉴现有的句子，比如诗词、格言、成语等，来表达个人思想和情感的修辞手法。例如："'失败乃成功之母'，即使你失败了，也不要放弃，相信自己一定能够成功。"

以上只是一些幽默的表达方式，实际上，幽默的表现形式丰富多样，可以通过结合不同的技巧和方法来创造出独特的幽默效果。最重要的是保持开放的心态和积极的态度，勇于尝试并从中寻找乐趣。

2. 幽默需要"八戒"

当运用幽默进行沟通时，有以下八个事项需要注意：

（1）幽默不是没有教养，说出的话要有分寸，更要有边界感。了解对方的个人喜好和文化背景，确保你的幽默不会冒犯到对方。避免使用可能引起争议或敏感的主题。

（2）你要在与对方建立关系之后再使用幽默。对陌生人不要使用幽默，因为你不了解他，或许他并不喜欢幽默的方式。要确保与对方建立了足够的信任和友好的关系，这样你的幽默才能更容易被接受和理解。同时，不要对陌生人过度使用幽默。

（3）在轻松的氛围里使用幽默，而不是在严肃的氛围里。如果大家正襟危坐谈论一个非常严肃的话题，此时运用幽默就是不合时宜。在适当的场合下，创造轻松的气氛会有助于幽默的有效传达。确保大家都在一个放松的状态下，可以欣赏和理解你的幽默。

（4）运用幽默的时候也要调整语气和表情。使用正确的语气和表情来传递幽默，这将有助于对方更好地理解你的意图。强调正确的语气和表情能帮助避免误解。

（5）所有的幽默都要避免对别人产生冒犯。你的幽默是不能伤害到人的，伤害到人的叫作毒舌。谨慎使用带有歧视或贬低他人的幽默。确保你的幽默是友善和正面的，不会伤害到别人的感情。

（6）注意时机。不是任何场合任何时间都需要幽默的，在悲伤的时候幽默更像是一种讽刺。选择合适的时机来使用幽默，确保它能够与当前话题或情境相结合。不要在严肃或紧张的场合下使用幽默。

（7）需要知道幽默的极限。长时间地开玩笑不仅会让你看起来比较肤浅、浅薄，而且还会让你的幽默变得一文不值。明确知道何时停止使用幽默，并避免长时间的玩笑。时间上的适度能够保持幽默的新鲜感。

（8）开玩笑的人一定也要开得起玩笑，能够自我嘲讽。学会自我嘲讽，展示你的幽默感并向别人展示你不会对自己过于认真。这样可以更好地与别人产生共鸣，并减少误解的可能性。

以上八个事项能帮助你在幽默沟通中保持适度，避免因为误解而导致的尴尬或冲突。记住，在使用幽默时，善用智慧和情商，始终以友善和尊重为前提。

3. 幽默25招，变身沟通达人

幽默是一种非常有魅力的沟通工具，在社交互动中起着重要的作用。下面将介绍25个幽默的技巧，帮助你变身为一个沟通达人。

技巧1，自嘲。能够轻松地笑自己，让别人感到愉快。比如，"大家都说我人比黄花瘦，脸比煤球黑。"

技巧2，反讽。巧妙地使用反讽的方法，让对话更有趣。比如，"你说你穿得像熊，我就纳闷了，你见过哪只熊穿得有你这么好！"

技巧3，双关语。借助同音不同义的词语制造幽默效果。比如："大扫除找不到眼镜蛇，后来才发现，原来它藏在角落里打瞌睡。"

技巧4，口误。偶尔出现的口误能够为对话增添一丝幽默。比如，"如果你觉得我的答案不正确，那么请自己重新回答，不要只是修改我的答案。"

技巧5，夸张。夸大事实，让对话更有趣味。比如："你怎么这么能吹牛？看起来跟个气球一样，不知道什么时候会爆炸。"

技巧6，拖沓。有时候故意拉长对话过程，制造悬念和笑料。比如，"如果拖延是一种艺术，那么他一定是达·芬奇，因为他能把一天的工作拖到下一年。"

技巧7，突然转换话题。在意料之外转换话题，让对话更加有趣。比如，"抱歉，刚刚我好像听到了来自外太空的信号，所以话题稍微偏离了一下。"

技巧8，快速回应。能够迅速回应对方的言语，增添幽默元素。比如："我很高兴你发现了这个秘密，我们一起去拿诺贝尔奖吧。"

技巧9，反应迟钝。表现出一些迟钝的反应，增加对话的幽默感。比如："我的大脑可能有点卡机，需要一点时间来重启。"或者"我可能正在以光速的亿万倍运行，所以请耐心等待。"

技巧10，狡黠。巧妙地利用一些小技巧，展现狡黠的一面。比如，"如果有一颗陨石落在地球上，那么它一定是因为迷路了。"

技巧11，冷幽默。运用幽默来达到冷峻和幽默并存的效果。例如，"两个番茄走在街上，突然一辆车子急速驶来，其中一个没能及时闪开，结果'砰'的一声就被撞得破碎不堪，另外一个则迅速赶到并试图安抚它的同伴：'别担心，只是稍微变形而已，我们依然是我们自己。'"

技巧12，回应式幽默。对方说了一个笑话，能够迅速回应并产生更多的笑料。比如："你穿这件衣服看起来胖了！"回复："哎呀，衣服可不能怪我，它只是想让我提前感受一下做妈妈的温暖。"

技巧13，主题幽默。在对话的主题上进行幽默发挥，让对话更加有趣。例如，"有人询问我为何皮肤会变黑，真是讽刺。一个白的人能遮盖所有丑陋，你的肤色是为了掩饰你的丑陋，而我并不丑。"

技巧14，玩笑幽默。利用玩笑，增加对话的幽默感。比如："你知道吗，我一直认为自己的英语水平很好，直到我看到你的中文翻译。"

技巧15，毒舌幽默。以挖苦、嘲讽的方式表达幽默，但要注意掌握分寸。比如："你觉得像你这种站起来就像没站起来的人都站起来了，我还有什么理由坐着啊！"

技巧16，诙谐幽默。通过智慧的幽默表达方式，使对话更加风趣。例如，"我曾经是个学霸，只是对学渣的世界感到好奇，想要去探索一下，结果就迷失了方向。"

技巧17，对比幽默。将两个相对立的概念进行对比，制造幽默效果。比如："别人的钱包是厚的，我的钱包是薄的，这差别就在我是用钱包的人。"

技巧18，矛盾幽默。在对话中制造矛盾，引发笑声。例如："我最厌恶的人，第一种是对别人有偏见的，第二种是太自我的人，第三种是不懂数字的。"

技巧19，时事幽默。通过对时事的巧妙引用和转化，增添对话的幽默感。比如，"现在的股市就像一个醉汉，时而狂笑时而痛哭，但始终没有清醒的时候。"

技巧20，客观幽默。对事物进行客观的幽默评论，让对话更有趣。比如："成功就像暗恋，你努力了很久，但最后发现还是得靠魅力。"

技巧21，运动幽默。以体育运动为题材，制造出幽默效果。比如："跑步太累？那是你还没找到正确的节奏。你看，我每次跑步都能找到第一名的位置。"

技巧22，智慧幽默，通过智慧的幽默表达方式，让对话更有品位。比如："人生就像骑自行车，要保持平衡，就必须保持前进。"

技巧23，梗幽默。善于运用网络流行文化中的梗，制造出幽默效果。比如，我跟同事说："我要当全能型选手。"同事问我："那你每天练些什么项目啊？"我回答："吹牛，划水。"

技巧24，玩笑话幽默。通过妙趣横生的笑话，给对话增添一丝幽默。比如，"我快乐因为你快乐，我愁了因为你瘦了，我笑了因为你胖了，我有钱了因为我把你卖了，我可怜的猪啊！"

技巧25，爆笑幽默。运用各种幽默技巧，让对话更加滑稽和好笑。比如，有一天，一只海龟在沙滩上散步，看到一只螃蟹在爬行。海龟问螃蟹："你为什么总是横着走？"螃蟹回答说："因为我有钳，所以任性。"

这些幽默技巧可以帮助你在沟通中更加流畅、有趣地表达自己，成为一个引人注目的沟通达人。记住，幽默是一种艺术，需要不断地练习和探索，才能够在日常生活中享受其中的乐趣！

第七章
安全沟通：沟通雷区，你知道吗

沟通雷区，是指在人际交流中容易引发误解、冲突或不愉快的敏感话题或方式。这些雷区包括但不限于个人观点的强烈对立，种族、性别、宗教等敏感话题以及否定性的批评、争论和嘲笑等。避免进入沟通雷区，需要尊重他人的立场和感受，善于倾听和理解对方的观点，并采用友好、尊重和合理的方式进行沟通，以营造和谐、有益和建设性的交流环境氛围。

规避沟通陷阱，学会安全对话

规避沟通陷阱是一种重要的沟通技巧，通过避免常见的误解和误导，以提高有效沟通的质量。避免陷入以偏概全的思维模式，关注语境和细节，以确保准确理解对方的意图。同时，积极倾听并展示尊重，避免中断或做出过早的评价，从而真正理解他人的观点。

1. 纠正认知偏差，思维决定沟通的深度

你能听得出谈话中的陷阱吗？我们先来做一个小测试，在你认为正确的选项前打钩。

（1）当你与朋友聊天时，他告诉你他的新工作非常棒，你问他是什么工作，他说："一份收入高又轻松的工作。"你会认为这是一份什么样的工作？

A. 高薪白领工作

B. 创业公司 CEO

C. 赌博或非法活动

（2）当你与同事讨论政治时，他说："所有的政治家都是腐败的。"你会如何回应？

A. 同意他的观点，表示政治家确实普遍腐败

B. 不同意他的观点，并指出不是所有政治家都腐败

C. 转移话题，避免讨论这个问题

（3）当你在约会时，对方说："我从来没有和像你这样的人谈过恋爱。"你会认为这是一句好话吗？

A. 是的，对方觉得我很特别

B. 不是，对方可能觉得我很无趣或者不理解我

C. 我不知道，这要看对方的语气和表情

（4）当你在面试中，面试官问你："你最大的缺点是什么？"你会如何

回答？

　　A.直接说出自己的缺点，如缺乏耐心或沟通能力

　　B.回答一些无关紧要的缺点，如爱吃零食

　　C.回答没有明显缺点，并强调自己一直在努力改进自己

（5）当你在与朋友聊天时，他告诉你他最近减肥减了很多，你问他采取了什么方法，他回答说："我只是控制了饮食和多运动。"你会认为这是一个健康的减肥方法吗？

　　A.确实，保持饮食健康并积极锻炼是有效的减肥策略

　　B.不是，这只是一种缓慢而不明显的方法

　　C.我不知道，因为我没有具体细节

测试题的答案如下。（见表7-1）

表7-1 心理测试答案

（1）	（2）	（3）	（4）	（5）
C	B	A	C	A

　　做完测试题，是不是对自己能否判断出聊天中陷阱的能力有了新的认识。

　　每个人都有自己的认知框架和观念，这些认知框架会因为个人经历、教育背景、文化差异等因素而产生偏差。这些偏差可能会影响我们对信息的理解和解读，并且会影响我们对他人观点的接受和理解。

　　当我们意识到自身的认知偏差时，我们可以采取一些方法来纠正它们。首先是接纳多样性和包容性的思维方式。我们应该尊重并倾听不同的意见和观点，而不是仅仅固守自己的立场。其次是持续学习和开放心态。通过不断学习和接触新的知识，我们可以扩大自己的视野，丰富自己的认知框架，从而更好地理解他人。

　　思维方式也决定了沟通的深度。如果我们只停留在表面的思维方式上，很难达到深入的沟通。我们应该培养批判性思维和分析能力，学会思考问题的本质，并不断提问和追问。同样地，我们也应该培养理解他人的能力，试图从他人的视角去思考问题，以此来实现更有效的交流和理解。

　　总的来说，纠正认知偏差和运用深入思维方式是为了实现更高质量、更有效的沟通。能够意识到自身的认知偏差，并运用开放、批判性的思维方式，我们可以促进理解和尊重，减少误解和冲突，从而达到更加深入的沟通。

2. "三思而后语"，逻辑表达助你摆脱困境

"三思而后语"是一种智慧的沟通方式，它强调在言语之前进行深思熟虑。就是说，在表达自己的观点或意见之前，需要仔细思考，并考虑可能产生的后果和影响。通过"三思而后语"，我们可以避免草率的言辞，减少冲动和情绪的干扰，从而更加理性和准确地表达自己的想法。

李华是一个性格冲动的人，常常因为说话不经过大脑而得罪别人。大学毕业后，他进入了一家大型企业工作，担任销售助理的职位。他优秀的工作成绩很快赢得了上级的赞赏，并被提升为销售主管。然而，他的冲动行为在这个阶段开始对他的职业生涯产生了影响。

有一次，李华在与客户谈判时，因为一些小问题与对方发生争执，他因为一时冲动，说出了一些不恰当的话语，让客户感到非常不满。客户将此事告诉了公司领导，领导对李华进行了严厉的批评，并要求他向客户道歉。

李华虽然认识到了自己的错误，但他的冲动性格却难以改变。在接下来的工作中，他又多次因为说话不当而得罪客户和同事，导致销售业绩大幅下滑。最终，公司领导对他失去了信心，将他调到了一个不重要的职位。

李华因为说话冲动而失去了原本有前途的工作，这给他的人生带来了很大的影响。如果他能控制自己的情绪，理性地表达自己的想法和观点，或许结果会不一样。这个反面案例告诉我们，说话是一门艺术，冲动的话语往往会带来不可挽回的后果。

那么，我们该如何学会"三思而后语"呢？首先就是要学会通过逻辑表达，清晰地表达出自己的意思。

逻辑表达是一种有效沟通的方式，它帮助我们以逻辑和清晰的方式思考问题，并准确地传达我们的观点。逻辑表达的核心在于理顺思路，建立合理的论证和推理链条，并用清晰、准确和连贯的语言表达出来。通过逻辑表达，我们可以避免含混不清、互相矛盾或不够有说服力的陈述，从而更好地沟通和交流。

当我们面临困境时，"三思而后语"和逻辑表达可以成为我们的助力。通过深思熟虑和准确表达，我们可以在复杂和棘手的情况下更好地分析问题，找到解决困境的途径。逻辑清晰的表达也可以帮助我们获得他人的理解和支持，促成有效的合作和提出解决方案。

因此，"三思而后语"和逻辑表达是我们在面对困境时的有力工具，它们可

以帮助我们更加冷静和明智地思考、表达和解决问题。

3. 在说出口之前，你真的准备好了吗？

在开篇之前，我们先来进行一个小测试，测一测你是不是一个会说话的人。

（1）你即将在公司的一次重要会议上发言，你需要让听众感到你的讲话内容非常重要，你可能会使用哪种措辞？

（2）你在一个聚会上遇到一个新朋友，你想要表达对他的欢迎，并希望与他建立联系，你会如何表达？

（3）你正在与一个潜在的商业伙伴进行谈判，你想要表达你对合作的诚意，并强调你的公司具有竞争优势，你会如何表达？

（4）你正在向一个新客户推销产品，你想要表达该产品的优势以及它的实用性，你会如何表达？

（5）你正在参加一个面试，面试官问你的缺点是什么，你希望表达你曾经克服过类似的缺点，并已经取得了进步，你会如何表达？

（6）你正在向一个投资者进行融资演示，你想要表达你的创业公司的独特之处以及它的未来潜力，你会如何表达？

（7）你正在和一个同事讨论一个项目的进度，你想要表达你对该项目的期望以及你对自己工作的自豪感，你会如何表达？

（8）你正在向一个潜在的雇主推销自己，你想要表达你的专业技能以及你对工作的热情，你会如何表达？

（9）你正在向一个朋友解释为什么你无法参加他的聚会，你想要表达你的遗憾以及你的谢意，你会如何表达？

（10）你正在和一个客户沟通问题，你想要表达你对问题的重视以及你的解决方案，你会如何表达？

你可以先按照自己的想法写出自己的答案。读完本节内容后，再来对比你的答案，看看你所给出的答案需要从哪些方面改进。

当我们说话时，有时候会因为情绪冲动或者考虑不周，导致我们得罪他人。这是因为我们的大脑的执行功能可能被情绪或思维模式主导，从而迅速表达出来。这往往是由于我们没有充分考虑他人的感受，或者没有思考自己的言辞及其可能而产生的后果。

在日常交流中，尤其是在情绪激动或紧张的情况下，我们很可能会说出伤人的话或者使用冒犯性的表达方式。这样可能会伤害他人的自尊心、引发争端或者破坏关系。

为了避免说话冒犯他人，我们可以尝试以下方法：

（1）深呼吸和冷静思考。在回应他人之前，花一些时间冷静下来，让大脑有足够的时间来处理信息和情绪。

（2）练习倾听。静下心来倾听他人的观点和感受，理解对方的立场，这样更容易避免使用冒犯性的言辞。

（3）用"我"的表达方式。将观点以自己的立场表达，避免使用过于绝对或指责性的语言。

（4）尊重他人的感受。对于敏感的话题或者对方表达了不满时，我们要学会道歉，并且承认自己的错误，遵循尊重他人的原则。

总之，说话不经大脑容易得罪人。我们应该更加谨慎地选择言辞，尊重他人的感受并且努力促进和谐的交流。

在进行言语表达之前，确保思考清楚是至关重要的。这个观点强调了在沟通过程中的思考和谨慎。在发言之前经过深思熟虑，可以帮助我们避免冲动、情绪化或不恰当的表达。通过思考，我们可以更好地组织我们的想法，选择适当的词语和措辞，以达到更清晰、准确、有说服力的表达目的。

这样做的好处包括避免误解或误导他人，减少冲突和引发争论的可能性，保持良好的人际关系以及营造积极的交流氛围。考虑到言辞的影响力，我们要明智地利用语言的力量，避免不必要的伤害或冒犯他人。因此，在将一些思想或观点表达出来之前，经过审慎的思考和策划，是必要的。

测试题的参考答案如下：

（1）你可以使用强有力的措辞，例如，"至关重要"或"至关重要的事情"。

（2）你可以说，"很高兴认识你"或"希望我们以后可以多交流"。

（3）你可以说，"我们非常重视这次合作，并且相信我们的竞争优势可以为我们的合作带来更大的成功"。

（4）你可以突出产品的优势和实用性，例如，"这款产品具有很多实用的功能和特点，我相信它会为您带来很多便利"。

（5）你可以回答，"我曾经遇到过类似的问题，但我一直在努力改进和学习，现在我已经取得了一些进步"。

（6）你可以说，"我们的创业公司拥有独特的商业模式和巨大的未来潜力"。

（7）你可以表达自己的工作态度和价值观，例如，"我一直以高标准要求自己，并为自己的工作感到自豪"。

（8）你可以强调自己的专业技能和热情，例如，"我对自己的专业能力非常自信，并且对贵公司的发展充满热情"。

（9）你可以说，"很抱歉我不能参加你的聚会，但我非常感激你的邀请"。

（10）你可以表示对问题的重视并强调解决方案的可行性。

捕捉信息，有效沟通始于获得认同感

在有效沟通中，捕捉信息是至关重要的。通过仔细倾听和观察，我们可以获得他人所传达的信息，并理解他们的需求和意图。然而，仅仅理解信息并不足以实现有效沟通。为了建立有意义的联系，我们需要确保对方感受到我们的认同和接纳。认同感是一种情感层面的理解和共鸣，它能够帮助我们建立互信和共享目标的基础。通过展示关心、尊重和共情，我们能够与他人建立联结，并确保他们感受到我们的支持和理解。

1. 挖掘有价值的话题，内容有趣更能打破尴尬的局面

当我们身处社交场合或与别人交流时，经常会遇到一些尴尬的局面。这时，挖掘有价值的话题和提供有趣的内容可以帮助我们打破尴尬，使交流更加顺畅和有意义。

什么叫作有价值的话题呢？我们可以从以下几个方面挖掘：

心理健康。如何应对压力，建立积极心态，处理情绪问题等。

学习技巧。讨论如何高效学习、记忆技巧、时间管理以及如何培养好的学习习惯等。

知识分享。提供关于科学、历史、文化、艺术等领域的有趣知识或深度解读，激发思考和学习的兴趣。

职业发展。探讨个人职业规划、就业技巧、面试准备、职场人际关系建设等职业发展相关的话题。

社交技巧。分享社交技巧、建立有效沟通、人际关系管理、增强自信感等的方法与技巧。

环境保护。探讨可持续发展、保护生态系统、减少浪费等与环境保护相关的话题。

科技创新。讨论人工智能、云计算、ChatGPT 等科技领域的最新进展和未来发展方向。

这些话题都是旨在提供有趣、有用、有教育性的讨论，并帮助人们提升生活质量和指导个人发展。

在我们与他人沟通时，有价值的话题能够吸引人们的注意力和兴趣。人们对于新鲜和有趣的话题总是津津乐道并乐于参与讨论。通过引入有价值的话题，我们可以迅速引起别人的兴趣，并为交流提供一个良好的开端。

我们发现，有趣的内容可以调动人们的情绪，使人们更加放松和投入交流。这种积极的情绪和投入对于打破尴尬局面非常重要，因为它能为交流营造一种轻松和愉快的氛围。

此外，有价值且有趣的话题是能够展示我们的知识和才智，让我们成为沟通中的主角。通过分享有价值的信息和有趣的观点，我们可以展示出自己的学识和见解。这种展示不仅可以增强我们在交流中的自信心，也可以吸引他人对我们的关注和尊重。

并且，当我们在交流中引入有价值的话题和内容时，往往会引发更多的思考和讨论。这样的交流过程可以促进和加深彼此的了解和认识，并为以后的交流建立更为稳固和有意义的基础。

综上所述，挖掘有价值的话题并提供有趣的内容可以有效打破尴尬的局面。通过引起人们的兴趣、增强交流的互动性、展示自己的知识和才智以及推动交流的深入延续，我们可以使交流更加有意义、愉快和富有成效。

2. 紧抓主题，别因跑题使沟通"脱轨"

沟通是人际交流中非常重要的一环。而要做到有效沟通，紧抓主题、别跑题是其中一项关键要素。

我先来举一个很通俗易懂的案例。

杨毅和杜雪瑶是一对情侣，他们经常通过聊天软件进行沟通。然而，每次他们的对话总是会偏离主题。

例如，一天杨毅想和杜雪瑶讨论他即将参加的面试，他希望得到小杜的建议和鼓励。他们的对话开始时还算正常：

杨毅："亲爱的，我下周要参加一个面试，有点紧张。"

杜雪瑶："哎呀，你一定会表现得很好的！加油！"

但随后，他们的对话开始偏离主题：

杨毅："你知道我最近在学做饭吗？"

杜雪瑶："是啊，你做的那个鱼很好吃！我还想再尝尝。"

杨毅："对啊，那我下周请你吃我做的饭吧！"

杜雪瑶："好啊，那我要点红烧肉。"

为什么，他们两个人的对话最终偏离了主题呢？我们来分析一下：杨毅和杜雪瑶在对话中从一个话题跳到另一个话题，而没有对每个话题进行充分的讨论。这种跳跃可能使得每个话题都没有得到充分的探讨，从而导致主题偏离。

另外，他们两个人都很容易被其他事物分散注意力，导致对话偏离主题。例如，在讨论面试时，他们可能开始谈论其他事情，如做饭或点菜，从而偏离了面试的主题。

当然，杨毅的沟通风格可能倾向于深入探讨一个问题，而杜雪瑶可能更倾向于谈论轻松的话题。这种不匹配可能导致对话偏离主题。

在沟通过程中，主题是沟通的核心和焦点。它是我们想要传达或讨论的中心议题，明确了沟通的目的和方向。紧抓主题，意味着在沟通中始终保持对主题的关注和集中，不偏离核心，避免不必要的讨论和分散注意力。

跑题常常是由于沟通双方在交流过程中失去了对主题的把握或理解。这可能是因为思维跳跃、思路混乱、缺乏专注或其他原因所导致。一旦跑题，沟通的效果就会降低，双方可能陷入混乱和误解之中。

为了保持沟通的流畅和有效，我们可以采取一些策略来紧抓主题，防止跑题。首先，要在沟通开始前明确主题和目标，保持清晰的意图。其次，在沟通过程中，有意识地将讨论围绕主题展开，限制无关的讨论或边缘话题。再次，要保持专注和集中注意力，避免思维跳跃和分散注意力。最后，积极倾听对方的观点和意见，确保自己的回应与主题相关。

通过紧抓主题，防止跑题，我们能够提升沟通的效率和质量。这种良好的沟通习惯有助于增进双方的理解和达成共识，避免误解和冲突，有效地达成共同目标。

3.会说话也要会"听话"

整本书我们虽然立意是"学说话",却每章每节都离不开"会听话"。你是否是一个"会听话"的人呢?

以下是一个倾听者能力的自我测试,一共有10道题目,请根据您的实际情况和想法进行选择。

(1)你是否经常主动向别人表达自己的意见和看法?

A.是,我经常主动表达自己的观点和看法

B.有时会,视情况而定

C.不,我更倾向于倾听别人的观点

(2)在别人发表观点的时候,你是否会打断他们?

A.是,我有时会打断别人的发言

B.有时会,但我会尽量避免

C.不,我从不打断别人的发言

(3)你是否经常对别人的发言做出反馈,比如点头、微笑或者提出相关问题?

A.是,我经常做出反馈

B.有时会,但我会根据情况而定

C.不,我认为反馈并不重要

(4)你是否经常主动询问别人的意见和看法?

A.是,我经常主动询问别人的意见

B.有时会,但我会根据情况而定

C.不,我更喜欢自己独立思考

(5)在别人向你倾诉心事或者抱怨的时候,你是否会耐心倾听并给予回应?

A.是,我会耐心倾听并给予回应

B.有时会,但我会根据情况而定

C.不,我会觉得别人的心事或抱怨很无聊

(6)你是否认为倾听别人的意见和看法能够让自己更加全面地了解问题?

A.是,我深信倾听的重要性

B.有时会,但我认为自己的观点更重要

C.不,我认为自己的观点已经足够全面了

(7) 在团队讨论中，你是否会主动发表自己的观点和看法？

A. 是，我经常在团队讨论中发表自己的观点

B. 有时会，视情况而定

C. 不，我更喜欢倾听团队的意见

(8) 你是否认为倾听能够帮助你更好地解决问题？

A. 是，我深信倾听能够帮助我更好地解决问题

B. 有时会，但我认为自己的能力更重要

C. 不，我认为自己的能力已经足够解决问题了

(9) 在别人向你求助的时候，你是否会耐心倾听他们的需求并提供帮助？

A. 是，我会耐心倾听并提供帮助

B. 有时会，但我会根据情况而定

C. 不，我认为他们应该自己解决问题

(10) 你是否会经常反思自己的倾听能力并尝试改进？

A. 是，我经常反思自己的倾听能力并尝试改进

B. 有时会，但我认为自己的能力已经足够了

C. 不，我认为没有必要反思和改进我的倾听能力

以下是评分标准。（见表7-2）

表7-2　心理测试评分标准

	A	B	C
（1）	2	1	0
（2）	2	1	0
（3）	2	1	0
（4）	2	1	0
（5）	2	1	0
（6）	2	1	0
（7）	2	1	0
（8）	2	1	0
（9）	2	1	0
（10）	2	1	0

0~8分：你不是一个会倾听别人说话的人。在沟通中最忌不听别人说，只顾着自己说。沟通中，如果不能够更好地倾听对方说话，不仅仅会让对方不满，而且会让你错过很多重要信息。因此，你如果得分在这个区间，在学习如何说

话之前，要先学会如何听别人说话。

9~14分：你是懂得如何听别人说话的人，大部分人都处在这个分数线。能够保持足够的耐心去听别人说话，但是，唯一欠缺的就是在听取别人说话过程中很少会将对方的话做更细致的储存与剖析。你只是倾听，并且给出相对的回应，这已经足够让对方感到欣慰和满意，以及提升对你的好感。

15~20分：倾听，是你的长项。作为一个会倾听的人，你也很会从别人说的话中提取重点，甚至在对方结束说话之后，不仅仅是给出回应，而是给出反馈，这样的你一定是沟通中的主角。然而，一个会倾听的人，也必然是一个会说话的人。

当人们谈论一个人"会说话"时，通常意味着他们能够表达自己的观点、听取他人的意见并进行有效的沟通。然而，在成功的沟通中，单纯的"说话"是远远不够的。与之相对应的是"听话"，也就是在交流中倾听、理解并尊重他人的观点和意见。

"会说话也要会听话"意味着，一个人不仅要有表达自己的技巧，还要具备倾听和尊重他人的能力。这是因为沟通是双向的，只有在互相倾听和理解的基础上，才能建立起有效的沟通关系。

当我们只关注自己的观点和意见时，忽视了他人的想法和感受，就可能导致沟通的失败和冲突的产生。此外，如果我们不愿意倾听别人的意见，我们也无法从他人的经验和知识中获得新的见解和信息。

因此，要成为一个优秀的沟通者，我们需要既善于表达自己的观点，又要有耐心和尊重他人的意见。这需要练习积极倾听，保持开放的心态，并意识到每个人的观点都有其独特的价值。通过将"说话"和"听话"相结合，我们可以建立更良好的人际关系，促进有效的合作，并在个人和职业生活中取得更好的结果。

4. "听"对意思才能避开"暗井"

"听"对意思能够避免陷入误解。通过倾听他人的话语、观点和意见，我们能够加深对信息的理解并准确把握其内涵。只有在真正听取并理解他人的意思之后，我们才能避免陷入可能存在的陷阱。

我们来看两个聊天中的经典坑人套路对话实例：

例一，制造紧急情况的谈话。

王源："你好，李晓，我是你的老同学，你还记得吧？"

李晓："哦哦，好像是，什么事儿啊？"

王源："我现在有点麻烦，能不能借一些钱啊？"

李晓："怎么了？出了什么事情？"

王源："我现在在外地出差，我的钱包被偷了，现在没有钱住宿和吃饭了。"

李晓："那你需要多少钱？"

通过这种方式，王源成功地制造了紧急情况，让李晓在没有考虑清楚的情况下把钱借给了他。

如果真的是感情很好的老同学、好朋友，在紧急情况下，我们可以借给对方钱。但如果像是这样的一个开场，多年不联系，一联系上就是借钱的所谓的老同学，可以直接反驳回去：

王源："我现在在外地出差，我的钱包被偷了，现在没有钱住宿和吃饭了。"

李晓："哦，那你没家人吗？给我打电话干吗！"

例二，利用情感的谈话。

钱峰："你好，我觉得你很有趣，我们可以聊聊天吗？"

杨林："当然可以啊，我也觉得你很有趣。"

钱峰："其实我最近遇到了一些困难，能不能跟你倾诉一下啊？"

杨林："当然可以，你可以跟我说说。"

钱峰："我的公司有一个项目，眼瞅着即将结束，结果资金链断开了。"

杨林："真的吗？太糟心了。"

钱峰："是啊，这个项目稳赚不赔，是300%的赚，你有没有兴趣？"

杨林："你说来听听。"

通过这种方式，钱峰成功地利用了杨林的情感，让杨林更容易相信他的话。后面可能就是，杨林要给这个项目投资了。

在面对这样利用感情开头，然后布下陷阱的沟通，可以这样反驳过去：

钱峰："我的公司有一个项目，眼瞅着即将结束，结果资金链断开了。"

杨林："我们真有缘。怎么说呢，我手头的项目也面临这样的困境，不过，我的项目绝对稳赚。你要不要了解一下？"

这句话说出去之后，钱峰大概也是不想搭理杨林了。但是，杨林却能够不必再和这种给自己挖坑的人一起聊天。

例三，利用虚假信息的谈话。

田塍："你好，我是一个富二代，我的家族在国内有很多生意，你有兴趣一起合作吗？"

贺现："听起来不错啊，你能不能介绍一下你们的生意啊？"

田塍："我们主要做的是房地产和金融投资，你有没有兴趣？"

通过这种方式，田塍成功地利用了虚假信息，让贺现相信他是一个富二代，从而更容易相信他的话。但是，贺现也是个精明的生意人，所以接下来他说道：

贺现："房地产和金融行业都不行了，我没兴趣。"

这样一句话，就阻止了对方想要继续行骗的念头。

所以，通过倾听，把倾听到的分析透彻，然后给予反击，这样才能让自己不掉入沟通的陷阱。

倾听包含了更多的细节和技巧，不仅仅是听到声音。它包括了专注地倾听对方所表达的信息，并且能够理解并推断其背后的意图和隐含的含义。这可能需要我们不仅关注言辞上的表面含义，还要注意语调、语气、表情和身体语言的变化等多个方面。同时，我们也要积极地提问、寻求澄清，以充分理解对方的观点，避免错误的解读。

在日常生活中，如果我们只是听到声音却不去理解别人的意思，就容易陷入误解和误导。特别是在沟通、辩论或交流观点的时候，真正理解对方的意思并表达出我们理解的能力变得尤为重要。只有通过倾听并深入理解，我们才能脱离可能的陷阱，避免误解他人的意图，同时也能为自己的思维提供更全面的视角。

停止无效沟通

停止无效沟通，意味着我们应该寻求建立有意义和富有成效的交流。它表示我们要摒弃漫无目的的对话，将注意力集中在有效传达和理解信息上。同时，还意味着主动倾听、提问和表达意见，以确保我们能够互相理解并建立深入的联结。它追求清晰、准确和尊重的沟通方式，以避免误解、混淆和冲突的产生。

通过停止无效沟通，我们可以打破沟通障碍，提高团队合作，增强人际关系，并实现更具有价值和意义的交流。

1. 谈话"四步走"，搭建共同的观点库

谈话"四步走"是一种有效的沟通和讨论方法，通过建立共同的观点库，可以促进彼此之间的理解和交流。下面是对这个过程的阐释：

第一步，表达观点。每个人都有自己的观点和见解，这一步是向对方清楚地陈述自己的想法和观点。这有助于明确双方立场，并为后续讨论奠定基础。

第二步，聆听和理解。在这个阶段，我们需要保持开放的态度，认真倾听对方的看法，并尽力理解他们的目标和背景。这可以通过提出问题、请求进一步解释等方式来实现。

第三步，寻求共同点。在这一步中，双方应该评估彼此观点中的相似之处，并尝试建立共同的观点库。这意味着找到双方都能接受的共同立场或观念，以便更好地达成一致或解决问题。

第四步，解决分歧。这一步是通过讨论、妥协或达成共识来解决双方之间的分歧。这可能需要双方进行妥协或提出替代方案，以便找到可接受的解决方案并达成共识。

通过这个谈话"四步走"方法，人们可以更有效地进行沟通和讨论，避免误解和冲突，并最终建立共同的观点库来实现双赢的结果。这是一个有助于促进有效沟通和理解的方法。

2. 问对问题，当心陷入提问陷阱

当我们与他人交流时，提问是一种常见用来获取信息、表达兴趣或引发讨论的方式。然而，有时我们可能会陷入所谓的"提问陷阱"中，这是指被设计成具有误导性或有争议性的问题，其目的是误导或困扰回答者。

提问陷阱的存在是为了操控回答者的回答，使其陷入不利的境地。这些问题通常具有二元对立、含混不清或带有成见和假设等特征。它们的目的可能是引发争论、误导或影响回答者的形象。

为了避免陷入提问陷阱，我们可以采取以下几个策略：

（1）通过了解提问者的可能意图，我们可以更好地应对这种情况。对于有争议的问题，我们需要保持警惕，并谨慎回答，以避免被误导或困扰。

（2）确保我们的问题具有明确的意图和清晰的信息，这样回答者才能给出准确和有价值的回答。避免使用含混不清、带有成见或假设的问题可以减少陷入陷阱的可能性。提问时应尽量客观中立，避免主观偏见。

（3）不被情绪左右。有时，提问者可能试图激怒回答者或引发争论。在这种情况下，我们应该保持冷静，用理性的思维回答问题，避免陷入情绪化的陷阱。

总之，提问是一种重要的交流方式，但我们必须注意提问的方式和意图，以避免陷入提问陷阱。通过理解提问陷阱的原理、注意提问方式以及保持冷静和理性，我们可以更好地应对这种情况，确保我们的提问是准确、有价值且不易被误导的。

3. 消除隔阂，别让沟通止于冲突

消除隔阂意味着努力打破沟通的障碍，以促进更好的理解、和谐和合作。沟通是人类社会中至关重要的一环，但不可避免地会面临冲突和隔阂的挑战。然而，如果我们停留在冲突之中，沟通就无法达到其真正的目的，即交流和促进进步。

消除隔阂的重要性在于以下几个方面：

（1）促进理解。隔阂会使得人们之间产生误解和偏见。通过努力消除隔阂，我们可以更好地理解他人的观点、经历和背景，从而建立更强的共识和信任。

（2）促进和谐。沟通的隔阂容易导致紧张和不和谐的关系。通过消除隔阂，我们可以改善人际关系，营造良好的氛围，使人们更加和谐相处。

（3）促进合作。隔阂和冲突会破坏合作的动力和机遇。当我们成功地消除隔阂时，各方更容易协调合作，追求共同的目标。

要消除隔阂，我们可以采取以下方法：

（1）倾听和尊重。关注他人的观点和感受，尊重他人的独特性和权利，以建立互信和共鸣的基础。

（2）透明和坦诚。保持开放和坦诚的态度，诚实地传递信息，避免隐瞒和误导，以建立信任和清晰的沟通渠道。

（3）积极寻求解决方案。不要陷入狭隘的立场，而是寻求解决问题的方法。通过协商、妥协和寻找共同利益点，推动更好地解决问题。

（4）借助中立方。当隔阂难以逾越时，可以求助于第三方的中立和客观立

场，以促进交流和解决分歧。

（5）提高沟通技巧。学习有效的沟通技巧，包括积极倾听、善于表达、关注非语言沟通等，以提升沟通的效果，并减少误解和冲突的可能性。

通过这些努力，我们可以真正实现消除隔阂，并将沟通引向更加积极、和谐和有益的方向。最终，我们将能够更好地理解彼此，建立更紧密的关系，并实现共同目标。

4. 沟通力升级的8种策略

在我们的日常生活和工作中，沟通是一项至关重要的技能。良好的沟通力可以帮助我们建立更好的人际关系，提高工作效率，并促进个人和团队的成长。下面将介绍让沟通力升级的8种策略，帮助您提升沟通技巧，实现更有效的沟通。

（1）明确目标与目的。

在沟通之前，明确沟通的目标和目的是非常重要的。您需要清楚自己想要通过这次沟通达成什么目的，以及如何达到这个目的。明确的目标和目的将有助于您更加集中注意力，把握沟通的方向，提高沟通效果。

（2）倾听与理解对方。

有效的沟通不仅仅是说话，更重要的是倾听。您需要用心倾听对方的话语，尽可能理解对方的意图和情感。在倾听的过程中，适时地反馈和提问可以帮助您更好地理解对方的观点，建立良好的沟通基础。

（3）积极有效的表达。

在表达自己的观点和想法时，您需要清晰、简洁、有条理地阐述自己的意见。避免使用模糊的语言，尽量使用具体、生动且准确的词汇和语句。同时，要注意语速和语调的控制，以增强表达效果。

（4）使用恰当的语气与措辞。

在沟通中，语气和措辞的选择非常重要。您需要使用恰当的语气和措辞来表达自己的意思，同时避免使用攻击性或负面的语言。温和、友善的措辞和语气将有助于营造积极的沟通氛围。

（5）保持开放与尊重的态度。

在沟通过程中，保持开放、尊重的态度是非常重要的。尊重对方的观点和意见，不要轻易打断对方或强行推销自己的观点。保持开放的心态，接受不同的观点和意见，将有助于促进双方的理解和共识。

（6）掌握非语言沟通技巧。

除了语言交流之外，非语言交流也是至关重要的。您需要注意自己的肢体语言、面部表情和眼神交流等非语言因素，以增强沟通效果。同时，也要注意观察对方的非语言表现，以更好地理解对方的情感和意图。

（7）及时反馈与调整。

在沟通过程中，及时反馈和调整是非常必要的。您需要适时反馈自己的理解和感受，以及对方表达的意思和情感。同时，也要根据对方的反馈进行调整，以实现更有效的沟通。如果发现沟通出现问题或障碍，应及时进行调整和改进。

（8）不断学习和实践。

最后，要提升沟通力，不断学习和实践是关键。您可以学习相关的沟通技巧和理论，参加沟通培训课程或阅读相关书籍。同时，要在实际生活中不断实践这些技巧和方法，不断总结经验和教训，提高自己的沟通能力。通过持续的学习和实践，您将能够不断提升自己的沟通能力，实现更有效的沟通和交流。

后记

在当今的信息化时代，沟通已经成为人们必须掌握的技能之一。

管理学大师彼得·德鲁克说过，沟通就是理解力。但由于受到所接受的教育、家庭、经历、地域、文化等因素的影响，每个人的沟通方式和理解能力不尽相同。因此说，沟通不是一件轻而易举的事情，它涉及语言、表达方式、非语言信号、情感等诸多要素。我们每个人都有自己的思维方式和习惯，因此在沟通过程中，我们需要尽力去理解并尊重双方的这种差异，即使遇到各种挑战和阻碍，但只要我们掌握了正确的沟通态度和技巧，我们就能够战胜它们，实现真正的沟通交流。

《一本书学会沟通》为读者提供了大量实用的案例、测评、方法和工具，突出实战性，通过学习如何倾听、如何表达、如何提问、如何处理冲突等，我们可以打破沟通的壁垒，构建更加良好的人际关系，从而在工作和生活中取得更加出色的成果。

在十多年的企业咨询和培训过程中，我目睹了大量的由于沟通不到位导致的矛盾、冲突和内耗，因此我一直在想，如果能写一本书，将自己多年的关于有效沟通的所学、所悟和所得汇集成册，让更多的人从中学到沟通的基本技巧与方法，在生活和工作中少走弯路，多走捷径，于是就有了《一本书学会沟通》这本书的诞生。它的成功出版，可以说是完成了我多年以来的一个心愿。

最后，我希望每一位读者都能够将《一本书学会沟通》一书中的知识转化为行动。只有通过实践，我们才能真正领悟沟通的力量，感受到它为我们的生活和工作所带来的改变。

在本书的构思和撰写过程中，得到了中国建材商学院院长李玉水先生，牛津大学访问学者、教育家、音乐家江涌博士，中国培训师研究院院长、163法则创始人吴群学先生的指导并欣然为本书作序，使我深感荣幸。出版社的编辑老师在本书的编辑过程中也同样给予了富有成效的意见和建议，付出了大量的心血，在此表示衷心感谢。

马斌

2024年2月于西安